响应儿童的学程
个性化课程整体开发研究

丛书主编 / 李晓艳

# 响应儿童的学程

## ——个性化课程整体开发研究实践篇

主　编　李晓艳

副主编　杨道吉　刘东平　朱映晖

华中科技大学出版社

中国·武汉

## 内容简介

本书是华中科技大学附属小学关于湖北省教育科学“十二五”规划课题“小学个性化课程整体开发研究”侧重实践的研究成果。全书由论文、教学设计、教学案例三部分构成。论文、教学设计、教学案例均涵盖了小学的所有学科课程及华中科技大学附属小学自主开发的校本课程，并且多为已经公开发表或者获奖的论文、教学设计、教学案例。本书可供中小学管理者、教师、教育科研工作者参考。

**图书在版编目(CIP)数据**

响应儿童的学程：个性化课程整体开发研究．实践篇/李晓艳主编．—武汉：华中科技大学出版社，2019.5
ISBN 978-7-5680-4916-0

Ⅰ.①响… Ⅱ.①李… Ⅲ.①课程-教学研究-小学 Ⅳ.①G622.3

中国版本图书馆 CIP 数据核字(2019)第 056843 号

**响应儿童的学程——个性化课程整体开发研究实践篇**
Xiangying Ertong de Xuecheng——Gexinghua Kecheng Zhengti Kaifa Yanjiu Shijian Pian

李晓艳 主编

策划编辑：徐晓琦 范 莹
责任编辑：刘艳花
封面设计：杨小川
责任校对：阮 敏
责任监印：徐 露
出版发行：华中科技大学出版社(中国·武汉) 电话：(027)81321913
武汉市东湖新技术开发区华工科技园 邮编：430223
录 排：武汉市洪山区佳年华文印部
印 刷：武汉市金港彩印有限公司
开 本：889mm×1194mm 1/16
印 张：13
字 数：356 千字
版 次：2019 年 5 月第 1 版第 1 次印刷
定 价：68.00 元

# 在响应儿童的个性需求中寻求教育意义

## ——“响应儿童的学程”丛书主编寄语

华中科技大学附属小学是教育部直属的高校附小，学校以“全人教育”思想为指导，提出了“给孩子完美的童年，让师生完满地成长”的办学理念，致力于实现“把附小办成一所面向未来，有科学涵养和人文关怀的现代化学校”的办学目标，让学校成为学生喜爱的地方，并促使学生能“平衡发展，快乐成长”。

在多年的办学历程中，学校认识到只有承认个体差异性，尊重个性，即尊重那种“属于他自己的、别人无法代替的东西”，才能实现全人教育；只有成全和成就每个孩子，才能“走向真实的教育”。

《国家中长期教育改革和发展规划纲要(2010—2020年)》强调：坚持全面发展与个性发展的统一；创造条件开设丰富多彩的选修课，为学生提供更多选择，促进学生全面而有个性的发展；关注学生不同特点和个性差异，发展每一个学生的优势潜能。

《中国学生发展核心素养》提出以培养“全面发展的人”为核心，培养学生的人文底蕴和科学精神，强调要使学生“认识和发现自我价值，发掘自身潜力”，让学生“具有问题意识；能独立思考、独立判断；思维缜密，能多角度、辩证地分析问题，做出选择和决定等”。这些思想理念都很好地体现在了华中科技大学附属小学的学校文化中。

课程是学校提供教育服务的“产品”，也是学校的核心竞争力。让学生喜欢课程，既是学校坚持“学生立场”的重要体现，也是学生自我生命个体“平衡发展，快乐成长”的内在需求。从某种意义上说，课程的个性化导向也是体现学校办学特色的主要方式。

基于上述考虑，学校提出了建立“响应儿童的学程”课程开发理念。从课程入手，让课程为学生的个性成长服务，建立响应儿童需求的学习历程和学习课程，让课程的选择性服务于学生成长的全面性。

在“响应儿童的学程”的理念指导下，学校在立足国家课程、开发校本课程、整合课外活动的基础上，精心设计了助力完美童年的个性化课程体系——Ω课程体系。

Ω课程体系从实施的途径上看，分为国家课程、校本必修课程和校本选修课程三类。国家课程和校本必修课程是面向全校所有学生的课程，旨在促进学生核心素养的全面发展，体现了基础性、完整性和系统性。校本选修课程是学生依据自己的兴趣、需求自主选择的课程，旨在满足学生的个性需求，促进学生的个性发展，该类课程多为综合类课程，体现了选择性、综合性和实践性。这一整体课程结构着眼于在总体上实现“平衡发展，快乐成长”的培养目标，实现全人教育与个性教育的统一、科学教育与人文教育的融合。

课程对学生的教育意义不言而喻，而被赋予教育意义的课程才是有价值的。“响应儿童的学程”丛书由“个性化课程整体开发研究”“学习者中心的校本课程开发”和“梧桐树下的童年”三个系列组成，分别呈现了华中科技大学附属小学Ω课程体系的理论与实践研究、学校校本课程和国家课程校本化的实施成果。学校努力借助“响应儿童的学程”丛书来传递坚持“学生立场”，让课程适应每一位学生，让每一位学生成为最好的自己的教育观念。同时也希望丛书的出版能让课程更富有教育意义，从而增强课程开发者和执行者教书育人的使命感。

# 序

## 打造个性化课程体系，提升学校办学理念

华中科技大学教育科学研究院　李太平

《国家中长期教育改革和发展规划纲要(2010—2020年)》强调：坚持全面发展与个性发展的统一；创造条件开设丰富多彩的选修课，为学生提供更多选择，促进学生全面而有个性的发展；关注学生不同特点和个性差异，发展每一个学生的优势潜能。但从整体来看，我国的基础教育仍然存在划一化弊端，课程统一、教学方式单调、缺乏对学生个性发展的关注。基于以上认识，华中科技大学附属小学对个性化课程的开发进行了研究，成果颇丰。

**一、学校构建了“助力完美童年”的个性化课程体系**

学校在立足国家课程、开发校本课程、整合课外活动的基础上，精心设计了“助力完美童年”的个性化课程体系。学校将课程分为三大模块——人文领域、科学领域、交叉领域，体现了全人教育思想，实现了“把附小办成一所面向未来，有科学涵养和人文关怀的现代化学校”的办学目标。国家课程和校本必修课程是面向全校所有学生的课程，旨在促进学生核心素养的全面发展，体现了基础性、完整性和系统性。校本选修课程是学生依据自己的兴趣、需求自主选择的课程，旨在满足学生的个性需求，促进学生的个性发展，该类课程多为综合类课程，体现了选择性、综合性和实践性。这一整体课程结构着眼于在总体上实现“平衡发展，快乐成长”的培养目标，实现全人教育与个性教育的统一、科学教育与人文教育的融合。

*1. 学校多方面促进国家课程个性化实施*

自2012年以来，在课题研究的推动下，学校围绕办学理念和培养目标，试图根据学校的实际情况对国家课程进行个性化开发。

学校组织教师对国家课程进行了整合优化。例如，数学组基于对附小学生发展环境的分析以及学校的办学理念，提出数学素养培养的校本化目标为“爱数学、会思考、善运用”。在对数学课程标准和相关教材进行深入分析后，数学组教师依据数学知识结构和思想方法结构进行“板块建模”，从数与代数、图形与几何、概率与统计、综合与实践四个领域的课程内容中抽离出数与形的认识、数的运算、形的测量与运动、解决问题四个核心板块。

为了更好地满足学生的个性化发展需求，学校开发了与国家课程相对应的校本课程。例如，数学学科的“启智”、语文学科的“喻芽儿阅读”等课程，该类课程既对国家课程进行了丰富与补充，也体现了学校的课程创新能力。

在现有国家课程中，有的课程只有课程纲要，有的课程只有课程标准而没有相应教材。针对这种情况，学校为了打破学科间的壁垒、减少知识的分割和学科之间的间隔，开发了彰显学校特色的课程，努力实现课程整合“1＋1＞2”的效益，并实现“平衡发展，快乐成长”的培养目标。例如，“慧心”、“体育与健康”、“文明礼仪”、“机器人”和“Scratch与创意设计”等课程，就是本校在该类课程个性化开发上所做的尝试和实践。

2. 推动课外活动的课程化建设

自本课题研究以来，学校以学生生活实践为基础，努力把这些零散的活动课程化，帮助学生建立书本知识与现实生活之间的联系，培养学生的实践能力和创新能力。活动方式以主题为主，将教学空间从课堂延伸到社会，实现将教学主体从教师变为教师与家长合作，让学生在与世界的开放联系中不断拓展思路、开阔视野。这类课程在设计上具有综合性、实践性和研究性，在实施上以学生的活动、学生的探究、学生的自主学习为主。例如，科学组的"1+8+12"课程就是把原来零散的课外活动加以整合，从而形成一门目标明确、内容系统的课程。

3. 开发"快乐周末"系列校本课程

"快乐周末"校本课程的授课时间是每周五下午，授课时长为两个课时，一学期共十二次课。大部分学生都是根据自己的情况，在网上自主选课。该课程采用自主走班上课的形式，每个班级不超过30人。这种自主选课、上课的形式，可以让学生发挥自主性，认识到自己的兴趣和特点，也为学生的全方面发展提供了平台，同时也尊重了学生的独特性和差异性。经过四年多的校本课程开发与实践摸索，现在"快乐周末"校本课程已经有六大类别，共包括63门课程，课程种类丰富，课程质量也在逐步提高。

历时四年的课程开发促进了学生的成长和教师的发展。学校课程体系的开发和实践挖掘了学生的潜能，提高了学生的动手实践能力，帮助学生学会选择，实现了对学生的个性化发展。

教师完成了从课程"消费者"到课程"生产者"的角色转换。教师的课程开发研究意识和能力得到了明显的提升和增强，教师对课堂教学有了更深刻的认识，教师的学校认同感、满足感和归属感也在不断增加。

**二、提升学校办学理念**

对课程的开发不仅使学校构建了比较完整的课程体系结构，而且促进了学校管理者对课程开发和学校发展的思考，丰富和重构了学校文化，提升了学校的办学理念。

华中科技大学附属小学在办学过程中逐渐形成了自己的办学理念、办学目标和培养目标。附小的办学理念是"给孩子完美的童年，让师生完满地成长"，办学目标是"把附小办成一所面向未来，有科学涵养和人文关怀的现代化学校"，培养目标是让学生"平衡发展，快乐成长"。

在个性化课程开发的实践过程中，附小进一步解读和明晰了办学理念、办学目标和培养目标，并构建了课程开发的指导思想，课程开发正是办学理念和培养目标的落实和具体化。其中，"完美的童年"是一个综合的目标，不只限于知识学习，而是注重学生身体、智慧与心理的全面发展，最终实现让学生"平衡发展，快乐成长"的培养目标，希望孩子成为"完整"又不失个性的人，这种办学理念充分体现了将全人教育与个性发展相统一的思想，进一步明确了全人教育和个性发展的统一性。小原国芳说："好的全人教育使个性完全发挥，全人教育与尊重个性二者决不是矛盾的。恰恰相反，这二者必须融合统一。完全的个性发挥，实质上就是好的全人教育……全人教育与尊重个性教育是一物之两面，而且，必须努力把二者融合为一体。"①只有承认个体差异，尊重个性，即尊重那种"属于他自己的，别人无法代替的东西"，才能实现全人教育；只有"育成真正的自我，发现真正的人"，才能"走向真实的教育"。"个性通过全人教育将其机能得到全面开发与育成；全人通过个性教育，在爱之场中自觉地为完成自己的具体使命而活动。教育的目的是使全体的人，依据爱的原理有序地成为个性的全人。"②

华中科技大学附属小学将"科学与人文的融合"作为学校发展过程中不变的文化主题，力求通过

①，② [日]小原国芳. 小原国芳教育论著选(下卷)[M]. 刘剑乔，由其民，吴光威，译. 北京：人民教育出版社，1993:43，344.

科学文化与人文文化的传承与熏染，提升、发展学生的科学素质和人文素质，学校明确了将科学与人文相融合的理论基础。科学文化与人文文化的融合构成了文化整体，科学与人文、科学精神与人文精神、科学素养与人文素养、科学文化与人文文化交融互渗，构成了科学教育与人文教育平衡发展的文化基础，因此教育应该成为连接科学文化与人文文化的桥梁。“随着学科交叉、融合，以及人类对世界认识的逐渐深化，人类文化的‘大统一’已成为一种必然趋势。因此科学与人文的融合也顺应了人类文化发展的大趋势。”[①]教育既要看到人文文化与科学文化之间的互补性，又要注意到二者之间的联系性，从互补性中发现各自的缺失，从联系性中开阔视野、促进发展。附小开发的课程是整体平衡的，以培养整体平衡的、具有科学素养和人文素养的人为目标。

① 方鸿辉.蔚蓝的思维清澈的理性[J].科学,2005,57(3):59-61.

# 目　录

## 第一部分　论　文



## 第二部分　教学设计

## 第三部分 教学案例

# 第一部分

# 论　　文

# 古典小说阅读方法策略浅探

——以《水浒传》为例

华中科技大学附属小学　刘东平　刘碧娟

**【摘要】** 阅读经典名著不仅可以提高学生的语文素养，还可以让学生更好地了解中国古代的璀璨文化，增加他们的文化底蕴，让他们在阅读中找到祖国文化之"根"。但目前学生在阅读经典名著方面，主要存在以下几个问题：一是学生阅读量少而窄，学生只阅读语文教材上的课文，对进行课外阅读的价值认识不足；二是教材中经典文学著作选篇少，经常以节选出现，学生对科学阅读的方法掌握不够，无法全面、系统地学习和评析经典名著；三是面对传统经典著作，学生的阅读兴趣不浓厚，无法长时间阅读，不能培养良好的阅读习惯。阅读经典著作，可以"经天地，纬阴阳，正纪纲，弘道德，显仁足以利物，藏用足以独善"。研究并推广阅读经典著作的理论、方法，并将其运用到实际阅读中，指导小学生阅读经典著作，对当代小学生语文阅读能力的提高以及中华传统文化的传承具有深刻而长远的意义。以《水浒传》为例，探索经典阅读方法、思考教学方法，能较好地促进学生对自己的阅读行为进行思考。学生能在阅读中结合平时的学习方法提出自己的问题和独到的见解。这种见解是学生源于对文本的深刻体悟，是相对于当下的前进。学生在精读、细读经典中，不仅品味了经典的魅力，还获得了丰富的知识，享受了阅读的乐趣，而这些收获，会延伸到他们今后的阅读生活中。

**【关键词】** 竞答情节；情景再现；对比阅读；展开辩论；巧记绰号。

## 一、背景和意义

"基于文化传承的经典阅读推广"中写道："文化经典对于一个民族而言，恰似乳汁对于孩童，不断孕育催生出新的思想和知识；一个时代人文领域的各个层面，都是彼时彼地该民族对传统经典消化吸收的结果。"

## 二、以《水浒传》为例，探索经典阅读方法

四大名著中的故事情节生动、人物形象鲜明，但对于小学生而言，他们的文学知识和生活阅历积累决定了他们不太适合读原著，根据他们的心理特点，阅读改编版的《西游记》《水浒传》《三国演义》成为首选。为了便于教师指导，探索经典阅读方法，本文选择商务印书馆出版的无障碍阅读版《水浒传》进行阅读教学。

像《水浒传》这样的艺术造诣高、距离现实生活较远的文学作品，必须靠教师的指导来激发学生的阅读兴趣，培养学生的阅读意志。以下是教师所做的阅读教学探索。

### 1. 竞答情节

《水浒传》的情节结构很有特色：每组情节既有相对的独立性，又环环相扣、互相牵连，聚义之前的情节主要是单线发展，聚义之后的情节整体推进、综合安排。为了引导学生明白故事情节，让人物与情节对应，教师可运用"竞答法"让学生说出有关的故事情节。

**1）师问生竞答**

教师提出下面两个问题，学生竞答。

① 林冲早年是东京八十万禁军教头，后来雪夜入梁山，你能够说出让他雪夜入梁山的故事情节吗？

② 鲁智深是一个疾恶如仇、有勇有谋的人，你能够说出他"拳打镇关西"的故事情节吗？

**2）小组内互问互答**

由小组长主持，三个学生轮流出题，其他学生竞答故事情节。

**3）小组间竞答**

小组内选出最佳问题，让其他小组竞答，然后全班对竞答结果进行评价。

"竞答法"可以让学生认真阅读细节、关注关键情节、了解关键人物，学生能在教师与同学出题、答题的过程中体会到阅读的乐趣，从而在阅读中对名著有更深刻的认识。

**2. 情景再现**

《水浒传》中有众多人物故事，如何引导学生读懂并让他们饶有趣味地读下去，可以采用"情景再现法"，步骤如下。

**1）绘制画面，创设情景**

梁山英雄曾经两次攻打曾头市，第一次攻打，晁盖被杀，以失败告终；第二次攻打取得了成功。针对第二次的攻打方式，教师可以让小组合作绘制五路兵马的路线图，标明人员安排以及攻打方式，让学生在绘制、讨论的过程中细读故事情节，自主创设当时复杂的战斗情景。

**2）语言渲染，情景再现**

在"青面兽卖刀"的故事中，"杨志是杨令公之孙，因为丢了花石纲，经过多方打点，好不容易才见到高俅，可是却被赶了出来。"教师可以提问："你看到了一个怎样的杨志？""此时，杨志盘缠用尽，只好去卖宝刀，可是却碰到了泼皮牛二。"教师可以提问："从中你又看到了一个怎样的杨志？"通过语言渲染，拉近时空的距离，让学生结合生活实际，通过想象和联想，理解杨志的形象。

**3）创设情境，理解人物形象**

使用多媒体，如播放电视剧片段来再现画面，提升学生对人物形象的认识。

**3. 对比阅读**

《水浒传》中有108个英雄，每位各有特点，如何引导学生把握人物特点呢？教师可以运用"对比阅读法"指导学生去发现作者表达的异同，对不同的章节进行审察、分析、综合，让学生加深对小说的理解。

① 同样的事件，不同人物的处理方式不同，可以体现出人物不同的性格。同样是打虎，武松和李逵的不同体现在如下方面：打虎的原因不同；打虎的方式不同；打虎的数量不同；打虎的难度不同；杀虎后的心情不同；影响力不同；观察点不同；打虎时的心情不同。

② 同一人物，不同事件的处理方式，可以表现人物性格的多样性或者变化。"误入白虎堂""大闹野猪林""风雪山神庙"等故事都是写林冲的，体现了林冲的什么特点？学生通过合作学习和讨论发现了林冲具有单纯、是非分明、生性耿直、喜欢结交朋友、武艺高强等特点，同时小说对他从忍辱负重到奋起反抗的心理变化也把握得比较准确。

③ 由具体的一个人物形象到多个人物形象，通过对比找共性，总结规律。由武艺高强、忍辱负重的林冲想到武艺高强、疾恶如仇的鲁智深，又由鲁智深想到幼稚、鲁莽、有孝心的李逵，再想到武松。这一组人物的共同特点是什么？有了教师的引导，学生再经过阅读、讨论，就能够找出这组个性鲜明的人物形象的共性。

**4. 展开辩论**

经过一段时间的阅读，学生开始有意识地思考问题。如有的学生会思考书中写到的"遇到事情，人物不是靠说理，而是用刀枪、拳头说话。"教师可以采用辩论会的形式，让学生进行思考辩论，具体步骤如下。

① 确立辩题"施耐庵需不需要打斗"。

② 正方和反方分别讨论各自的观点。

③ 正方和反方抽签，开始辩论。

④ 辩论后，师生共同交流。

辩论之前让学生提前准备材料，学生可以多角度地运用材料来阐述自己的观点。采用辩论的方式，让学生结合生活现实，对书中的问题进行思考，思考现实中应该怎样正确看待这些做法。

**5. 巧记绰号**

《水浒传》中的每个英雄都有自己独特的绰号，或与人物性格有关，或与人物使用的武器有关，或与人物的个人经历有关。通过巧记绰号的方法，学生在记绰号时可以思考绰号与人物的关系，有助于学生把握故事情节，了解人物个性，从而激发学生的阅读兴趣。

**1）绰号连线**

上课前准备好卡片，教师出示写有人物绰号和人名的卡片，让学生将绰号和人名连线，帮助学生巧妙地记忆人物绰号。如"花和尚"连线鲁智深、"黑旋风"连线李逵、"九纹龙"连线史进、"小李广"连线花荣等。

**2）绰号猜故事**

通过绰号猜人物性格，从人物性格推导《水浒传》中人物身上发生的故事，把绰号和人物性格相结合，用逆向思维推导人物身上会发生哪些故事。如绰号为"智多星"的吴用有怎样的性格特点？书中的哪些故事体现了他的性格特点？

**3）绰号编故事**

以教师提供的绰号作为引导，学生根据人物绰号特点自行编故事，然后与全班同学进行交流，并要求故事符合人物的性格特征。如"及时雨"体现了宋江仗义疏财、重义气的性格特点，学生在编写故事时要体现出来。学生可以在编故事的氛围中轻松掌握人物的性格特点，从而进一步激发学生的阅读兴趣。

## 三、阅读实践调查研究

(1) 调查目的：全面系统地了解并掌握在通过教师进行以上阅读教学探索，并给予学生阅读指导的情况下，小学生对《水浒传》与课外经典著作的阅读频率和阅读兴趣的有关现状，对调查中发现的问题进行反思。

(2) 调查对象：六年级 3 个班共 150 名学生。

(3) 调查时间：在教师指导学习后一个月。

(4) 调查情况：如表 1、表 2 所示。

**表 1 《水浒传》阅读情况**

| 阅读频率 | 学习前人数(百分比) | 学习后人数(百分比) | 情况分析 |
|---|---|---|---|
| 每天都读 | 25 人 (16.7%) | 54 人 (36%) | 增加 29 人 |

续表

| 阅读频率 | 学习前人数(百分比) | 学习后人数(百分比) | 情况分析 |
|---|---|---|---|
| 经常读 | 50 人(33.3%) | 68 人(45.3%) | 增加 18 人 |
| 偶尔读 | 53 人(35.3%) | 24 人(16%) | 减少 29 人 |
| 从来不读 | 22 人(14.7%) | 4 人(2.7%) | 减少 18 人 |
| 备注 | 共计 150 人 | 共计 150 人 | 阅读频率增加 |

**表 2　经典名著阅读情况**

| 主要阅读意愿 | 学习前人数(百分比) | 学习后人数(百分比) | 情况分析 |
|---|---|---|---|
| 自愿读 | 56 人(37.3%) | 89 人(59.3%) | 增加 33 人 |
| 家长、教师要求 | 58 人(38.7%) | 40 人(26.7%) | 减少 18 人 |
| 同学影响 | 24 人(16%) | 18 人(12%) | 减少 6 人 |
| 说不清 | 12 人(8%) | 3 人(2%) | 减少 9 人 |
| 备注 | 共计 150 人 | 共计 150 人 | 兴趣增强 |

根据调查情况反馈,在看到成效的同时教师也对出现的问题进行了反思。

(1) 明确阅读目的。经典阅读应该具有一定的目的性,教师须明确学生的阅读目的,唯有此,阅读经典著作才能不盲目、不走岔路。

(2) 掌握有效方法。教师应该对经典阅读进行有效的组织,在实践中采用有效的指导方式,促进学生阅读,使学生掌握有效的阅读方法。

(3) 端正阅读态度。教师须引导学生以科学求真的态度阅读经典、以持之以恒的决心阅读经典、以理智超然的心态阅读经典。

通过教学实践和调查表反馈的情况,经典阅读卓有成效。学生对阅读的积极性提高、兴趣增强、深度增加,学生的意志品质也得到了培养。学生在阅读经典《水浒传》时对自己的阅读行为也自觉进行了思考。学生在精读、细读经典中,品味了经典的魅力,获得了丰富的知识,享受了阅读的乐趣。而这些收获,则会延伸到他们今后的阅读生活中。

# 数学给生活更多理性

## ——从足球比赛谈“数据分析观念”

华中科技大学附属小学　冯回祥

**【摘要】** “数据分析观念”是新课程标准(简称“新课标”)提出的十个核心概念之一。培养小学生的“数据分析观念”不仅是当今信息时代对人才培养的基本要求,更是为学生未来能够理性生活做准备。结合小学“统计与概率”课程的课堂教学,培养学生的“数据分析观念”,要重点突出三点:一是选择生活实例,让学生体会统计的作用;二是让学生掌握基本的数据分析方法;三是将数据分析观念渗透到学生的日常生活中。

**【关键词】** 理性;数据分析观念;从小培养。

## 一、背景和意义

喜欢看足球比赛的人都有这样的体会:比赛时,非常希望自己喜欢的球队能赢,特别是在自己家门口看本地球队和外地球队的比赛时,更是期待本地球队能打出水平、赢得漂亮。这种心理很正常,大家都会有,实属人之常情,可是一旦出现了事与愿违的结果,有些球迷就会埋怨、指责,甚至出现辱骂队员、指责教练等不文明的言行,更糟糕的是在比赛现场做出一些不理智,甚至涉嫌违规、违法的行为。这些行为是不道德的,要加以抵制,这并不是一个素质好的球迷应有的表现。

球迷的种种不理智的行为,是有很大部分的情感因素在里面的,但从另一个方面分析,这也说明了这些球迷不够理性。单从数学的角度出发,比赛的结果具有不确定性,任何一种比分都有可能出现,只是概率不同而已,因此,作为一个球迷,要正确、文明地对待比赛,除了要有基本的素质外,还必须要有一定的数学统计观念,即“数据分析观念”。球迷的不理智言行,在一定程度上来说也是缺失“数据分析观念”的表现。为什么球迷看球赛要有此观念?怎样从小培养学生的“数据分析观念”呢?

## 二、“数据分析观念”的基本含义

在数学教学中,“数据分析观念”是新课程标准提出的十个核心概念之一。《义务教育数学课程标准(2011年版)》将“数据分析观念”解释为:“了解在现实生活中有许多问题应当先做调查研究,收集数据,通过分析做出判断,体会数据中蕴涵着信息;了解对于同样的数据可以有多种分析的方法,需要根据问题的背景选择合适的方法;通过数据分析体验随机性,一方面对于同样的事情每次收集到的数据可能不同,另一方面只要有足够的数据就可能从中发现规律。数据分析是统计的核心。”这段表述点明了两层意思,一是点明了统计的核心是数据分析,史宁中校长在他的《数学思想概论》中指出:“数据是信息的载体,这个载体包括数,也包括言语、信号、图像,凡是能够承载事物信息的东西都构成数据,而统计学就是通过这些载体来提取信息进行分析的科学和艺术。”二是点明了数据分析观念中的三个重要的要求:体会数据中蕴涵的信息;根据问题的背景选择合适的方法;通过数据分析体验随机性。

了解了“数据分析观念”的基本含义之后,对为什么说不理智的球迷比较缺乏“数据分析观念”就不难理解了。事实上,如果要对一场足球比赛进行理性分析,应当先做调查研究,收集相关数据,即对比赛双方球队的主力队员的综合素质、教练的执教经历、教练的排兵布阵能力、双方的交战史等数据进行收集、统计和分析。尽管对抗性的比赛中不能完全排除一些偶然因素的影响，但是可以从足够多的数据信息中发现胜负的可能性规律。如果自己喜欢的球队在历史上胜多败少，而球员在比赛过程中不尽力而输了比赛，球迷对此发点牢骚还情有可原。反之，如果没有通过认真的数据分析，武断地认为自己喜欢的球队一定要赢，输了就无理取闹，就说明这球迷缺失基本的"数据分析观念"。

足球比赛中体现出来的"数据分析观念"，仅仅是社会生活万象中数学的"冰山一角"。随着社会的发展，人们的竞争意识在不断增强，人们将面临更多的机会和选择，经常需要在一些不确定的情境中，根据大量无组织的数据，做出恰当的处理，特别是要对数据信息进行有目的的选择和正确的分析、判断。

学校要为孩子的未来生活做准备，"数据分析观念"是学生必备的素质之一，必须从小开始培养。

在新课标理念下，"统计与概率"是学生的一项重要的学习内容，随着"统计与概率"课程教学的不断探索和实践，大家逐渐意识到对这个领域的学习的重要性。重要的绝不仅仅是对画统计图、求平均数等技能的学习和训练，而是要让孩子亲近数据、喜欢数据，形成数据分析的观念。

(1) 选择生活实例，体会统计在生活中的作用。对小学生"数据分析观念"的培养要循序渐进。《义务教育数学课程标准(2011 年版)》根据学生的认知规律，对培养数据分析观念提出了不同的要求，因此，教师在统计活动材料的选用上，应采取由近及远的原则，先从学生身边耳熟能详的事例开始。例如，可以让学生对学校食堂的菜肴口味进行调查，学生进行数据收集、整理，并进行相关分析，做出合理判断，从而得出改进食堂菜谱或菜肴的烹制方法的决策。这样的一个活动过程，可以让学生体会到统计对制订决策起到的作用。另外，还可以让学生做一些小实验，如做下蹲运动后，脉搏跳动会比运动前快多少，让学生统计和分析在实验中获取的数据。通过这样的学习，"数据分析观念"在学生心中已不知不觉一步步深化。

(2) 掌握基本的数据分析方法。形成良好的"数据分析观念"的关键在于数据分析方法的获得和掌握。利用正确的数据分析方法可洞悉隐藏在杂乱无章的数据信息背后的规律，为人们做出决策提供依据和研究方向。当然，针对小学生的具体情况，要求数据分析方法的层次和广度应符合他们的年龄特征和认知水平。学生会对简单数据进行收集、整理、描述和分析，会计算平均数、中位数，会找出众数等基本的统计量，会绘制简单的统计图表，把数据分析结果以图表的形式展示出来，使数据分析更直观、清晰，学生更容易发现数据分析中的问题，从而提升学生处理与分析数据的效率。

(3) 将"数据分析观念"渗透到学生的日常生活中。"数据分析观念"的养成和发展并不是一朝一夕的事，是一个从量变到质变的过程。教师要在平时的课堂教学和日常生活中合理渗透，引导学生通过报刊、电视、网络等媒体获取数据信息，让学生逐步形成自觉对数据进行分析的意识，同时，还可以通过课外实践活动来培养学生的"数据分析观念"，如"十一"长假期间，让学生调查一周内天气的变化情况或调查每个同学家里每个月使用自来水的水量，并绘制成图表，然后根据图表反映的情况，进行反思和总结。

爱因斯坦说过："纯逻辑的思维不可能告诉我们任何经验世界的知识，现实世界的一切知识是始于经验并终于经验的。"通过经验性的观察积累数据，然后根据数据做出某种判断，这种活动将有利于培养学生的发现能力和创新思维。因此教师要用课程改革的全新理念来指导数据分析知识的教学，让学生在活动中提高处理信息的能力，从而有效地培养学生的"数据分析观念"。

统计与学生的生活联系紧密，对"数据分析观念"的教学就是让学生产生对数据的亲切感，愿意去分析数据、提取信息，遇到问题时愿意去收集数据来帮助自己解决问题，而不是像有些球迷那样不理智地处理问题。

**【参考文献】**

[1] 中华人民共和国教育部.义务教育数学课程标准[M].北京:北京师范大学出版社,2011.

[2] 史宁中.基本概念与运算法则:小学数学教学中的核心问题[M].北京:高等教育出版社,2013.

[3] 王光明,范文贵.新版课程标准解析与教学指导——小学数学[M].北京:北京师范大学出版社,2012.

[4] 王永春.小学数学与数学思想方法[M].上海:华东师范大学出版社,2014.

# “分配”虽难，按“律”不难

## ——乘法分配律教学难点及对策分析

华中科技大学附属小学　杨　帆

**【摘要】** 乘法分配律是运算定律教学中的重点与难点，学生往往会遇到重重困难：归纳难、理解难、灵活运用难等。这其中的“症结”何在呢？笔者对此进行了深入分析，总结出学习乘法分配律存在困难的原因：第一，难在形式陌生，不易类比迁移；第二，难在语言复杂，不易归纳表述；第三，难在符号多变，不易理解记忆；第四，难在变化多样，不易灵活应用。在此基础上，总结出三条按“律”的教学策略：找规律——在仿写中形成表象，明律义——在理解中掌握内涵，守律例——在练习中发展能力，由表及里，由浅入深，有效突破乘法分配律的教学难点，从而提升教学效果。

**【关键词】** 乘法分配律；学习难点；教学策略。

## 一、背景和意义

在乘法的三个运算定律（乘法交换律、乘法结合律、乘法分配律）中，乘法分配律是其中的重点与难点，教过这部分内容的教师对此都深有体会。学生对乘法交换律和乘法结合律能够很顺利地进行归纳、理解和运用，但学生对学习乘法分配律往往感到困难重重。如何对症下药、探索有效的教学策略呢？结合多年教学实践经验，笔者进行了深入分析和思考。

## 二、乘法分配律，“难”在哪儿

### 1. 难在“陌生”

在学习乘法交换律和乘法结合律之前，学生已经学过了加法交换律和加法结合律，两者形式相似、内容相近，因此，学生很容易迁移理解，但在学习乘法分配律时，学生没有可以迁移和类比的对象，这就在客观上造成了一定的“陌生感”，这给乘法分配律的学习造成了第一重困难。

### 2. 难在“归纳”

教师们往往有这样的感受：尽管教学时给予了学生大量素材和例子，但学生在概括乘法分配律的定义时，却总不如概括乘法交换律和乘法结合律那么顺畅和准确，即便是教师揭示了定律后再让学生复述，学生也无法规范和熟练地将定律表达出来。这是为什么呢？我们不妨将乘法分配律和乘法结合律做一下对比，如图1所示。

从图中可以看出，乘法结合律的定义“先乘前两个数，或者先乘后两个数，积不变”与公式$(a\times b)\times c=a\times(b\times c)$一脉相承，直观而形象，学生几乎看着公式就能描述出定律；而乘法分配律的定义“两个数的和同一个数相乘，可以先把它们与这个数分别相乘，再相加”与公式$(a+b)\times c=a\times c+b\times c$相比，明显要抽象得多、复杂得多，学生很难准确说出“分别相乘”“再相加”等关键性词语，因此造成了归纳难。

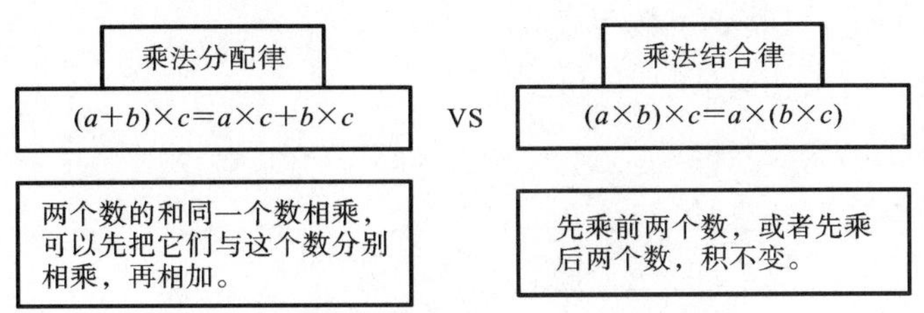


**图 1　乘法分配律和乘法结合律对比(一)**

**3. 难在"复杂"**

从形式及含义来说，乘法交换律和乘法结合律都是同一种运算的定律，而对于乘法分配律，教师用书明确指出，"这是唯一一个沟通了乘法和加法两种运算的定律"，它比另两种定律更加复杂，主要体现在以下两方面。

(1) 符号复杂。乘法交换律、乘法结合律只包含一种运算符号(乘号)，无论怎么变，符号不变；而乘法分配律包含乘号、加号，且等式两边的符号并不完全一致，这就增加了理解和记忆的难度。

(2) 形式复杂。我们不妨继续将乘法分配律和乘法结合律进行对比，如图 2 所示。

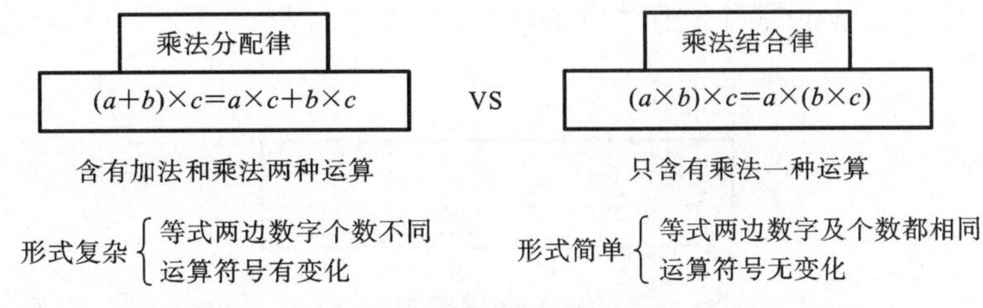


**图 2　乘法分配律和乘法结合律对比(二)**

观察乘法结合律$(a\times b)\times c=a\times(b\times c)$，等式两边的数字、符号完全相同，只利用小括号的移动改变了运算顺序，形式非常简单固定；而乘法分配律$(a+b)\times c=a\times c+b\times c$，等式两边的差别很大，左边有 3 个数字，右边却有 4 个数字，左边有一个加号、一个乘号、一对小括号，右边有两个乘号、一个加号、没有小括号，这给学生的理解和记忆造成了很大困扰。

**4. 难在"应用"**

众所周知，乘法交换律、乘法结合律的应用模式比较固定，应用情境相对简单，最多就是两种定律结合起来使用，如 125×7×6×8=(125×8)×(7×6)；而乘法分配律不仅有基本应用，还有各种变式应用，如下所示。

(1) 基本应用。

形如 9×37+9×63、(25+41)×4 等。

(2) 变式应用。

① 46×132−46×32(乘法分配律应用于减法)。

② 37×99+37(隐藏一个因数)。

③ 46×99=46×(100−1)(需要通过转化才能应用)。

④ 101×48=(100+1)×48(需要通过转化才能应用)。

在这些应用中，找"相同因数"是难点，"合理转化"更是难点中的难点，这对学生的思维提出了很高的要求。以下是学生在练习中常出现的错误类型。

① 8×(125+9)=8×125+9(乘法分配律基本形式未掌握)。

② 85×99+85=85×(100−1)(改变了数字本身的大小)。

③ 35×99=35×(99+1)(改变了数字本身的大小)。

④ 25×(4×8)=25×4+25×8。

⑤ 25×(4×8)=25×4×25×8。

⑥ 125×25×4×8=125×8+4×25。

⑦ 88×125=(80+8)×125=80×8×125。

从以上分析可知,学生对乘法分配律的学习的确存在客观和主观上的重重困难,这也是乘法分配律长期以来成为教学重点、难点、失分点的原因所在。正所谓"知己知彼,百战不殆",明确了"症结"、吃透了教材、分析了学情后,教师们在教学中就可以"对症下药""有的放矢",从而采取有效的教学策略。

## 三、按"律"不难——乘法分配律的有效教学策略

### 1. 找规律——在仿写中形成表象

在教学中,通过例题得到等式"(4+2)×25 = 4×25 + 2×25"后,学生对乘法分配律的表象有了一些了解,这时教师可以让学生仿写几组类似的等式,如图 3 所示,在模仿中找到规律,归纳出基本等式$(a+b)\times c=a\times c+b\times c$。

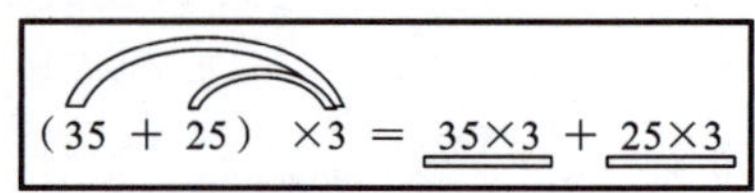


图 3 仿写等式

### 2. 明律义——在理解中掌握内涵

很多学生能熟记公式,但却不会灵活运用,因此,乘法分配律的教学既要注重外形结构,更要注重内涵理解。关于等式$a\times(b+c)=a\times b+a\times c$的两边为什么是相等的,对此可以有以下三种理解。

**1)从解决问题的角度理解**

以一个实际生活中的问题为例,如图 4 所示。

图 4 购买校服

从图 4 中可以看出,(35+25)×3 是先求 1 套衣服的价格,再求 3 套衣服的总价,而 35×3+25×3 是分别求 3 件上衣和 3 条裤子的价格,再求 3 套衣服的总价,因此,(35+25)×3=35×3+25×3。

**2)从乘法意义的角度理解**

以(35 + 25)×3=35×3 + 25×3 为例,左边表示(35+25)个 3,即 60 个 3,右边是 35 个 3 加 25 个 3,一共也是 60 个 3,因此等式两边是相等的。

**3)用数形结合的方式理解**

如图 5 所示,求整个图形的面积。

大长方形的面积既可以通过长×宽直接求出,也可以通过分别求出两个小长方形的面积再相加

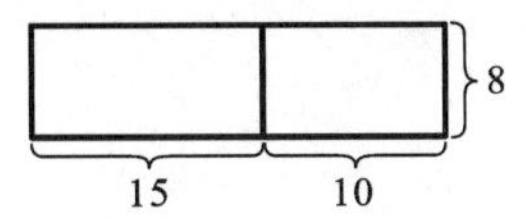


**图 5　求图形的面积**

求出，因此，(15+10)×8=15×8+10×8。

**3. 守律例——在练习中发展能力**

**1）对比练习——有效辨析乘法结合律与乘法分配律**

综上分析，学生特别容易混淆乘法结合律和乘法分配律，因此，要认真辨析两者的区别。乘法结合律的特征是“连乘”，而乘法分配律的特征是“有加法也有乘法”。教师对比 25×(8+4)和 25×8×4、25×125×25×8 和 25×125+25×8，引导学生分析每组算式之间有什么区别、每个算式适合用什么运算定律……这就可以有效突破难点，帮助学生理清思路。

**2）一题多解——有效发展灵活应用运算定律的能力**

采用“一题多解”题型，可以培养学生灵活简算的思维方式，如计算 125×88 的思路可能有竖式计算、125×8×11、125×(80+8)等，又如计算 101×99 可用的解法有竖式计算、(100+1)×99、101×(100-1)、101×(90+9)等。在辨析、思考的过程中，力争让简算成为学生的自主行为，学生能根据题目的特点灵活选择适当的算法。

**3）紧扣“相等”——让每一步都“有道理”**

根据“递等式计算每一步都相等”这一特点，教师在练习中可以紧扣“这一步有没有改变题目的大小”，来引导学生每做一步都思考变化的依据是什么，即有没有“道理”。

通过这样的方式，培养学生清晰的、有理的解题思路和自我审查、自我反思的能力，长期坚持，学生的思维将更严谨。

总之，由于形式复杂、符号多样、应用多变，乘法分配律历来是小学数学教学的重点、难点和关键点，在教学中，教师若能引导学生在仿写中形成表象、在理解中掌握内涵、在练习中发展能力，就能有效突破“分配难”的瓶颈、提升教学效果。找规律、明律义、守律例，按“律”教学，让“分配”不再难。

（本文发表在中文核心期刊《小学数学教师》2016 年第 3 期）

# 观点与事实在小学英语课堂中的合作

华中科技大学附属小学　陈　琼

**【摘要】** 小学英语学科可分年级进行观点与事实的思维训练。低年级学生要学会区分观点与事实，中、高年级学生要进一步学习辨别观点和事实，学会用事实去支撑观点。我们发现，批判性思维的培养可以借助“合作学习”的模式开展。

**【关键词】** 观点；事实；合作；批判性思维；实证。

## 一、引言

“对儿童来说最重要的是什么？正是他们的大脑。”联合国儿童基金会执行主任安东尼·雷克如是说。

2013 年起，华中科技大学附属小学（简称附小）开设了批判性思维的独立课程，首批试点学科为英语学科。学校尝试将批判性思维融入英语课堂的教学。加拿大麦克马斯特大学哲学博士、华中科技大学客座教授、迄今为止唯一在东西方大学都教授过批判性思维通用课程的华人学者董毓教授在给附小教师培训时谈到：给孩子培养批判性思维可以从问题开始。在英美教育体系里，孩子从幼儿园开始，就要学会从一些简单的例子里去分辨什么是事实，什么是观点。

## 二、研究目标

基于对批判性思维的学习和理解，同时借鉴西方的教育方法和教育理念，在小学英语学科上，学校将分年级对学生进行观点与事实的思维训练。

批判性思维的培养可以借助“合作学习”的模式开展，美国约翰·霍普金斯大学的罗伯特·斯莱文教授是“合作学习”的主要代表人物之一，他认为：“无论是从动机的角度还是从认知的角度来看，合作学习都是一种具有优越性的教学策略。”从实际的认知中探索，获得知识的过程就是探究的过程。

## 三、研究过程及方法

（1）低年级学生要学会区分观点与事实。

① 教师在教低年级学生时举出一些例子，例如：

Christmas is on December 25th.（圣诞节在 12 月 25 日。）

I like Christmas.（我喜欢圣诞节。）

引导学生学会区分观点与事实。前一句是大家公认的、客观存在的，后一句是个人的感受。前者是事实，后者是观点。

② 教师给出一个素材，用合作学习的“内外圈”策略开展联想活动。

首先，教师出示一张苹果的照片（见图 1），每组同学围绕这张图片展开联想。一组同学（4 人）中的每人独立想一句话进行事实描述，另一组同学(4 人)中的每人独立想一句话进行观点描述。

**图 1　苹果的照片**

然后，选择事实描述的同学站在内圈，选择观点描述的同学站在外圈，内外圈同学面对面站立。内圈的同学不动，外圈的同学逐个向右移动并表达自己的观点描述，可能是“I don't like apples.”，“Red is beautiful.”，“My mum thinks that apple is good for me.”，“I think this apple is yummy.”。

最后，外圈同学不动，内圈同学朝一个方向转动，依次向外圈同学表达自己的事实描述，可能是“This apple is red.”，“Apple is a kind of fruit.”，“Apple is good for us.”，“Apple is sweet or sour.”

通过“内外圈”的合作学习(见图 2)，学生们很好地理解了以下内容。

**图 2　“内外圈”的合作学习**

What is an opinion? (什么是观点?)

An opinion is what you think or feel. (观点就是你的想法或感受。)

It can not be proven. (它不能被实证。)

What is a fact? (什么是事实?)

A fact is something that is always true. Facts can be proven. (事实就是永远是对的。事实是可能被实证的。)

We can find facts by doing research. (我们可以通过探究得到事实。)

在这个活动中，“倾听”作为合作学习的技能之一尤为重要，学生们在倾听对方表达信息时要认真、不插话、不打断，这样才能初步实现对信息的分析、评估和判断。

(2) 中高年级学生要进一步学会辨别观点与事实，学会用事实去支撑观点。

① 在用五年级 *JOIN IN* 教材学习速度(见图 3)时，用问题启发学生思考：“Which one is the fastest?”，采用合作学习的四角站立法(见图 4)。让持相同立场的同学站在一起，全班同学一共站成四个角，从而构成四个谈话角。

四个谈话角的小组成员分别搜集证据，证明自己的立场，并派一名代表发言，发言完毕后将顶级运动员、顶级自行车车手、最快的汽车和最快的火车按照速度快慢进行排序。

四角站立法这种合作策略让学生学会用证据去探究事实，发表观点，最后达成事实。

② 在面对某些开放性话题时，每组同学要完成一张任务单(见图 5)。

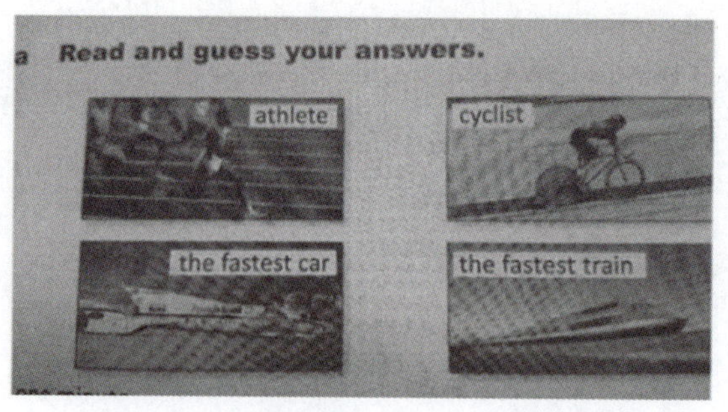


图 3　速度

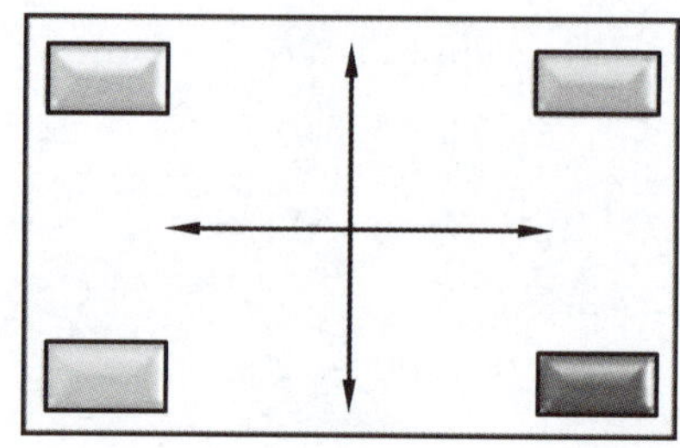

图 4　四角站立法

○ 我的观点(my point of view)________________

○ 开篇句子(lead sentence)________________

○ 原因(reason)________________

○ 证据(evidence)________________

图 5　任务单

每组同学在完成探究性任务后，采用“组际评价”。各小组分别派一名组员对其他小组的成果进行评价。以色列特拉维夫大学沙伦博士认为合作学习是组织和促进课堂教学的一系列方法的总称。

## 四、小结

学会区分观点与事实仅是批判性思维内涵的一部分，这一部分思维的训练可以从幼儿阶段一直承接到成年阶段。经过长期的训练，学生可以有以下进步。

① 快速记忆关键信息，独立思考，恰当地表达出自己的想法。

② 拥有辨别能力和观察能力。

③ 培养创造性思维能力和逻辑思维能力。

④ 团队合作，培养解决问题的能力。

⑤ 实事求是的精神。作为英语教师，我们要更多地从思维层面去思考英语教学，培养学生的核心素养和终身发展能力，培养学生成为公正、理性、谦虚、温和的现代公民。

**【参考文献】**

[1] 董毓. 批判性思维原理和方法[M]. 北京：高等教育出版社，2010.

[2] [美]NeilBrowne，Stuart M. keeley. 学会提问[M]. 吴礼敬，译. 北京：机械工业出版社，2013.

[3] 郑杰. 为了合作的学习——让课堂变革真实地发生[M]. 上海：华东师范大学出版社，2018.

[4] [美]Robert E. Slavin. 教育心理学[M]. 吕红梅，姚海林，等，译. 北京：人民邮电出版社，2016.

# 小学英语故事教学中的有效提问

华中科技大学附属小学　罗晶晶

**【摘要】** 美国 Gillian Brown 教授曾说过："教师的提问如果引起了全体学生的思考，这便是成功的提问。"有效提问能大大提高课堂效率，能培养学生自主学习、合作、交际，以及思维能力。在很多课堂中，特别是在故事教学中，教师的提问没有重点、提问随意、提问没有层次性和逻辑性，甚至有些教师的提问，学生无法用已经掌握的英语知识来回答，因此，在故事教学中，教师学会进行有效的提问，就显得尤为重要。

**【关键词】** 故事教学；有效提问；层次；思维。

## 一、引言

提问是小学英语课堂教学中师生之间交流最常用的方式之一。课堂提问是一种教学方法，也是一门艺术。在英语故事教学中，要想通过课堂提问，帮助学生走进故事、理解故事、体会故事中人物的感情，甚至引发学生对人生观、价值观的思考，激发学生的思维，让学生能有感情地朗读课文，并把自己的想法用英语表达出来，就需要教师在课前进行精心设计，即设计好故事教学中的有效提问。如何让学生在教师的有效提问下，提高学习故事的效率，这是需要探讨的问题。

## 二、激发学生阅读故事的兴趣

教师巧设悬念让学生带着好奇心去阅读故事，这将有利于提高学生的阅读积极性和兴趣。

例如，*JOIN IN* 五年级上册第四单元的"Joe's favourite hat"一课中，故事讲的是 Sarah 想买一条新裙子，但被 Joe 以没有钱为理由拒绝了。后来，Sarah 把 Joe 最喜欢的帽子藏了起来，让 Joe 误以为帽子是被小偷偷走了。Sarah 还帮 Joe 写了一个寻物启事来捉拿小偷，找到帽子就悬赏。最后，Sarah 帮 Joe 找到了帽子，拿了赏金，也买了裙子。当教师揭示故事的名称，并在黑板上贴出故事中的两个主人公(Joe 和 Sarah)，以及两个重要线索(裙子和帽子)的图片时，教师提出了两个问题：What do you want to know about this story? What are their relationships?（你想从这个故事中知道些什么？主人公之间的关系是什么？）

教师通过这两个提问，让学生大胆地预测故事内容，这激发了学生阅读故事的兴趣，学生迫不及待地想去阅读故事。学生提出了以下问题：What happens to Joe's favorite hat? What color is Joe's favorite hat? 学生对故事做了以下预测：Sarah likes the purple dress and Joe likes the black hat. Maybe that hat is Joe's favorite hat. Maybe Sarah has got a black hat.

## 三、提问的层次性

### 1. 阅读前

在故事的新授环节，要先让学生整体感知故事，了解故事大意，因此，一开始的提问，就要从整体出发。还是以“Joe's favourite hat”一课为例，教师在学生第一次阅读故事前，提出了问题：How many people are there in the story? And who are they? What does Sarah need? What does Joe collect?（这个故事里有几个人？他们分别是谁？Sarah需要什么？Joe在收集什么？）这几个问题都是从故事的整体入手提出的，从而可帮助学生整体感知故事。

**2. 阅读中**

了解故事的大致内容后，就要细细品读故事、理解故事，这时候教师的提问，主要是帮助学生更好地理解故事、理清故事的脉络，让学生自主地进行学习。另外，根据“因材施教”的原则，教师应充分了解每个学生的情况，对不同的学生设计不同难度的问题，使问题的设计有坡度，让每一个学生都能学有所得。例如，在“Joe's favourite hat”一课中，教师依次提出了问题：Why does Joe cry? Which hat is Joe's favourite hat? How do you know it? What's Sarah's idea? Why does Joe cry again? At last, does Sarah buy a new dress? Who is the thief?（Joe为什么哭？哪一顶帽子是Joe最喜欢的帽子？你怎么知道的？Sarah的主意是什么？为什么Joe又哭了？最后Sarah买到新裙子了吗？谁是小偷？）这几个问题的难度逐步加大，把故事向前推进，让学生“跳一下就能摘到果子”，达到激发学生思维、培养学生能力、活跃课堂气氛的目的。教师在提问后，还应根据问题的难易程度留给学生恰当的思考时间，使学生的回答更清晰、完整，语言更准确、到位，这样，能引发更多同学的思考。

**3. 阅读后**

最后，要对故事进行整体总结，因此，提问也要有一定的开放性，由此激发学生的思维深度和广度。开放性的提问为学生提供了真实交互的语言情境，有利于学生交际能力的培养与提升，让学生的思维接受挑战。在“Joe's favourite hat”一课中，教师最后提出了问题：What do you think of Joe? What do you think of Sarah?（你认为Joe是什么样的人？你认为Sarah是什么样的人？）这些问题就是考查学生对人物性格的理解，这些问题的答案在故事中是找不到原句的，这是训练学生思维的问题，必须靠学生自己的理解和感悟来回答，这种提问是具有挑战性的。

从以上故事教学的三个大环节中，我们不难发现，随着教学环节的推进，问题也是层层递进的。

## 四、启发学生思维

故事教学的目的，不是讲授故事中的重点单词和句型，也不是仅仅让学生停留在理解故事的基础上，故事教学的最大意义是促进学生思维能力的发展和语言综合能力的应用，因此，故事教学中的有效提问，是能启发学生思维的提问。例如，在*JOIN IN*五年级下册第六单元故事“The hero”一课中，故事讲的是Joe自告奋勇要去抓捕抢劫银行的强盗，但却在途中反被强盗抓住，最后他的妻子Sarah通过她的聪明才智救出了Joe，并抓住了抢劫银行的强盗，但她却把功劳归功给Joe。在学完这个故事后，教师就提出了问题：Who is the hero? And why?（到底谁是英雄？为什么？）启发学生对英雄的理解。又如*JOIN IN*五年级上册第六单元故事“The sleeping prince”一课中，学生通过学习故事，发现王子正是因为没有礼貌，所以最终没有离开城堡。教师最后提出了问题：But if the prince was very polite, would he have a same ending? So what would happen?（如果王子有礼貌，他还会有相同的结局吗？后面会发生什么事？）教育学生要做一个有礼貌的人。

## 五、发挥学生的想象能力

小学生有一个很大的特点——想象力丰富。在教师教学完成后，学生感觉很多故事平淡，就是因为教师在发挥学生的想象力上有所欠缺，其实，让孩子们改编某些故事的结尾或续写故事，能提高故事教学的实效性，同样，也可以培养孩子们解决问题的能力。例如，在 *JOIN IN* 四年级下册第六单元故事“The monster”一课中，讲的是狮子、河马等一些大型动物抢占了兔子、小老鼠等一些小型动物的房子，最后小老鼠通过制造鳄鱼来了的假象，吓走了大型动物，抢回了自己的房子。教师在讲完课后，就可以提出问题：If you were the mouse, what's your idea?（如果你是小老鼠，你会有什么好主意？）充分发挥学生的想象力，这样不仅让故事教学更加有趣，还培养了学生解决问题的能力。

综上所述，故事教学中的有效提问，能激发学生的阅读兴趣，帮助学生理解故事，启发学生的思维，培养学生的语言综合运用能力，因此，故事教学中的有效提问，能让故事教学更加精彩。

**【参考文献】**

[1] 邹琳. 提问：有效提问，启迪思维——浅谈小学英语课堂教学中的有效提问[J]. 教育教学论坛，2012，(19)：188-190.

（本文获洪山区论文比赛一等奖）

# 小学英语教学中的文化渗透

华中科技大学附属小学　方秋景

**【摘要】** 语言是文化的载体，文化意识是得体运用语言的保证。学习一门语言不能只学习语音、语法、词汇和语句结构，最终的目的应是将语言用于交际。只会语言而不懂其文化背景会导致语言运用不得体，造成跨文化交际失败，因此，在小学英语教学中，应该注意文化渗透，培养学生的文化意识。本文将以教材文本为依托，分析如何将文化知识渗透到小学英语教学中，提高学生的文化意识。

**【关键词】** 小学英语；文化渗透；文化意识。

## 一、英语文化教学背景

在当今全球化的世界里，外语学习者不仅需要具备熟练的语言能力，而且需要有良好的跨文化交际能力。《义务教育课程标准(2011 年版)》(以下简称课标)指出：基础教育阶段英语课程的总体目标是培养学生的综合语言运用能力。综合语言运用能力的形成建立在学生语言技能、语言知识、情感态度、学习策略和文化意识等素养整体发展的基础上。文化意识是语言教学目标中不可或缺的一部分。语言知识和语言技能是综合语言运用能力的基础，文化意识是得体运用语言的保证。然而目前我国小学外语教学中普遍存在重语言知识技能、轻文化意识培养的现象。这导致学生虽然能够熟练掌握语言知识，但在跨文化交际中经常出现障碍。例如，见到外国友人就问"What's your name?"、"How old are you?"等，殊不知有些问题，如"How old are you?"在一些情境中是不得体的、触犯隐私的。在语言运用的过程中，语言结构的错误是可以容忍的，但语言运用不当或对文化习俗不了解会被认为是不礼貌的、粗鲁的，不仅会造成跨文化交际的失败，而且会引发误会。

## 二、英语教学中文化渗透的重要性

语言学习的最终目的是能跨文化交际，所以，要得体、恰当地交际就需要具备文化意识，因此，跨文化交际能力是外语教育的最终目的，而且语言教育在很大程度上应是文化教育。所以教师在英语教学中要注意文化的渗透，提高学生的文化意识，帮助学生顺利地进行跨文化交际。

课标指出：在外语教学中，文化是指所学语言国家的历史地理、风土人情、传统习俗、生活方式、文学艺术、行为规范、价值观念等。

文化意识，即跨文化意识，指"对异国文化与本国文化的异同的敏感度，和在使用外语时根据目标语(如英语)文化来调整自己的语言理解和语言产出的自觉性。"这种敏感度是可以培养的，这种自觉性也是可以培养的。

在课标中，文化意识包括文化知识、文化理解、跨文化交际意识和能力，这些内容是层层递进的。在小学阶段，提高文化意识应该从文化知识的渗透入手，通过学习文化知识，比较文化异同，从而培养文化意识，最终达到提高学生跨文化交际能力的目的。

在小学英语课堂中渗透文化教学有以下两种作用。

(1) 正如课标所说，接触和了解英语国家文化有益于对英语的理解和使用，有益于加深对本国文化的理解与认识，有益于培养世界意识。

(2) 将文化教学与语言教学相结合，使英语学习摆脱单纯的语言训练，从而有效地提高学生学习英语的兴趣和积极性，还能让学生学习地道的英语表达方式、恰当地使用语言进行交际，达到既提高了语言能力又培养了文化意识的双重目标。

## 三、英语文化渗透途径及策略

在小学英语教学中培养文化意识很重要，但是小学的课时有限，教学内容多，不可能专门抽一些课时来讲授文化知识。那么如何在小学英语中渗透文化知识，培养学生的文化意识呢？本文将以教材为依托，分析如何在日常教学中渗透文化知识。

通过分析外研社剑桥小学英语 *JOIN IN*（改版）三年级到六年级的教材，可知该教材的内容包含的文化知识可以分为两类：显性文化知识和隐性文化知识。显性文化知识是与文化明显相关的，例如节日、西方国家与城市名称等。隐性文化知识是指看起来跟文化知识不太相关但隐含文化内涵的信息。本文将从以下两个方面来分析如何在英语课堂中渗透文化知识。

**1. 显性文化知识渗透途径及策略**

课标列出的关于文化教学的二级目标内容有以下方面。

① 知道英语中最简单的称谓语、问候语和告别语。

② 对一般的赞扬、请求等能做出适当的反应。

③ 知道国际上最重要的文娱、体育活动。

④ 知道英语国家最常见的食品的名称。

⑤ 知道主要英语国家的首都和国旗。

⑥ 了解世界主要国家的标志物，如英国的大本钟等。

⑦ 了解英语国家的重要节假日。

课标所列文化教学内容为显性文化知识，剑桥小学英语 *JOIN IN* 中的显性文化知识列举如表 1 所示。

**表 1　剑桥小学英语 *JOIN IN* 中的显性文化知识列举**

| 年　级 | 单　元 | 文化内容 |
| --- | --- | --- |
| 三年级上册 | Starter Unit &Unit 1 | 称谓语、问候语和告别语 |
| 三年级上册 | Unit 5 Happy birthday | 圣诞节和元旦 |
| 三年级上册 | Unit 5 Happy birthday | 英语国家食物和饮料名称 |
| 三年级下册 | Starter Unit | 称谓语、问候语和告别语 |
| 三年级下册 | Unit 5 Food | 英语国家食物和饮料名称 |
| 四年级上册 | Unit 1 When is your birthday? | 英语国家节日 |
| 四年级上册 | Unit 3 Numbers | 英国硬币 |
| 四年级上册 | Unit 6 Games | 英国校园活动 |
| 四年级下册 | Starter Unit | 澳大利亚国名及标志物 |
| 五年级上册 | Unit 1 Family | 亲人的英语称谓 |

续表

| 年　级 | 单　元 | 文化内容 |
|---|---|---|
| 五年级上册 | Unit 3 Time | 武汉、加拿大的标志建筑，澳大利亚的代表性动物——考拉 |
| 五年级上册 | Unit5 A party | 中国、英国食物名称 |
| 五年级下册 | Unit 1 A phone call | 复活节 |
| 六年级上册 | Unit 2 Big cities | 世界各个城市及其标志建筑 |
| 六年级上册 | Unit 3 Festivals | 中国、英国重要节日 |
| 六年级上册 | Unit 5 Animals in danger | 国内外代表性动物 |
| 六年级上册 | Unit 6 Children of our world | 世界各国地名及生活 |
| 六年级下册 | Unit 1 My cousins and I | 澳大利亚国家介绍 |
| 六年级下册 | Unit 3 Mary's Dairy | 英语城堡介绍 |
| 六年级下册 | Unit 4 My heroes | 世界各地名人介绍 |
| 六年级下册 | Unit 5 I love reading | 英国英雄罗宾汉故事介绍 |

教师在讲授这部分显性文化知识时，应该注重以下三个方面。

**1）零碎文化知识的整合**

无论是作为单元重点语言知识出现的文化知识，还是渗透在课本中的较为零碎的文化知识都不能忽视。表1所列的文化知识在课本中有些是作为单元主题涉及的语言知识出现的，还有些是不明显的零碎的文化知识并未在表中列出。例如，四年级上册 Unit 3 有对 british coins 的介绍，但是没有对 dollar 进行专门的介绍。而在五年级上册 Unit 6 "A story——Joe's favourite hat"中有这样两句话："A hundred dollars for a hat?! That's a lot of money." 有的学生并不知道"a hundred dollars"具体代表多少人民币，那又怎么理解 "That's a lot of money."（这是一大笔钱）因此教师在教授 british coins 时也可介绍美元 dollar 以及其他国家的货币，进行知识的整合。

**2）学生的文化参与和体验**

教材中有很多英语节日，教师可以设计文化活动让学生参与和体验，加深对文化的理解。例如，在学习三年级上册 Unit 5 的圣诞节时，时间刚好接近圣诞节，教师可以在班级举办圣诞派对，让学生学习圣诞歌曲、制作圣诞卡片、互赠礼物。在学习五年级下册 Unit 1 的故事"The Easter Bunny is ill"（《复活节兔子生病了》）时，教师可以让学生画彩蛋、藏彩蛋、找彩蛋，从而加深孩子们对节日的理解。在学习六年级上册 Unit 3 的万圣节时，教师可以举办万圣节派对，让学生玩 trick or treat（不给糖就捣乱）、apple bobbling（咬苹果）等经典的万圣节游戏。这样的文化活动不仅可以让学生感受到节日氛围，使他们对西方文化的理解不停留于课本，而且还提高了学生的学习兴趣，培养了学生的文化意识。

**3）文化比较**

文化比较是提高文化意识的主要途径，既能培养学生的世界视野，又能加深他们对本国文化的理解。而课本中是没有这种文化比较的，这需要教师去挖掘，这也是文化渗透的重点。在教学过程中，教师可以让学生有意识地进行比较，例如，比较春节与圣诞节、中秋节与感恩节的异同。下面以比较打招呼用语为例进行比较。

在三年级上册 Unit 1 中，学生就开始学习用英语打招呼。在这里将中国的打招呼用语与西方的进行对比。可以先让学生想一想中国人是怎么打招呼的。中国人打招呼一般会说"吃了没有?""去哪里呀?”如果这样问外国人会出现什么样的问题呢? 如果问外国人“Did you eat?”他们一定以为你要请他吃饭。如果问外国人“Where are you going?”他们一定会觉得很尴尬,因为这侵犯了他们的个人隐私。所以即使是简单的问候用语也有很大的区别。西方人打招呼喜欢用“How are you?”也会以讨论天气的方式开始对话。这样简单的文化渗透,为学生顺利进行跨文化交际打下了良好的基础。

**2. 隐性文化知识渗透途径及策略**

隐性文化知识是指没有被作为专门的文化知识主题列入课本的相关知识,甚至看起来与文化无关的知识,这也是教师们最容易忽略的地方。例如,numbers(数字)表面看起来不是文化知识,但其也有丰富的文化内涵。中国人喜欢数字8,因为其与“发”的发音相似。西方人最不喜欢的数字是13,13被认为是不祥的数字,因为这个数字与耶稣受难有联系。所以西方人订婚会避开每月的13号,酒店也不设13层,同时避开13作为房间号码。教师在教授类似的隐性文化知识时,应该注重以下四个方面。

**1) 内涵意义的渗透**

英国学者 Geoffrey Leech 在《语义学》中提出,词的意义可以分为概念意义、内涵意义、风格意义、感情意义、联想意义、搭配意义及主题意义等七种类型。概念意义是语言交际中表达的最基本的意义。内涵意义是附加在概念意义上的意义,又因国家、文化、时代而异。例如,英语中 politician 的概念意义为“从事政治,关心政治,特别是以政治为生涯的人”,而它的内涵意义为“不讲原则,当面一套,背后一套,能言善辩,言而无信”。一般课本教授的是概念意义,而忽略了最能代表文化的内涵意义。下面以三年级上册 Unit 3 的“Colours”为例进行说明。

红色(red)在中国代表的是“幸福、喜庆、吉祥、快乐”,所以结婚、过年都喜欢用红色。而在西方文化中,red 并没有这种文化内涵。因为红色跟血的颜色一样,所以在西方国家红色象征着“暴力、血腥”,例如,a red battle 指血战;红色也有“警示”的意义,例如,red flags 指的是提高警惕、预防出事。教师还可以引导学生比较其他颜色的内涵意义在中西文化中的差异,如表2所示的是颜色的内涵意义在中西文化中的差异。

**表2 颜色的内涵意义在中西文化中的差异**

| 西方文化 | 中国文化 |
|---|---|
| white:代表纯洁<br>结婚的时候穿白色的婚纱<br>white lie 善意的谎言 | 白色:代表悲伤<br>丧事的时候穿白色的衣服 |
| blue:忧郁的<br>He is blue today(他今天不开心) | 蓝色:象征着蓝天,大海的广博,宁静 |
| green:无经验的,幼稚的<br>green hand 新手<br>green-eyed 嫉妒,眼红 | 绿色:象征生机,希望 |
| black:邪恶的 ,不吉利的<br>Things look black(事情看起来不妙) | 黑色:代表不正规的,不吉利的<br>例如,黑车 |

英文中的颜色也可以作为姓氏,例如,Mr. Black, Mrs. White, Miss Blue, Mr. Green。在三年级下册“Starter unit” 中就出现了 Mr. Brown。

**2) 文化对比、启发思考**

三年级下册 Unit 1 “Pets”和四年级下册 Unit 3 “Animals”的学习都是关于动物的。动物类单词在中西方文化中的差异也是很鲜明的。

例如，三年级下册学习 dog 时，教师可以先提供几句与动物相关的西方谚语，例如，"Love me, love my dog.（爱屋及乌。）""You lucky dog.（你这家伙真幸运。）""Every dog has its day.（人人皆有得意时。）"鼓励学生猜测意思，然后让学生总结 dog 在英语里代表的是好的含义还是坏的含义，再让学生想几个汉语中跟狗相关的成语，例如，狗仗人势、狗急跳墙、狼心狗肺等。通过比较，学生可以很快地发现，dog 在中西方文化中的区别。还可以让学生分析一下为什么会存在这样的差异。在西方国家，狗是人类最忠诚的朋友，所以狗总是和美好的事物联系在一起的。而在中国古代，狗是低贱的动物，所以狗经常出现在各种含贬义的词汇中。

当然，中西方文化也有相通之处，例如，pig 和 fox。pig 象征着贪婪、肮脏、令人讨厌，在中文里也有类似的含义。fox 在中西方文化中都包含了狡猾的意思。

有了文化意识，学生到了四年级的时候，也会好奇其他动物的内涵意义在中西方文化中的异同。教师看到学生有如此强烈的好奇心，就可以给他们补充一些有明显文化差异的动物类单词。例如，dragon（龙）在中国历史上是图腾的形象，龙是皇帝的象征，是神圣的动物。而在西方，dragon 是一只巨大的蜥蜴，长着翅膀，身上有鳞，拖着长长的蛇尾，能够喷火，是邪恶的、令人感到恐怖的动物。所以人们为了区别中西方的龙，会用 Chinese dragon 代表中国的龙。peacock（孔雀）在中国文化中是吉祥的象征，而在英语中通常含有骄傲、炫耀、洋洋自得的意思，例如，as proud as a peacock（像孔雀那样骄傲）。这样的拓展和比较是非常有益的，学生对此也十分感兴趣，学生既学习了语言知识，也提高了文化意识。

**3）文化背景的铺垫**

教师在教授三年级下册 Unit 2 "Days of the week"时，可以给学生讲了一个关于星期的神话故事。Sunday（星期日）为太阳神之日，是从 Sun's day 演变而来的，意为"日神之日"；Monday（星期一）为月亮神之日，是从 Moon's day 演变而来的，意为"月神之日"；Tuesday（星期二）为战神之日，是从 Tiw's day 演变而来的，Tiw 是北欧神话里的战神；Wednesday（星期三）是由 Woden's day 演变而来的，传说 Woden 是战神 Tiw 的父亲，Woden 是北欧诸神之父，为了纪念这位主神，人们便用其名字命名 Wednesday；Thursday（星期四）为雷神之日，是由 Thor's day 演变而来的，在北欧神话里，传说 Thor 是掌管雷电的神；Friday（星期五）在古英语里，是以 Frigg（掌握婚姻和生命的女神）的名字命名的，意为"the day of Frigg"；Saturday（星期六）为农神之日，是根据农神的名字 Saturn 而命名的。一个星期中的每一天都代表着一个神，而且每个神都有一个故事。在学生听故事的时候，一个星期的每一天对他们来说不再是硬生生的单词了，而是变成了活生生的神。学生能很快就记住了这七个单词。通过这个方法，英文单词被赋予了更多的文化意义，这样既增强了课堂的趣味性，又提高了教学效率。

**4）价值观念的渗透**

在四年级下册 Unit 1 "Time"这种没有显性文化知识的内容里，可以渗透西方人的时间观。时间观属于价值观，是文化的一部分。在中国，提前赴约一般被认为是礼貌的、有诚意的，而在英语国家，特别是参与 party（聚会），客人可以迟到十分钟甚至半个小时，但绝对不可以提前到，否则会被认为是很不礼貌的。

语言是文化的载体，或者说语言本身就是文化。虽然以上只列举了几个例子，但是每节课都可以有文化的渗透。教师要做到重视文化、挖掘文化。通过上述方法，教师给学生渗透文化知识，不一定要求学生全部掌握，更多的是需要他们了解中西方文化、拓宽视野，从而培养他们的爱国精神，让他们对文化感兴趣，并且做到由此及彼，学生在学习其他文化知识的时候也能够意识到这些知识代表的文化内涵意义在不同的文化中也许会不一样，从而学生主动思考和查阅相关资料。通过这样的文化渗透，学生的文化意识也会逐渐培养起来。

## 四、英语文化渗透原则

**1. 文化无优劣之分，尊重文化差异**

课标指出“帮助学生了解世界和中西方文化的差异，拓宽视野，培养爱国主义精神，形成健康的人生观，为他们的终身学习和发展打下良好的基础”。通过文化的渗透和对比，学生可以发现文化的异同，从而提高文化意识，也能更深刻地认识到祖国文化的独特魅力。文化无好坏、优劣之分，要热爱本国文化。通过英语学习宣传本国文化的同时，也要尊重其他国家的文化，这是文化渗透最基本的原则。

**2. 创造良好的文化氛围**

课本的知识比较有限，教师应该通过各种途径创造良好的文化氛围。例如，课本中没有对西方的每一个节日都做介绍，对中国节日的介绍也相对较少，因此，在每逢节日那天，教师可以讲解其英文表达和习俗，让学生查阅相关的节日知识。如端午节(The Dragon Boat Festival)、重阳节(Double Ninth Day)、清明节(Tomb-Sweeping Day)等。

此外，教师还可以开展英语班级活动和校园活动，如万圣节派对，以创造良好的文化氛围，让学生对西方文化的了解更加深入。

**3. 与日常生活相联系，激发学生的学习兴趣**

课标指出：在起始阶段应使学生对英语国家文化及中外文化的异同有粗略的了解，教学中涉及的英语国家文化知识，应与学生身边的日常生活密切相关并能激发学生学习英语的兴趣。在小学阶段，学生的语言能力和认知水平比较有限，文化意识的培养是一个漫长的过程，因此，小学英语文化渗透不应太深奥、太复杂、太抽象，要以贴近生活为原则，激发学生的学习兴趣为途径，从而提高学生的文化意识。

**4. 教师要有较高的文化敏感度**

语言是文化的载体，语言处处都体现着文化。但是如果教师自己的文化意识不强，不能发现、挖掘课本中包含的文化知识和内涵，就无法渗透文化、培养学生的文化意识，因此，教师本身要加强文化知识的学习，不断提高文化敏感度和文化意识。

## 五、结束语

美国外语教学专家 Winston Brembeck 说过“采取只知其语言不懂其文化的教法是培养语言流利大傻瓜的最好办法”。学习英语的最终目的就是能够成功地进行跨文化交际，英语教学在一定程度上就是文化教学。英语教学应该注重文化知识的渗透、文化意识的培养。本文以小学英语教材为依托，分析如何在课本中发现、挖掘、渗透文化，提高学生的文化意识，这是在现有的教学条件下切实可行的方法。将文化教学渗透到小学英语教学中，既能提高学生的语言能力又能培养学生的文化意识，最终达到提高学生跨文化交际能力的目标。

**【参考文献】**

[1] 陈琳，王蔷，程晓堂. 英语课程标准解读[M]. 北京：北京师范大学出版社，2002.

[2] 胡文仲.跨文化交际学概论[M]. 北京:外语教学与研究出版社,1999.
[3] 教育部.义务教育英语课程标准[M]. 北京:北京师范大学出版社,2012.
[4] 贾玉新.跨文化交际学 [M]. 上海:上海外语教育出版社,1997.
[5] 吕良环.外语课程与教学论 [M]. 杭州:浙江教育出版社,2003.

(本文获武汉市英语学科论文一等奖)

# 从一个"定向"走向另一个"定向"

## ——记华中科技大学附属小学体育与健康课程个性化研究

华中科技大学附属小学　郭　琴

**【摘要】** 增强学生体质是体育学科的重要目标，如何有效地增强学生体质呢？首先要学生爱好体育，怎样爱好呢？那就要学生对运动感兴趣，怎样培养兴趣呢？培养兴趣的主要切入点是选择教学内容和完善教学方法。通过一系列的调研后，华中科技大学附属小学（简称附小）选择定向运动进入课堂，在实施过程中不断完善定向运动教育的功能，定向于学生的身体素质全面发展，为增强学生体质打好基础。

**【关键词】** 定向运动；定向；身体素质。

## 一、体育教学背景

国家于2011年修订了《体育与健康课程标准》，但由于中国地域辽阔，气候、文化、经济等差别较大，《体育与健康课程标准》的内容很难全部标准化实施。所以《体育与健康课程标准》在确立课程目标体系和课程内容的基础上，提出了选择具体教学内容的原则，鼓励学校和地方从自己的师资队伍、场地与器材、学生体育基础等方面的实际情况出发，选编适宜的教学内容，开发课程资源，确保课程的正常实施。附小结合学校特色，充分挖掘学校及校外课程资源，在对《体育与健康课程标准》多元化理解的基础上，开发出了"定向越野""趣味田径""自护自救""体育室内课"等校本课程。丰富的课程资源都定向于学生身体素质的长足发展，为学生的终身发展打下坚实的基础。

有一项研究表明：幼儿园的孩子喜欢体育运动的达到了99%，小学的孩子喜欢体育运动的为75%，中学喜欢体育运动的只有50%，而"跑得累"是孩子们不喜欢体育最主要的原因。

定向运动是以跑步为基础的运动，是一项将体能与智能完美结合的运动，要求参赛者有良好的方向感和识别地图的能力，同时还必须具备能够进行长距离跑的能力。在这个活动中，参赛者每发现一个检查点就成功一次、快乐一次，在愉快的体验中不知不觉地完成了跑的锻炼。在我国，定向运动被列为高校体育教育本科专业必修课程，并且中国地质大学、首都师范大学、贵州大学等高校会招收定向运动的高水平运动员，这项运动具有广阔的前景，同时定向运动在发展学生跑的能力方面具有不可小觑的意义。

## 二、课堂学习定向运动，夯实运动技能

学生刚开始接触定向运动的时候，往往摸不着要点。针对这种情况，教师确定了定向运动学习的三部曲。

### 1. 辨方向

在课堂上，首先教师要让学生学会识别方向，教学生利用熟悉的建筑物牢记方向，然后教师带

领学生辨别方向，让学生快速做出反应。例如，教师带领学生在做跑步的辅助练习“高频跑”时，发出指令“南”，学生迅速转向南方进行“高频跑”。

**2. 识地图**

(1) 对应方向。

在认识地图的学习中，教师要教会学生把生活实际中的方向和地图中的方向对应起来，即“上北、下南、左西、右东”。

(2) 比例尺。

例如地图上的 1∶1000 就代表地图上的 1 厘米等于实际中的 10 米，让学生先利用直尺测量地图距离，然后学会用眼睛来预估地图上的距离，最后把地图距离在脑海中转化为实际距离。

(3) 地图符号。

在地图上，每个检查点旁边都会有一个地图符号，用于说明这个检查点的具体情况，一般是代表方位、地貌、建筑物、水系的符号。在学生学会识别这些符号后，教师再带着学生去相应的检查点现场，加深对符号代表含义的印象。

**3. 学技巧**

在学生掌握了辨方向、识地图的方法后，教师再开始教学生在跑动中利用拇指辅助法、地图摆正法等定向技巧更高效地寻找检查点。

## 三、立体体验定向运动，持续激发兴趣

为了持续激发学生的学习兴趣，教师开发了不同的定向运动方式，搭建了多个平台让学生充分体验定向运动带来的乐趣。让学生由最开始对定向运动的直接兴趣转化成对结果和自身变化的间接兴趣。

**1. 创新形式玩定向**

(1) 百米定向。

在 100 米×100 米的场地中，以现场布点的方式进行比赛。这个赛事的特点是观赏性较强。

(2) 校园自然地形定向。

利用校园的自然地形，设置固定的检查点，让学生依次寻找。这个赛事的特点是有利于培养学生的耐力素质。

**2. 搭建平台赛定向**

学生在学习了定向运动的技巧后，最需要的就是有能用于一展身手多个的平台，因此，学校组织了个人赛、接力赛、亲子赛，以及班级个人赛、小组赛、班级联赛等活动，让学生的个人能力、协作精神都能得到有效的发展。

## 四、实验比照定向运动，确定锻炼价值

为了解定向运动对学生身体素质的影响，学校选取了《国家学生体质健康标准》中的运动项目，把区里另外一所小学的五年级学生作为参照对象，经过对学生实验前和实验后的比较，得到了表 1 所示的综合身体素质平均值对照表。

表 1　综合身体素质平均值对照表

| | 坐位体前屈 | | 1 分钟仰卧起坐 | | 50 米跑 | | 50 米×8 往返跑 | |
|---|---|---|---|---|---|---|---|---|
| | 实验组 | 对照组 | 实验组 | 对照组 | 实验组 | 对照组 | 实验组 | 对照组 |
| | 附小 | 某小 | 附小 | 某小 | 附小 | 某小 | 附小 | 某小 |
| 实验前 | 8.29 | 5.16 | 36.96 | 23.29 | 9.77 | 9.87 | 2.01 | 2.08 |
| 实验后 | 8.70 | 5.26 | 39.56 | 24.60 | 9.58 | 9.80 | 1.55 | 2.09 |
| 增值 | 0.41 | 0.10 | 2.60 | 1.31 | −0.19 | −0.07 | −0.46 | −0.01 |
| 增幅 | 4.9% | 1.9% | 7.0% | 5.6% | −1.9% | −0.7% | −22.9% | −0.5% |

通过对以上数据的分析,可以得到如下结论。

(1) 定向运动对学生耐力及速度素质的提高比传统体育项目更具优势。定向运动在 50 米跑、50 米×8 往返跑项目中,学生实验前后成绩上升幅度大,可见定向运动对学生的身体素质的提高起着显著的作用。

(2) 与对照组相比,参加定向运动学生的成绩明显更优,定向运动对学生的体质健康有着积极的影响。

(3) 定向运动对学生力量、柔韧素质的影响优势尚不明显。

## 五、整合优化定向运动,定向学生发展

通过一些实践研究,可以发现定向运动对学生身体素质的全面发展具有一定的局限性,所以学校准备把力量练习整合在定向运动中,开发负重定向运动,在学生的胳膊和腿上绑上沙袋,在检查点设置障碍,让学生进行跳跃练习,从而发展学生的力量素质。

教师在平时的教学中,应注重了解不同的课程内容对于发展学生身体素质的侧重点,着眼于学生身体素质的全面发展,开发整合课程内容,定向于学生体质健康的长远发展,为学生的终身体育运动打下坚实的基础。

(本文发表在《湖北教育》2016 年 12 期)

# 建立多元体育锻炼平台，确立“大体育”课程观

华中科技大学附属小学　汪光明

**【摘要】** 近几年来，许多调查研究机构都惊乎于全国中小学生体质的不断下降，为此，我国政府及各级教育部门高度重视学生的身体健康，启动了“阳光一小时”体育活动工程，倡导体育大课间活动，以及丰富多彩的群众性体育活动，用来改善学生身体状况。但是由于学校体育的发展受到许多因素的制约，其中有些因素是学校自身不借助外力就无法解决的，如在学校，学生人数众多，而学生活动场地相对不足，场地建设、设施、器材不达标，体育教师配编不足，专业相对不均衡等。体育教学越来越需要适应当今社会的需求，在这种背景下，学校体育改革的首选是打破传统的“小圈子”体育课程观，确立“大体育”课程观，建立学校、小区、社会三个体育锻炼平台，利用一切可利用的资源，提高学生的身体素质，让学生从小树立“健康第一”的思想。为此，华中科技大学附属小学(简称附小)进行了大胆的尝试，建立第一平台——强化体育校本特色，彰显人本理念；把学校体育课堂教学作为向外辐射的核心平台和能量辐射源，建立第二平台——把家属小区体育活动作为学校体育课的延伸；建立第三平台——把社会体育资源与学校体育无缝对接。事实证明，这些努力和尝试是非常有益的。

**【关键词】** 三个平台；身体素质；“大体育”课程观。

## 一、第一平台——强化体育校本特色，彰显人本理念

附小是教育部直属的重点小学之一。“十五”期间，附小承接了教育部重点课题“素质教育与学校体育整体改革”的研究，并取得了丰硕的成果，优秀地完成了课题的结题工作，结题论文还获得了小学组全国一等奖。在课题研究期间，许多著名的体育专家、学者来到附小指导研究工作，使学校的体育特色更上一层楼。建立学校体育校本特色的主要任务之一就是要创立学校体育锻炼平台，把学校体育教学作为“阳光活动工程”的核心平台，使之成为向外辐射的核心能源。为此，附小做了许多有益的尝试。

(1) 学校体育课堂教学是向外辐射的“源”，是发展学生知识与技能、情感与态度、过程与评价的三维目标的主要阵地。实现“关注学生个性发展，强化重点教学因素，打造高效课堂教学”为主题的教学目标。

每节课的主线以一个运动技术为核心内容，以全面发展学生身体素质为目标，构建每节课的整体框架，教会学生运动的技能，不仅培养学生三维目标的发展，以及达成学生成长所需的可持续性科学发展观，学生还能将在学校里学的体育运动知识、运动技能充分地运用到课外锻炼活动中去。另外，每节体育课必须增加一个专项素质练习——课课练，其目的是增加运动密度，调节运动强度，调控运动指数，保证学生合理地进行科学运动，达到增强体质的目的。

(2) 鲜明呈现“体艺相融”的“大课间活动模式”。我国著名的体育专家曲宗湖教授和南京师范大学的顾渊彦教授曾两次来附小指导大课间活动。“十五”后，附小以此为契机更加强化了本校的校本体育特色，本着“以人为本，和谐发展”的教育理念，拓展“大课间”活动的内容与形式。

① 第一个有益的尝试是“大课间”活动坚持采用先集中、后分散的活动形式。学生先集中做本校

自编的六套徒手操和器械操，分单、双日进行，每日三套，包括搏击操、武术操、列队操、旗操、绳操和七彩阳光广播操等，另外，在做完操后做8～10分钟的全校素质练习，如原地跑、原地高抬腿、原地俯卧撑、原地蛙跳、原地跳短跑、原地单双脚跳等简单多样的素质练习。然后就以班级为单位开展丰富多彩的特色活动。

② 第二个有益的尝试是坚持每学期开展全校同学争创"校园吉尼斯"的校本体育特色活动，附小利用每周五下午放学前约1小时的时间开展人人争创"校园吉尼斯"的活动。活动由学生自己申报，项目不限，人数不限，以年级为小组、体育教师任评委的形式开展。对取得了"校园吉尼斯"记录的同学，学校在每周一升国旗仪式后进行全校表扬，并给予学习用具、体育器材等作为奖励。学校还做了一面"校园吉尼斯"记录墙，将获得"校园吉尼斯"记录同学的照片、成绩、年级、姓名等信息用相框挂在墙上。同时，学校外墙上的大型电子显示屏和学校每层楼安装的TV广告机不停流动播放学生取得"校园吉尼斯"记录的成绩。这不仅对学生是一种无形的激励和鞭策，而且对每天来校接送孩子的父母也是一种鼓舞，彰显了学校蓬勃向上的体育文化。为了给学生创造更多的体育锻炼平台，学校开展了许多大型、中型、小型的竞赛活动，如根据小学高年级学生的年龄特点，学校开展了同年级之间各班三大球(即小篮球、软式排球、小足球)比赛，以及乒乓球、羽毛球等比赛，学生积极性空前高涨。小学中年级时期是学生速度的敏感期，根据这一年龄特点，学校开展了各种跑、跳的游戏活动，如追逐跑、障碍跑、接力跑等，发展学生奔跑的能力。另外，学校每学期还举办大型的体育游艺节和运动会，通过活动和运动竞赛检验学生的运动水平，激发学生积极参加体育锻炼的热情，提供更多展示学生自我能力的平台。特别是近两年，学校在许多大型活动中进行了一些改革，如传统体育冬季三跳中的跳短绳，原来是一至六年级只单摇跳短绳，现在改为三至六年级双摇跳短绳，学生身体素质有了显著的提高，5分钟跳长绳的记录由480个刷新到了517个，双摇跳短绳的记录由人均91个刷新到了人均105个。

③ 第三个非常有益的尝试就是增加校运会的竞赛项目和增设团体游戏项目。把竞赛项目和游戏项目分开进行评奖(游戏设参与组织奖)，这样就极大地增加了学生的参与面。以前，各班的班主任想让自己班在运动会上获得好的名次，总是尽量让那些体育较好的学生参加，那些体育略差的学生就没有机会参加。现在，教师们可以放开手脚让自己的学生参与锻炼，这也给了教师们全面育人的机会。运动会上还特别邀请了众多的家长和嘉宾，开设了亲子游戏项目，这使得校运动会精彩纷呈。家长能看到自己的孩子在挥洒汗水中成长，在人生的起点上拼搏。

## 二、第二平台——把家属小区体育活动作为学校体育课的延伸

建立和发展"大体育"课程观，就是让体育走进生活，走进千家万户以及家长和孩子们的心里，让体育成为人们生活的必需和孩子们成长的必要。小学生的体育课必须遵循安全第一、方便、简单易行的体育锻炼原则，附小地处美丽的华中科技大学校园内，拥有美丽的自然风光和人文风景，校内常年绿树成荫，奇花异草四季绽放，有亚洲美丽校园之称，而且学生居住区域相对集中，场地开阔。学校禁止机动车辆通行。针对本校学生居住相对集中的特点，学校划分了东区、中区、西区三个锻炼区，分别成立晨练小组和晚练互助小分队，充分利用小区的体育锻炼设施和场地等资源，开展简单易行、方便的体育锻炼活动，如跳短绳、跳长绳、慢跑、做徒手操、打羽毛球、打小篮球、攀爬、滚铁环、学习武术等，让学生在学校学会的运动技能充分运用到早晚的锻炼中去。学生们以楼栋为单位，成立了楼栋锻炼互助小组，推选了小组长，每天早晚由学生组长组织锻炼，七位体育教师也到锻炼片区巡检和辅导学生早晚锻炼。另外，学校还经常有计划地策划大型的社区体育公益宣传活动。教师利用双休日把学校体育课程延伸到小区中去，在小区的广场上拉起巨大的条幅标语以及学校制作的与"阳光活动工

程"相关的十几幅巨大的成果展板。音响里放着响亮的音乐，着装亮丽的体育教师登场表演，校武术队、双摇和踢毽队表演他们的绝活，教师们安排个人活动和集体游戏，家长们有的帮助教师做裁判工作和维持纪律，有的参与到学生活动中去和学生们进行 PK。

## 三、第三平台——把社会体育资源与学校体育无缝对接

在当今时代，学校体育在无形中也必然受到了社会发展所带来的困惑，如在校学生人数众多，人均活动占有面积不达标，场地、设施、器材相对不足，体育教师配编不足、专业相对不均衡等问题。附小的领导和教师们清楚地认识到了学校所处地理位置的优势。以本校为圆心，以 1 千米为半径的区域内有标准 400 米塑胶田径场 5 片、200 米田径场地 4 片、多功能体育馆 5 座、学生活动中心 4 个、乒乓球馆 6 个(约 100 桌)、羽毛球馆 3 个(约 80 片)、跆拳道馆 2 个，游泳馆 2 个、网球场地 30 余片、篮球场地 50 余片。这些场馆有的是政府投资的，有的是自建的，但都对社会开放。

"走出去"和"请进来"是附小一贯倡导的理念。如此高密度的场馆资源为学生的校外体育活动提供了充足的设施保证，此外这些场馆内还有一些学校目前最需要的高校体育教师、高水平的教练和高水平的运动员，他们可以为学生做指导和陪练。有时还可以看到这些高水平教练的绝活表演，如全国武术冠军李光亮在武术馆给孩子们任教练时，经常露一手，有时是漂亮的套路拳，有时是舞枪，有时是舞棍，各种各样，学生也看得兴奋不已。这些高水平的师资为孩子们增添了更多的吸引力。节假日或每天放学后，在任意一个场馆内，都有附小学生的身影，而且这些体育场馆里经常有精彩的高水平比赛，一些全国级、省级的比赛。学生们可以很方便地到比赛现场观赏，比赛中的紧张和激烈震撼着学生们幼小的心灵，让学生从崇拜运动员过渡到自我的行动中。这些体育资源只有"走出去"和"请进来"才能被共享，如大学部体育特长生常被附小请来在大型活动中表演，大学部武术队在校运会开幕式上表演，大学部篮球队 6 位身高 2 米以上的篮球巨人运动员为游艺节开幕式做扣篮表演。在这些"刀光剑影"和"巨人争霸战"中，孩子可以深感体育带来的快乐。附小的学生多半是高校教师的孩子，家长们的高期望、高压力让他们失去了很多锻炼身体的机会。学校利用家长会和家长们联系，鼓励孩子们走向社会体育大家庭，获得家长们的支持，家长们纷纷响应。一举多得，实现了学校体育与社会体育的无缝对接，合理落实了"大体育"课程观理念。通过多种途径实现同一个目标——发展学生的身体素质，提高学生运动水平和身体健康水平。

近两年来附小的体育特色成为学校的重点特色学科之一，并取得了较明显的进步，取得了较为丰硕的成果。附小的学生参加区田径运动会多次获得前三名，多人打破区运动会记录，校篮球队、足球队、冬季三跳队在参加武汉市的相关比赛中取得了优秀成绩。学生体育课成绩比较，可看出附小的学生明显进步，如表 1 所示。

**表 1　附小五年级学生体育平均成绩对照表**

| 项目(单位) \ 性别 \ 年份 | 2009 | | 2010 | | 2011 | |
|---|---|---|---|---|---|---|
| | 男 | 女 | 男 | 女 | 男 | 女 |
| 50 米(秒) | 8.8 | 9.0 | 8.7 | 8.9 | 8.7 | 8.9 |
| 400 米(秒) | 95 | 105 | 94 | 103 | 93 | 103 |
| 跳短绳(个) | 138 | 143 | 139 | 147 | 141 | 149 |
| 仰卧起坐(个) | 33 | 28 | 35 | 29 | 37 | 31 |
| 垒球投远(米) | 22.5 | 16.8 | 24.5 | 17.2 | 27.5 | 17.9 |

对附小学生和某一其他学校的学生进行随机抽样的调查表明，附小学生的身体素质、形态机能等优势明显。

如表2、表3所示的是附小五年级与洪山区曙光小学五年级的男、女生身体素质随机抽样调查统计表。

**表2　五年级男生身体素质随机抽样调查统计表**

| 统计内容 | 班别 / 项目（单位） | 样本班 | 比较班 |
| --- | --- | --- | --- |
| 形态 | 身高（厘米） | 147.30 | 146.60 |
| | 体重（千克） | 38.90 | 39.10 |
| | 胸围（厘米） | 66.70 | 65.60 |
| 机能 | 肺活量（毫升） | 1809.5 | 1798.4 |
| 素质 | 50米（秒） | 8.71 | 8.93 |
| | 400米（秒） | 93.12 | 96.08 |
| | 立定跳远（厘米） | 178.36 | 175.25 |
| | 仰卧起坐（个） | 38 | 37 |
| | 垒球投远（米） | 22.50 | 21.70 |
| | 跳短绳（个） | 138 | 136 |

**表3　五年级女生身体素质随机抽样调查统计表**

| 统计内容 | 班别 / 项目（单位） | 样本班 | 比较班 |
| --- | --- | --- | --- |
| 形态 | 身高（厘米） | 141.20 | 140.80 |
| | 体重（千克） | 37.00 | 36.80 |
| | 胸围（厘米） | 68.10 | 64.73 |
| 机能 | 肺活量（毫升） | 1712.5 | 1708.3 |
| 素质 | 50米（秒） | 8.91 | 9.01 |
| | 400米（秒） | 103.02 | 104.10 |
| | 立定跳远（厘米） | 168.30 | 167.40 |
| | 仰卧起坐（个） | 31 | 30 |
| | 垒球投远（米） | 17.98 | 16.62 |
| | 跳短绳（个） | 149 | 149 |

研究表明，附小由于深入贯彻执行"阳光活动工程"，认真落实和完善了"大课间"活动的内容与形式，确立了"大体育"课程观，建立了学校体育、小区体育、社会体育三个平台，实现了学校体育与小区体育及社会体育之间的无缝对接，形成了以学校体育为核心向外辐射的体育锻炼体系，而且还提高了学生的身体素质、机能等综合健康水平。事实证明，本校学生不仅身体素质得到了明显提高，而且学生的文化课成绩也得到了提高。附小秉承着以人为本、和谐发展的办学理念，在教育改革的阳光大道上策马扬鞭，在体育教育的广阔天地里探索更加适合学生身体素质发展的新思路、新办法。

（本文获第十二届体育论文报告会全国论文一等奖；
本文发表在《湖北学校体育》2011年9期上）

# 浅谈体态律动在小学音乐教学中的运用

华中科技大学附属小学　黄　钦

**【摘要】** 体态律动是一种表达音乐本体的方法，其以独特的表现形式通过肢体表达对乐曲的理解。体态律动教学方法多样，强调在反复聆听、体验、感知中回归音乐本体。在音乐课堂教学中，运用体态律动可以更好地激发学生的思维创造能力，提升学生的音乐表现力，从而激发学生的学习兴趣。

**【关键词】** 体态律动；教学方法；激发兴趣。

## 一、体态律动教学法的理念

体态律动是以解决音乐教学中的问题为主体的，是一种体验音乐本体、表达音乐本体的方法，是音乐体验的反射。体态律动能让学生在表现、律动中感受音乐的结构和音乐乐句的表达，不仅仅是学生在音乐中用肢体动作按照音乐的节奏进行表现，而是更多地增加了学生的参与面，让学生在聆听音乐时不断地感受音乐所带来的美，而动作也无须像舞蹈那样富有表演性，只需由心而发，人人都可以参与其中。

## 二、体态教学在音乐教学中的运用

### 1. 体态律动表现音乐中的节奏

“节奏”是体态律动的核心，在以“节奏”为核心的基础上，体态律动则是帮助学生有效地控制自己的听觉，通过肢体表现使同一个节奏型产生不同的音响效果或律动方式。如当出示一个节奏型时，学生可通过随节奏拍手、踏步、蹦跳、拍击自己的身体等多种方式来表达自己所感受到的音乐情绪、力度、速度，以及音乐的结构。例如，五年级的音乐课程“赶圩归啊哩哩”，在普通的音乐教学中教师都会通过让学生聆听、了解歌曲背景、跟琴学唱、选择打击乐器伴奏等方式进行教学。跟单独学唱相比，学生更愿意参与到音乐的表现中去，因此，教师们尝试在歌曲中依次加入拍手、跺脚、拍腿等简单的律动方式让学生先“玩”起来，在律动中感知音乐的要素。

### 2. 体态律动表现音乐中的旋律

在二年级音乐课程“三只小猪”中，教师可以尝试让学生模仿音乐中小猪可爱、憨厚的样子，引导学生在主题音乐的地方用自己的肢体语言表现小猪们盖房子的动作。主题旋律一共出现了几次、整首乐曲的结构是怎样的已经渗透其中，而学生在体态律动中已经主动参与了音乐活动，同时在反复聆听音乐的过程中，学生已经能将主要的音乐旋律牢记在心里。这样不仅可以让学生在游戏中学习到音乐知识，而且可以激发学生的学习兴趣。

### 3. 体态律动表现音乐中的速度

在音乐课堂中，体验与表达音乐的方法有很多，而体态律动更是将音乐再现的过程。例如，在课堂上教师可以以一定的节奏表演乐器，让学生以走步的方式进行感受，从走步时间的长短上感知音乐时间的长短，而时间或节奏的改变可以表现音乐速度，让学生不再仅仅只是聆听，而是以多种形式在反复聆听，学生在对比、体验音乐中感知音乐要素。

**4. 体态律动表现音乐中的情境**

在音乐中，其实各种音乐要素都可以用身体语言进行表达，律动和音乐一样都有自己的“手势”与“表情”，让学生通过肢体表现歌曲的意境，将主要的知识点渗透在整个体态律动中。在二年级音乐欣赏课“我是人民小骑兵”中，通过体态律动加强学生对音乐主题旋律的记忆，听辨音乐情绪的变化，并用体态律动表现音乐的情绪变化。在整个教学中，特别是在整首乐曲的中间部分，教师引导学生用肢体语言表现草原小骑兵在草原上优美舞蹈、克服困难、欢乐骑马等情境，并让学生用体态律动表现小骑兵挥鞭骑马由远到近、由近到远的催马扬鞭的动作，让学生人人参与、体验学习音乐的乐趣。

## 三、体态律动在音乐教学中的作用

**1. 体态律动提高学生动作协调能力**

体态律动在音乐中并不仅仅是一种印象、听觉的享受，也并不是仅仅停留在旋律所带来的或是节奏所给予的冲击，而是将音乐的表达更为具体化，在第一时间内让学生的手、眼、脑进行调节与控制，在简单的动作中让学生的肢体相协调，遵循自己内在的声音，感知音乐的美好。

**2. 体态律动提升学生音乐表现能力**

在体态律动中，动作无须像舞蹈那么的富有表演性，只需自然简单，以学生为本体从自身由内向外产生共鸣，让人人都可以参与到其中。体态律动是为了在音乐教学中进行更有效地运用，让学生在不断地探索、表演、创编中加强音乐感、表现力，让学生通过肢体语言与同伴合作、交流，让体验、表现最终与音乐紧密地结合在一起，同时也增强了学生对音乐的感知力与表现力。

**3. 体态律动激发学生创造思维能力**

其实在课堂中，音乐与体态律动是可以相互转换的，用我们的肢体语言能在音乐中表达更多。例如，在模仿的基础上以小组的形式创编合作，思考如何用其他的动作进行表现，怎么做会更好，或是在模仿教师动作的基础上进行二度创编，让学生不再停留在模仿阶段，让教师与学生进行角色转换，以学生为本体，激发学生的音乐创造思维，给予学生新的音乐体验。

## 四、成果与展望

经过前期探索，笔者尝试将体态律动融入平时的特色队伍训练中。笔者2013年将体态律动引入舞蹈队的日常训练，并参加湖北省黄鹤美育节优秀节目展演，2014年指导学生参加“雏凤炫彩”湖北省小荷风采舞蹈比赛，2016年指导学生参加华中科技大学“团拜会”舞蹈演出。在今后的研究与学习的过程中，体态律动将会进一步被运用到音乐教学中，形成具有风格特点的音乐课堂。

**【参考文献】**

[1] 陈蓉. 音乐学法教程[M]. 上海:上海音乐学院出版社，2013.

[2] 隆荫培，徐尔充. 舞蹈艺术概论[M]. 上海:上海音乐出版社，1997.

[3] 杨立梅，蔡党民. 达尔克罗兹音乐教育与实践[M]. 上海:上海教育出版社，2011.

[4] 刘沛. 美国学校音乐教育概况[M]. 上海:上海教育出版社，2011.

# 自制教具在美术教学个性化中的实施

华中科技大学附属小学　王　露

**【摘要】** 美术教学是一种审美最富有个性化的活动，美术教学的目标之一就是发展学生的个性。美术基础课程标准明确指出：要关注学生的个性差异，挖掘学生的个性差异，促进学生的个性发展。自制教具对培养有个性的学生、提高课堂效率、激发学生学习激情起到了很大的作用，通过使用教具能让学生更简洁明了地掌握学习内容、提高学习兴趣。

**【关键词】** 美术教学；自制教具；个性化。

## 一、自制教具的运用

教具是学习活动中不可缺少的器材。自制教具在材料的选择上非常重要，可以利用生活中一些随手可得的废弃材料，优点在于制作时间短、材料收集简单、绿色环保，并且能最大限度达到和学生之间的交流互动。自制教具具有很强的学科针对性，美术课堂上学生的各种认知能力、想象力、创造力都存在着很大的区别，不同的班级也有较大差异，这就必然反映在教学方法上的改变，那么自制教具的针对性就显现了其效果，教师针对教学中需要解决的问题设计制作的教具，在教学中运用起来也得心应手，教师既教得轻松、愉快，学生也学得扎实、透彻。自制教具可以为教学创造一个愉悦、和谐的氛围，并且培养学生自主探究的能力。

(1) 教师在课前根据教材制作一些观赏性强、易于操作的示范性教具，在教学过程中适时出示、演示，可激发学生的学习兴趣，并且帮助学生掌握知识难点。“换五官”这一课通过表情的互换，让学生体验喜、怒、哀、乐等情绪，感受教具带来的乐趣，通过“贴五官”的游戏来学习三庭五眼等脸部比例关系。教师在课前准备好人物图形(见图1)，课上让学生上台来动手拼摆，以此得到最佳的视觉效果图。这既激发了学生的学习兴趣，又得到了良好的教学效果。通过这些方法，可以渐渐培养学生在今后的创作中不断追求完美的积极态度。

**图1　换五官**

(2) 在手工课上，教师为学生准备一些可拆卸的自制教具，让学生观察，并让学生自己动手拆卸，采用逆向思维研究其结构，探究其制作的方法，这对于培养学生的探究精神、逆向思维能力和创作力具有很大帮助。在“有趣的拼摆”一课中，教师给孩子准备的教具如图 2 所示，有利用废旧纸板拼摆的龙、用乐高积木制作的手机和房子，还有用各种材料制成的人和动物，让学生个性选择合适的材料进行搭配，看看哪些材料搭配在一起更有意思，让学生进行自主探究、合作学习。

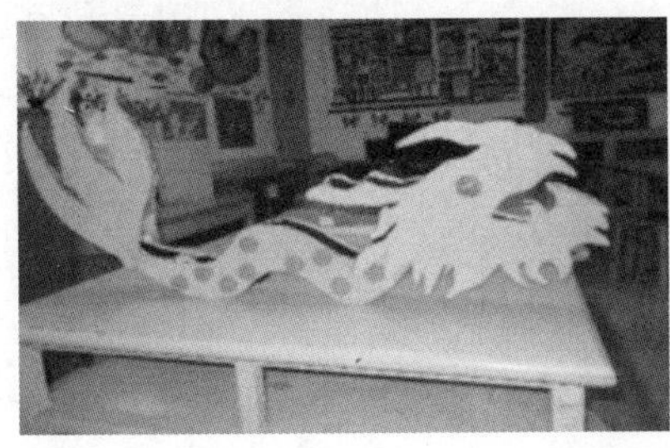

**图 2　创意组合**

在“色彩的搭配”一课中，教师用织布当底色版向学生介绍色条搭配的使用方法。

教师："找找看，盒子里还有没有和底板颜色相同的?"学生找出后进行粘贴更换，然后做黄色与蓝色色板的对比。利用更换的形式教学法让学生认识对比色、邻近色的名称，让学生认识颜色的渐变，并能说出同色系两种深浅颜色的名称，做最深与最浅的认识，会排序。

## 二、让自制教具成为教程，服务师生

自制教具具有取材容易、制作简单、造价低廉、外形美观的特点。在美术课堂中，自制教具用纸制作的较多，但这样不便于保存，需要教师、学生来不断地更新、替换。把自制的展台教具拍成图片，把制作过程拍成音频、视频等，并合理地切割教学环节，添加文字，制作成教具教程，如图 3 所示。

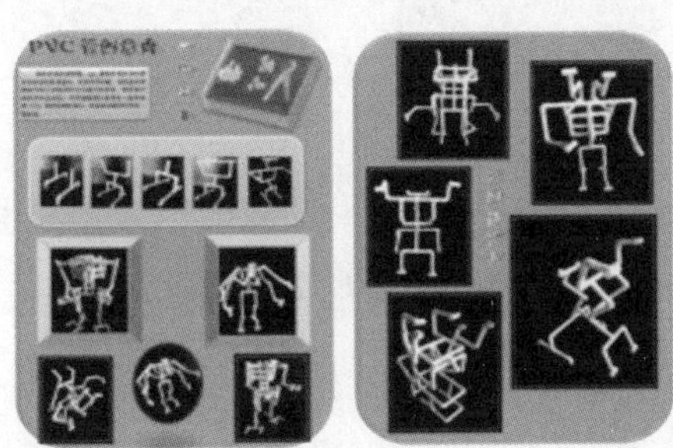
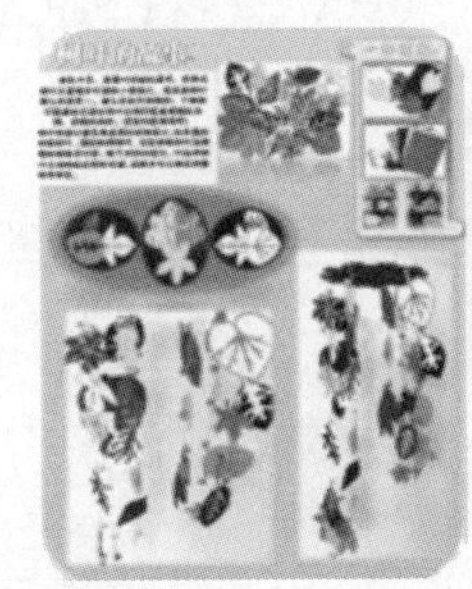

**图 3　教具教程**

教师在制作教具时使用的都是非常普通的材料，材料在生活中很容易找到，制作方法也简单易学，孩子们拿回家也可以动手制作，不用去查找资料。

① 纸类教具。剪贴彩色卡纸，用画笔进行装饰，突出教学重难点，效果好。

② 手工类美术教具。将身边废弃的易拉罐、纽扣、纸箱、铁丝等进行加工制作，如超轻黏土配合废旧材料就是很好的材料。

③ 创意类教具。教师通过播放自制的简单多媒体课件来告诉学生最基本的制作面具的步骤：画出动物的简笔画形象，用剪刀在卡纸上剪出日历的外形，并用剪刀剪贴出日期，然后再在画上进行装饰，最后师生合作交流完成作品。

## 三、如何制作出美观、直观又实用的教具

(1) 抓住学生心理。学生的天性是好奇，教师可以选择一些他们想不到的材料，然后制作出幽

默风趣、视觉冲击力强的教具，然后再将其运用在课堂中讲解重难点，让学生从兴趣出发、感受艺术。

（2）紧贴教学内容。教师让教具发挥最大的作用，让学生亲自体验，突出本节课的难点。

（3）突破教材束缚。依据教学规律，要围绕教材内容来组织设计教具，同时又要有突破，让学生发挥个性化的创造，要大胆创新制作具有特色的教具。尽可能多地为学生创造条件，让学生展开想象的翅膀，发挥自己潜在的创造力。

## 四、教具的特点及用途

教具说明如图4所示。

图4　教具说明

教具的特点：换五官教具能让孩子们认识生活中的喜、怒、哀、乐，让人物变得更加生动有趣；色彩搭配教具能让学生认识对比色、邻近色，学会冷色和暖色的搭配及更多的色彩知识。

教具的用途：在课堂上学生能快速地理解五官的位置，了解五官的夸张表情的变化，比一般的板画时间要快，学生更有兴趣。

在课堂上单一的色彩图片不能激发孩子们的视觉冲击力，只有让孩子们动手实践才能更好地了解色彩知识，这件教具比使用水粉颜料展示色彩知识要简单方便。

## 五、制作教具

制作材料及工具：织布，字母胶，胶枪，小刀。

制作方法：贴造型；制作配件；制作五官；粘贴；添加子母胶（见图5）。

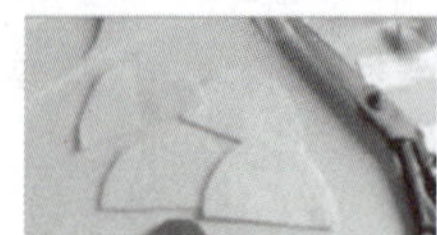

（a）贴造型

（b）制作配件

（c）制作五官

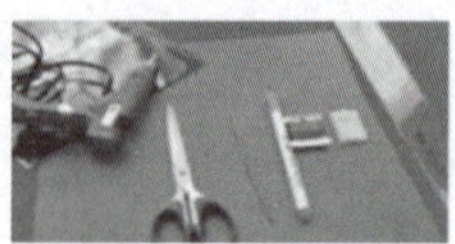

（d）粘贴

（e）添加子母胶

图5　教具制作过程

## 六、大胆想象、体验乐趣，巧妙融合、享受成果

自制教具在于享受自制的过程，在做中学、做中求进步。美术课堂在于动手、动脑。自制教具走进美术课堂，让美术课堂教学充分发挥它的优势，使学生在动手的过程中，大胆创新。可以说，自制教具点亮了美术课堂，让它更加精彩、美妙，让孩子们在玩中学，在学中玩，在玩中悟。

**【参考文献】**


[1] 贺慈满. 实验材料让科学更完美[J]. 教育与装配研究，2013(05):20-22.

[2] 王玉萍. 源于设计善意的微小设计[J]. 中国美术，2013(03):122-123.

[3] 刑闻. 中小学教育技术装配之思考[J]. 课程教育研究，2015(10).

[4] 程晋华. 色彩的游戏——色彩实践教学分析[J]. 美术界，2013(04).

# 设置单元挑战性活动，促进学生理解性学习

华中科技大学附属小学　易传发

**【摘要】** 科学素养的形成不仅是要学生掌握科学知识，而且是要学生在真实的情境中加以运用。如何促进学生学以致用呢？本文提供了一种设置单元挑战性活动的思路，文中不仅介绍了什么是单元挑战性活动，还阐述了设置单元挑战性活动的价值和意义，并且结合两篇实例详述了设置单元挑战性活动的基本方法。

**【关键词】** 设置；单元挑战性活动；理解性学习。

## 一、引言

从学生学习的角度来看，合适的问题更能提升学生的学习效率。当问题过于简单时，学生会对探究失去兴趣；当问题太困难时，学生会因为能力不够而放弃。只有学生“跳一跳，够得到”的问题，才会使学生兴趣盎然地参与，且收获最大。

单元挑战性活动的设计着眼于创设使学生通过努力能够解决问题的情境，在学生不断努力的过程中，学生的科学思维、科学探究、科学态度等方面能得到有效地提高，从而更好地提升科学素养。

## 二、什么是单元挑战性活动

单元挑战性活动是在完成一个主题单元的科学教学之后，设置一个与本单元学习内容紧密相关的情境，情境中包含一个学生“跳一跳，够得到”的问题，让学生综合运用本单元所学的科学知识和技能，创造性地解决问题。课程时长为 1～2 节课。

设置单元挑战性活动的目的是激发学生的学习动机、引爆学生的探究热情、促进学生综合运用所学的科学知识和技能创造性地解决有挑战性的问题，从而促进学生理解性地学习。

## 三、设置单元挑战性活动的价值和意义

### 1. 引爆学生的探究热情

如果说在主题单元的学习中更多的是引导式探究，那么单元挑战性活动更多的是挑战式探究或者开放式探究，这两种探究方式不管是从内容还是形式上，对学生而言都更具有吸引力，这无疑能大大激发学生的学习兴趣。而在实施单元挑战性活动的时候，所采用的创设情境的方式，更能引爆学生参与活动探究的热情。

### 2. 让学生体验成功的快乐

由于单元挑战性活动所设计的问题通常没有固定的解决方法，自由选择的空间较大，所以当学生

用自己选择的方法成功地解决了具有挑战性的问题时，所获得的快乐和成就感是不言而喻的。通过这种学习活动所获得的成就感必将影响学生，使他们对新的学习内容产生更加浓厚的兴趣，这对于小学生的科学学习而言，意义不可小觑。

**3. 促进学生综合运用所学的科学知识和技能**

在挑战性活动开展之前，学生在主题单元的学习中所学的科学知识，一般相对单一分散、缺乏联系。单元挑战性活动设置的问题对学生而言有一定的难度，通常需要学生综合运用本单元所学的科学知识和技能才能解决。正所谓学以致用、融会贯通，当学生能够综合运用本单元所学的科学知识和技能的时候，必然会对知识与知识之间的相互联系有更加深入的理解。

**4. 促进学生之间的人际交往**

由于现在的小学生大多数都是独生子女，他们从小都是家里的中心，很多时候不需要他们主动与人沟通，他们也不会主动与人沟通。这导致部分学生人际交往能力缺乏，不善于与他人沟通协调。而单元挑战性活动通常不是一个人能独立完成的，需要小组成员相互协作才能完成。这就促使小组成员必须学会与他人沟通，可能有时候还需要做出必要的妥协和让步，以保证挑战性任务的顺利完成。

## 四、设置单元挑战性活动的基本方法

下面以两个单元挑战性活动作为案例，来谈谈如何设置单元挑战性活动。

**1. 案例一**

在五年级上学期“运动和力”单元教学之后，设置以下挑战性活动。挑战要求如下。

(1) 每四人组成一个团队。

(2) 四人团队分工建议：项目负责人、成本核算员、材料员、记录员。

(3) 选择挑战 A、B、C、D 中的一个挑战作为团队的挑战目标。

(4) 班级交流主题：怎样迎接挑战。

(5) 检验挑战方法是否可行。

挑战题目如下。

挑战 A

你是一支著名工程设计团队中的一员。一家机构聘用你们团队设计一辆能够营救被困在大雪覆盖的山顶上的登山者的救援小车。这辆小车必须尽可能快地运动并且不会引起雪崩。

设计要求如下。

(1) 小车必须在 5 s 或者更短的时间内爬上山顶。

(2) 小车必须在距离山顶 5 cm 内停止运动。

(3) 斜面顶部至少距离地面 20 cm。

(4) 成本是很重要的，在不影响小车性能的情况下尽量减少开支。

挑战 B

你是一支著名工程设计团队中的一员。一家机构聘用你们团队设计一辆能够在医院房顶的直升机机场(供直升机降落的地方)服务的小车。这辆小车能将病人从直升机上运送到房顶上的电梯里。

设计要求如下。

(1) 小车必须穿过桌子或者地板上的一块方形区域或其他类似房顶直升机场的地方。

(2) 小车可以从房顶中心向房顶边缘移动,这段距离小车必须慢速移动,用时为 3 s 或者 3 s 以上。

(3) 小车要在距离房顶边缘 5 cm 内停止运动,小车能返回房顶中心。

(4) 成本是很重要的,在不影响小车性能的情况下尽量减少开支。

挑战 C

你是一支著名工程设计团队中的一员。一家机构聘用你们团队设计一辆运送比萨饼的卡车。为了让顾客满意,小车司机必须保证不管是长途还是短途运送,都能将热乎的比萨饼又快又稳地送到顾客手中。

设计要求如下。

(1) 小车能够满载一车的比萨饼。

(2) 小车的运动必须又快又稳。

(3) 小车至少需要运行 3 m,并且在 50 cm 内传送比萨饼。

(4) 空车必须在 7 s 或者 7 s 内回到比萨店(小车开始运动的地方)。

(5) 成本是很重要的,在不影响小车性能的情况下尽量减少开支。

挑战 D

你是一支著名工程设计团队中的一员。一家机构聘用你们团队设计一辆以空气为动力的游行彩车。这辆游行彩车能保持慢速长距离运动。

设计要求如下。

(1) 游行彩车用帆驱动。

(2) 在风扇的作用下,游行彩车必须在 10 s 或者 10 s 以上的时间内移动 3 m。

(3) 成本是很重要的,在不影响小车性能的情况下尽量减少开支。

本次单元挑战性活动时长为 2 个课时,第一课时的主要内容如下。

(1) 教师出示 A、B、C、D 四个挑战题。

(2) 学生按照小组来选择挑战题,或者学生个人选择挑战题,按照挑战题题目来重新创建新的小组。

(3) 教师分发题目至每个小组,小组讨论如何分工,怎样完成挑战。

(4) 全班交流:小组准备怎样完成挑战。

(5) 教师布置学生课后作业:按照设计完成小车的制作。

第二课时的主要内容是，各小组团队分别展示自己制作的小车，并且分享小组在制作过程中的收获。

**2. 案例二**

四年级下学期“电”单元教学结束后，教师可以组织学生开展“给房子设计和安装照明系统”的单元挑战性活动。在“电”单元的学习里，学生已经学到了如何组建电路(如何串联和并联电路)，如何制作开关。在这个活动中，学生将有机会应用他们所学的知识，为一个纸房子(用纸板折叠的房子)设计一组电路，并且能够自己进行动手安装。课时任务和具体步骤如下。

**1) 第一课时**

内容：给房子设计照明系统。

材料准备：1个笔记本、1支铅笔、1个纸盒子、彩笔。

分组：4人一组。

活动步骤如下。

(1) 学生必须把纸房子当作真房子来安装电路。4个人为一个小组，每个小组选1个人作为讨论发言人，其他人做设计，每个小组都要制订一个给房子安装电路的计划。

(2) 提醒学生常用的电路连接方式有串联和并联，而且电路要使用开关。

(3) 给每个房间都安装一个电灯。组织学生讨论：如果每个房间都要安装一个电灯，需要考虑到哪些问题？

(4) 在黑板上列举出比较重要的问题。如要在哪里放置开关、要在哪里放电灯、要在哪里放电池、如何使每个房间都有相同的亮度、电线放在哪里等。

(5) 让学生画出房子的安装电路图，如果用符号表示，则要参考电路图；如果画实物图，则要考虑用不同的颜色区分纸板墙和电线。

(6) 学生自行设计，教师巡视、观察，给需要帮助的小组提供帮助。

(7) 组织学生交流分享各自的设计作品。为学生提供一个口头表达的机会。

**2) 第二课时**

内容：给房子设计和安装电路。

材料准备：1个纸盒子、1卷胶带、1个回形针、1把剪刀、6根导线、2个灯泡。

活动步骤如下。

(1) 学生按照上节课设计的安装计划来为纸房子安装电路。

(2) 鼓励学生在安装的过程中进行交流和讨论，如果需要的话，可以修改原来的设计。

(3) 安装结束后，让学生把结果绘制成电路图，并将此图和原来的设计图进行对比。

(4) 各小组装饰一下房子。

(5) 做好清理工作。

(6) 每个小组向全班展示他们的房子并做口头陈述。

仔细分析以上两个案例，设置单元挑战性活动的方法如下。

(1) 挑战性活动要紧紧围绕本单元的教学内容来进行设计。

设计制作各种小车、给房子设计和安装电路两个单元挑战性活动紧扣“运动与力”和“简单电路”两个教学单元的内容。需要学生利用本单元所学到的知识和技能来完成挑战，挑战性活动是本单元学习的一个有益补充，能让学生把学到的知识融会贯通。

(2) 挑战性活动应创设一定的情境，以此来激发学生的探究热情。

设计制作各种小车、给房子设计和安装电路两个单元挑战性活动，均是在一定的情境下进行的探究。设计制作各种小车所创设的情境:学生作为一支著名工程设计团队中的一员,需要完成对小车的设计制作。给房子设计和安装电路创设的情境:学生作为电路施工员,完成对房子的电路设计和安装。在一定情境中进行探究,学生更容易获得内在驱动力和成就感。

(3)挑战性活动应对学生有一定的挑战性。

只有具有一定的挑战性的问题,才能让学生所学到的知识在探究活动中得到发挥,能力得到提升。以上两个活动都是需要学生综合运用本单元所学的知识和技能才能顺利完成的。

(4)挑战性活动所设计的问题应有多种解决方案。

设计制作各种小车、给房子设计和安装电路两个单元挑战性活动,均有多种解决问题的方案。在交流讨论阶段,学生对同样一个问题有各种各样的解决办法时会带给学生更多的启发。接近于生活中真实的科学,而不是围绕科学概念组织的教学,所有的活动都是为概念的形成而设计的。

(5)挑战性活动应有利于促进学生与他人的人际交往。

从以上两个案例可以看出,如果学生要一个人完成这样的挑战,是很困难的,只有团队合作,才可能更出色地完成任务。在团队合作时,学生与学生必然会进行面对面的互动,通过团队协作,学生的人际交往能力必然能得到提高。

# 综合实践活动课程整合策略及目标达成

华中科技大学附属小学 许 燕

【摘要】 二期课改的主要目标之一就是以学生发展为本推进素质教育。学校的基础型课程成为提高学生科学文化素质的主要载体，而要提高学生的综合素质，学生除了要参加学校的基础性课程以外，还需参加很多拓展型、探究型课程或校外的其他教育、实践活动，然而由于时间和精力的限制，大多数学生难以做到。如何找到一个能提高学生综合素质的良好载体，一直是教师们关心的话题。本文结合教师的教学实践，阐述了以头脑奥林匹克为核心内容的综合实践活动课程整合策略及达成学生创新精神、实践能力、综合素质等目标的良好载体。

【关键词】 头脑奥林匹克；整合；载体。

## 一、引言

20世纪80年代起，我国率先在上海开展头脑奥林匹克（简称“OM”）活动，此活动发源于美国，是一种完全新型的、别开生面的活动，既不同于人们通常概念下的青少年科技活动，也不同于一般的文艺活动，而是一种融自然科学、社会科学、艺术于一体，将动脑、动手相结合的综合性的创造性活动。随着二期课改的全面推进，华中科技大学附属小学（简称附小）将“OM”这一活动纳入到了学校的综合实践活动课程体系中，使只有极少数学生参与的活动，变成了一项全校普及的活动。教师在从事以“OM”为内容载体的综合实践活动课程教学中，深刻体会到综合实践活动课程是培养学生创新精神和实践能力、提高学生综合素质、深化学生素质教育的良好载体。那么如何进行相关的内容整合，以及如何落实整合后的课程目标呢？下面将分别进行阐述。

## 二、找准课程“整合点”

课程整合指教师按照课程标准要求，依据学生学习特点，对学科内部知识的学习顺序进行调整及删减内容，对课程进行二次开发，或对学科间的知识按照系统性、层次性的特点重新构建，对学习目标、学习内容、学习方法和学习评价进行校本化的调适。这样能使教学不再唯教材论，而是根据学生的需求和现有水平，着眼于学生的长远发展，灵活地、有创造性地使用教材，对教材内容、教材编排顺序和教学方法等方面进行适当地取舍或调整，使教材内容和教学活动更加符合学生的需要，更加贴近学生的实际生活。

整合，其实就是调整后重新组合。课程整合，先是学科内的整合，其次才是学科间的整合、学科与学生生活经验的整合。学科内的整合，是以学科思想、学科方法为主线进行整合，整合的成果是要生成一个学科课程纲要。学科课程纲要要体现知识点、能力点、价值观点，作业的规划设计，一定要根据知识点、能力点、价值观点进行。

综上所述，要找准课程"整合点"，实质就是找到课程性质的重合点。附小的综合实践活动课程整合了"品德与生活（社会）""劳动与技术""综合实践活动"与"OM"活动，即三门课程与一项活动的整合。其中"品德与生活（社会）""综合实践活动"课程的目标存在广泛的相容性，具有实践性、开放性、生活性、过程性；"劳动与技术"课程的性质为过程性、体验性、创造性、探究性；"OM"活动的核心则是创新精神、团队精神（创新性、实践性、生成性、探究性、综合性、合作性）。通过对三门课程与一项活动的要素进行对比，发现实践性、开放性、探究性、过程性、综合性、创造性是他们核心的特点。课程的目标、实施方式和评价更是尊重综合性课程的特点，其基本原则相同。

在分析课程性质的基础上，将"品德与生活（社会）""综合实践活动"作为目标主体，将"OM"作为内容载体，根据学生的认知规律，编排知识内容和设计学习方式，通过删减、融合、增补、重组，形成以自主性、体验性、开放性、生成性为主要特征的主题模块式任务板块的课程。在学习内容上，课程要体现自然、社会、人文领域与学科课程内容的综合；在学习方式上，课程要体现实践性、探究性、合作性、体验性等多种学习方式；在学习成果的呈现上，课程要将动手与动脑相结合、科学与艺术相结合。整合后的课程为校本拓展性课程，属于综合实践活动课程的范畴。

当然，不是所有的知识都需要整合。对于有完整体系的章节，教师只需按照知识逻辑顺序和学生认知规律组织学生学习即可，不能为整合而整合。课程整合的过程要避免打破每个学科自身的结构，从而导致缺乏系统的技能和概念，使学生缺乏必要的基本学科素养，同时，还要注意避免课程整合低效而造成教学时间浪费。

## 三、借助"OM"核心精神，培养创新能力

创新是一个民族的灵魂，是一个国家兴旺发达的不竭动力。"OM"活动鼓励学生创造性地思考问题、解决问题，旨在开发和培养学生的创造力。"OM"活动的许多问题都源于社会生产和生活。学生要解决问题，必须学会观察社会、了解社会，通过观察可以收集信息、拓展思路、确定目标、选择解题方案。在"OM"竞赛中，语言类即兴题比赛会要求学生在规定的时间内回答出尽可能多的问题。如果学生平时不注意观察，不积累大量的信息，就无法适应快节奏的比赛，因此，在平时的思维训练教学活动中，教师会把单个的训练题设计成围绕一个主题的不同层次的练习题。如六年级的"广告"主题思维训练分成了三个课时。第一个课时是让学生寻找身边自己喜欢的物品，为它做一个小广告，以此引导学生发现广告的特点，教师在黑板上写下"木梳、鸡蛋、灯泡"三种物品，请各小组选择一样物品，做一个广告并展示出来。第二个课时是出示一个任务：利用身边的材料，小组一起设计并制作一样物品，并为它做广告。第三个课时是展示完成的任务。五年级的思维训练，也一样遵循此原则，如"圆"的构想主题，首先是纯粹的语言训练，学生说黑板上画出的"圆形"像什么，学生分组按序作答，而且不能重复他人的回答，接着是升级的语言练习，教师给黑板上的"圆形"添上一笔，并让学生说它像什么，答题要求同上；然后是学生动手制作、语言表达、表演练习，小组利用身边的材料制作一个"会动的圆"，并为此创编一个3～4分钟的短剧，进行表演展示。在这样的主题式综合性训练中，学生慢慢地学会观察、分析生活中的各种事物，尤其是学会观察那些不易被人发觉的细小部分，并且善于积累信息。"OM"竞赛除了要求学生大脑中必须储存足够的信息外，还必须有清晰的思路。如果想到哪儿就说到哪儿，就会出现思维停顿，或者会重复讲过的答案。在平时的课堂活动中，教师常会启发学生从交通工具、武器、动物、人物、摄影术语等角度分别去思考，学生经过反复训练，思维会逐渐变得流畅，创造性解决问题的能力会逐步加强。

## 四、借助"OM"题目任务，提高学生的各项实践能力、劳动技能与思想道德素质

综合实践活动课程的一个重要目标是培养学生的实践能力。平常的课堂教学往往只注重学生对书本知识的掌握程度，却忽视了对学生实践能力和劳动技能素质的培养。"OM"能为学生创造大量的动手操作和实践的机会。

"OM"长期题是开放性的，没有标准答案，每道题一般由7位同学通过几个月的实践来完成。学生通过查阅相关资料、设计解题方案、购买材料、收集材料、反复制作测试、编写剧本、制作表演道具、排练表演等多个环节来完成解题的全过程。学生在解题时，所有的东西都要自己制作，因此学生需要学会各种劳动技能。通过解答长期题，学生学会了使用工具进行剪、折、捏、粘、锯、锉、钻、锤、弯、缝、绣、编等，提高了学生的劳动技能素质。有时，为了了解某一物品的特性，还需要走访相关厂家，与相关人员打交道。在比赛期间，参赛队之间，包括不同国家的队与队之间可以进行相互交流，这些都能提高学生的实践能力。

素质的核心是德育，任何一门课程都有育德目标，综合实践活动课程自然也不例外。"OM"非常强调德育的渗透，让德育贯穿整个教育过程。

解答"OM"长期题时，学生除了要完成规定的任务以外，还要进行风格表演，即确定一个主题，制作相关服装、道具，围绕主题进行艺术表演，增加比赛的观赏性。头脑奥林匹克协会提倡制作服装、道具要利用一切废旧的物品，以降低对环境的污染。裁判打分不是看道具是否豪华、漂亮，而是看道具的制作有没有创意，有没有最大限度地利用废旧材料。在这个过程中，学生可以学会勤俭节约、保护环境，同时感受人与自然环境的相互依存。

"OM"是一项集体活动，强调团队协作。一般，每个参赛队伍都有7名队员，比赛中，队员之间的配合非常重要。例如，语言类即兴题比赛由5名队员一起快速轮流答题，中间不能出现停顿，任何一个队员回答不出来，则比赛终止，因此，在平时的训练中就要求每个队员在答题时都应该最大限度地用足比赛的时间；动手类即兴题比赛要求学生在规定的几分钟时间内完成解题，5名队员必须接受队长的统一指挥，分工明确，在最短的时间内完成各自的任务，才能最终完成解题任务；在长期题的解题过程中，每名队员都应该根据自己的特长、能力完成相应的解题任务，如解题方案的设计、解题装置的制作、剧本的编写、道具和服装的设计制作等，只有充分发挥每个队员的能力，才能更好地完成解题任务。在这种综合性任务活动中，学生学会了与团队荣辱与共，增强了爱心与责任心。

"OM"长期题解题时间较长，并且不是当场制作，部分参赛队伍，尤其是小学组的参赛队伍，为了取得好成绩，往往会请教练、家长帮忙，但这样就失去了比赛的真正意义。"OM" 协会反对弄虚作假，倡导诚实守信，要求队员独立完成解题，反对成人代替，反对外部援助。

## 五、"OM"活动提高学生的综合素养

"OM"活动涉及的领域非常广泛，包括交通、能源、机械、建筑、通信、运输、环境、旅游、广告、历史、古典文艺等，虽然没有要求学生对所有的领域都相当熟悉，但要求学生要有较宽的知识面。学生在解题过程中往往会通过查阅相关资料、自学相关知识来增长某些方面的知识，边学习边解题，从而拓宽知识面，提高自身的科学文化素质。

在"OM"活动解题过程中，队员往往要经过几次甚至十几次的失败才会成功，通过解题可以培养

学生坚忍不拔的精神。在即兴题比赛中，学生要在短短的几分钟时间内完成解题，对学生的应变能力和心理承受能力也是一种考验。在长期题比赛中，学生要在裁判及数百名观众面前进行解题和表演，对于那些很少上台表演的同学来说也是一种锻炼。头脑奥林匹克活动对于提高学生的心理素质是大有益处的。

"OM"长期题要求队员在解题时要有风格表演，表演所需的布景、道具、服装等都需要学生自己设计、制作。学生如果想取得较好的表演效果，就需要具有相关的艺术素养和审美能力。在解题过程中，学生通过查阅资料获取相关的知识，通过设计、制作、美工等实践过程，巩固所学的美学知识，这客观上提高了学生的审美素质。

总之，作为探究型的校本课程，以"OM"为内容载体的综合实践活动课程是培养学生创新精神与实践能力、提高学生的综合素质、深化学生素质教育不可多得的良好载体。附小在 2015 年 3 月的全国头脑奥林匹克比赛中派出了 5 支班级队伍，获得了二等奖 2 个、三等奖 3 个，其中一个获得二等奖的队伍是湖北省头脑奥林匹克比赛的第一名，因此获得了 2015 年 5 月去美国密歇根州立大学参加第三十六届世界头脑奥林匹克比赛的机会，并获得了世界头脑奥林匹克比赛的第二名(银奖)。目前我校综合实践活动课程正充分利用"OM"活动作为载体，让更多的学生在参与此项活动中获益。

(本文发表于《新课程研究》2016 年第 1 期)

# Scratch让程序教学成为创作之旅

华中科技大学附属小学　毛爱萍

**【摘要】** 基于“儿童数字文化创作”的课程理念和“为创作而教”的教学方法，在信息技术课程中，教师不再是教授软件操作，而是引导学生进行学习创作表达。将学习内容分为数字游戏、数字动画、互动艺术、数字故事四个大的模块，通过 Scratch 程序编写创作数字作品，满足孩子们的创作欲望，使枯燥的程序教学课堂变得更有活力，让学生更自由，从而开启创作之旅。

**【关键词】** Scratch 程序设计；创作。

## 一、背景和意义

社会发展的高度信息化，对培养“数字土著”一代的信息技术课程提出了更高的要求。传统的Logo语言由于缺乏灵活、简单的操作，导致教学效果并不是很理想。Scratch是面向对象的程序设计语言，在直观教学和可视化理论的指导下，通过搭建积木这种形象化的操作来训练和提高学生的逻辑思维能力和创造性思维能力。

Scratch的设计思想借鉴了儿童搭建积木的游戏，用积木图形及简单易懂的语言代替生硬的代码，学生将不同颜色的指令模块拖曳到脚本搭建区，根据积木块上的语言描述搭建各式各样的积木，搭建结果可以随时在舞台上展示，便于学习者观看效果和及时修改脚本，尽情地根据自己的兴趣创作出各种交互式作品，如数字游戏、数字动画、互动艺术、数字故事，甚至是人工智能。

## 二、Scratch让课堂更有活力

### 1. 训练学生的计算思维能力

人与人之间的交流是通过自然语言，人与计算机之间的交流是通过编程语言。在Scratch课堂中，教师有意识地引导学生用自然语言来描述他们的创意、想法，学生将自己脑子里好的创意、想法用Scratch在计算机上表达出来，通过编写程序，训练学生用一种计算思维的方式解决各种问题，将计算思维能力融入一个个的作品创作中。

### 2. 锻炼学生的逻辑思维能力

小学生的思维处于从具体形象思维逐步向抽象逻辑思维过渡的阶段，面向对象的程序设计语言Scratch以其图形化的编程方式，为小学生的思维从具体走向抽象提供了支架。Scratch将逻辑思维能力的训练融入具体的生活情境中，让孩子在感性经验的支持下逐步向抽象的逻辑推理方向发展，从而形成一定的逻辑思维能力。建构主义强调学习的社会性、情境性和主动性，课堂中教师所提供的情境需与学生具体的生活环境相关，还要给学生提供大量可利用的资源，同时教师在课堂教学中给予学生实时的指导帮助，学生对知识主动探究、主动发现，学生之间进行交流合作进行知识的自我建构。

### 3. 激发学生成为数字时代的“生产者”

在Scratch课堂上，学生获得了设计和创造属于他们自己的数字化作品的机会和经验，通过有针对性地选取和处理大量的信息资料，来进行自由创作。他们在创作过程中也获得了数学、科学、艺术和工程等领域的知识，在完成作品后的成就感和满足感也会让他们的学习兴趣得以提升，对于学生来说，这是一次有意义的学习。学生通过选择、创造、管理各种多媒体资源来表达自己作品的主题思想，这对学生潜能的发挥有极大的帮助作用，这与人本主义所强调的“学习是学习者内在潜能的发挥”是一致的，强调学生个性与创造性的发展。在 Scratch 平台上，学生有足够的能力创作出属于自己的数字游戏、数字动画、互动艺术和数字故事等数字文化作品。

## 三、Scratch 让学生更自由

罗杰斯认为，在教学目标上，应该强调个性与创作力的发展，在内容选择上，应强调直接经验，而在教学方法上，主张以学生为中心，放手让学生自我选择、自我发现，从而实现自我，即人的创造能力以及应变能力的形成。创新能力是通过发散性思维而表现出流畅、变通与独特的解决问题的能力，而 Scratch 的引入，为培养学生的创新能力提供了良好的环境和平台，这对激发学生的学习兴趣、培养学生的想象力、提升学生的分析问题能力等方面是大有裨益的。

在 Scratch 课堂教学中，学生能专心致志地投入到自己最感兴趣的创作活动中，学生的专注度和兴趣度都得到了很好的发挥。Scratch 以其形象、直观的积木式指令代替了枯燥的代码指令，其操作简单、趣味性强，只需了解各指令名称及意义，然后将其拖动，进行自我思维的自由表达。通过学生不断地猜测、尝试、验证与调试，刺激学生的感官，使学生体验到奇妙的效果。在 Scratch 中，媒体的应用是十分丰富的，既包括各种鼠标、键盘侦测、传感器等输入媒体，又包括音乐、动画、马达等输出媒体。学生利用各种不同的媒体进行自由发挥和表达。

## 四、Scratch 开启创作之旅

基于“儿童数字文化创作”的课程理念和“为创作而教”的教学方法，在信息技术课程中，教师不再是教授软件操作，而是引导学生进行学习创作表达。人与人之间是通过自然语言沟通，程序设计语言就是人与计算机之间沟通的语言。课程就是作品创作，文学作品是通过对文字的书写记录（纸和笔）来创作小说、散文、诗歌、戏剧等作品，数字作品则是通过程序编写来表达思想和情感，在教学中利用 Scratch 软件平台进行数字游戏、数字动画、互动艺术和数字故事等数字作品的创作。通过 Scratch 编程与写作的对比（见图 1），来帮助学生理解课程的学习，开启创作之旅。

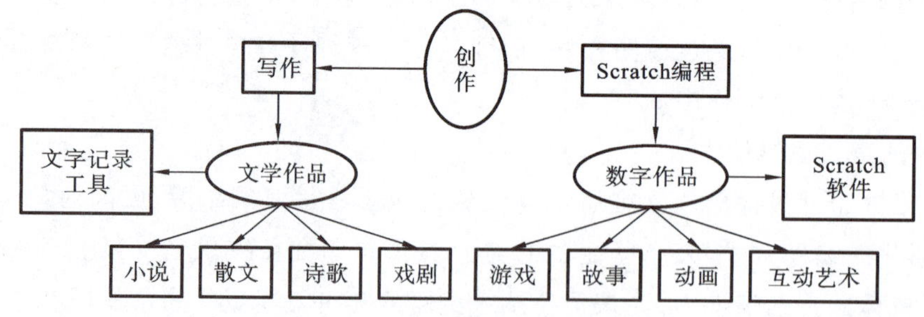


**图 1　Scratch 编程与写作的对比**

将 Scratch 引入到小学信息技术课堂中的应用刚起步，在教学初期，教师可以与学生共同尝试学习，边学边教，同时，边分析 Scratch 自带的范例，边尝试创编适合学习者的教学内容。在教学过程中，坚持为创作而教的教学方法，将算法的学习融入作品创作中。在整个教学过程中，由于教师自身所具备的知识结构高于学生，可以较易发现哪里容易出错、哪些脚本很难理解，从而及时提醒学生，教师从学习伙伴成长为引导者，帮助学习者成长。下面以不同类型的作品创作方法来简单介绍课程的学习。

**1. 数字游戏**

基于 Scratch 平台，教师开发了一套自编的校本儿童数字文化创作课程——“Scratch 与创意设计”，让学生通过编码学习各种新技术。“趣味摇奖”一课是自编校本课程的第 28 课，课程设置的着力点在于将信息技术教学与学生的生活体验相联系、信息技术问题与生活情境相结合，让信息技术教学做到兴趣化、生活化，激发学生用心观察生活的能力从而主动创新。核心代码如图 2 和图 3 所示。

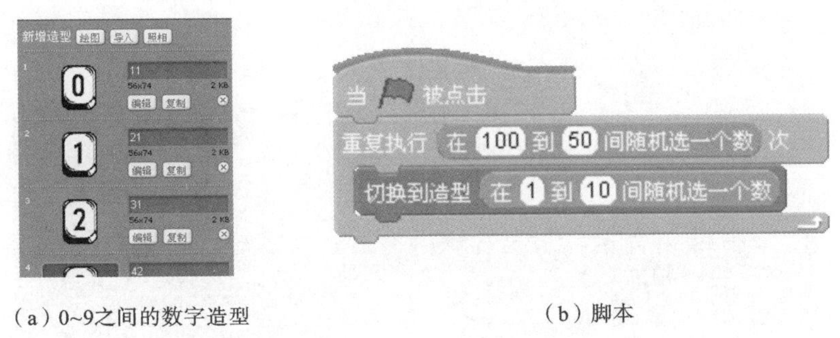


（a）0~9之间的数字造型　　（b）脚本

**图 2　随机产生 0～9 之间的任意一个数字造型**

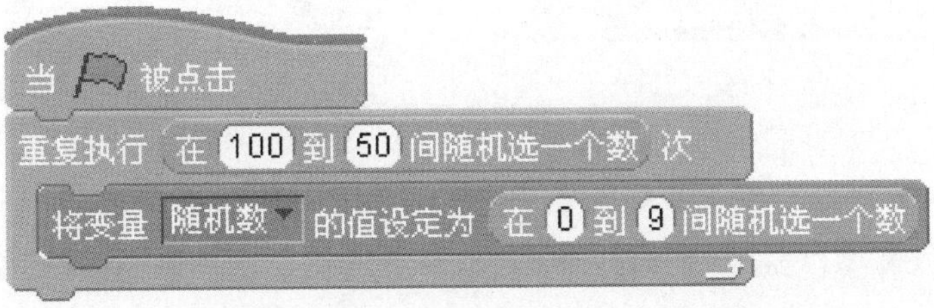

当 被点击
重复执行 在 100 到 50 间随机选一个数 次
将变量 随机数 的值设定为 在 0 到 9 间随机选一个数

**图 3　随机产生 0～9 之间的任意一个数**

课堂中将 Scratch 与数学学科中的随机数知识点紧密联系，教会学生应用随机数解决随机模拟现象的问题。学生在具体应用中理解数学知识、积累数学知识和运用数学知识，在实践中有效提高计算分析能力、逻辑判断能力和实践操作能力。这些都能促进学生数学素养的提高，同时让学生了解和应用随机切换造型和给变量设定随机数两种算法来产生摇奖号码，让学生自行选择一个作为创作主题，设计一个趣味摇奖程序。

图 4 是“趣味摇奖”学生作品集，链接地址是 http://scratch.mit.edu/studios/244435/。

**图 4　“趣味摇奖”学生作品集**

**2. 数字动画**

在 Scratch 编程创作过程中，对数据的获取、存储和输出是非常重要和关键的一步。学生之前对 Scratch 中的链表可以说是完全陌生的，但是此款编程软件的界面色彩鲜艳、形象卡通，操作命令色彩化、图形化，因此，在实际教学过程中，学生结合生活实际很容易理解。在程序设计中，对数组概念的理解和应用，对小学生来说是一个比较有难度的应用领域。如“明明的思考”一课中，通过动画创作模拟生活中人们翻来覆去思考一个问题的情景，帮助学生理解在 Scratch 中运用链表实现数据的添加和存储（见图 5），体现了儿童数字文化创作课程中提出的“为创作而教”的教学思想。

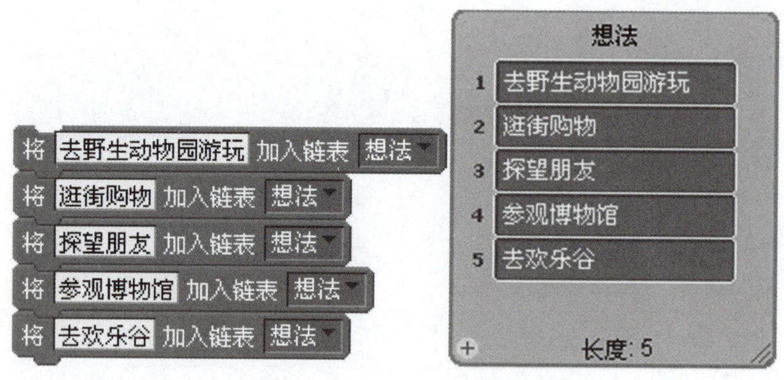


**图 5　数据的添加和存储**

在学生对 Scratch 编程创作有了一定的体会，能设计控制角色运动的简单脚本的基础上，教师让学生学会在创作中对数据进行添加、存储和输出，激发学生的创作热情，建立科学的思维方式。图 6 是部分学生的“思考”作品集，链接地址是：http：//scratch. mit. edu/studios/251933/。

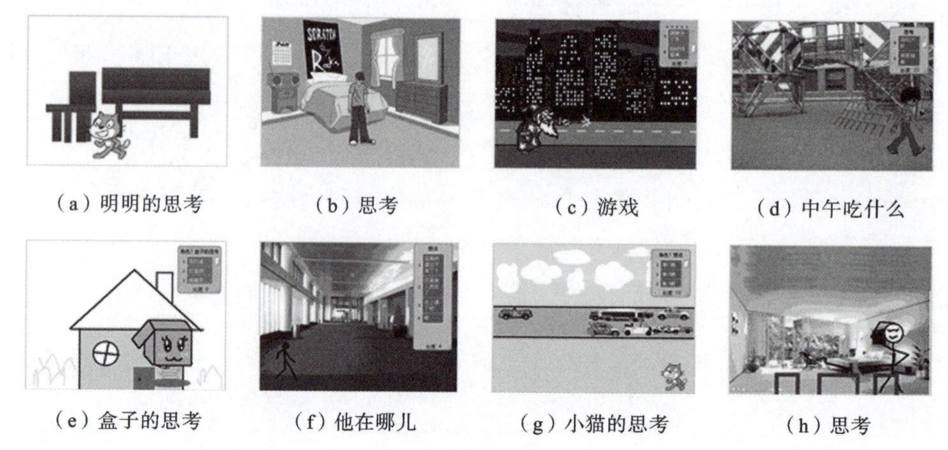

（a）明明的思考　（b）思考　（c）游戏　（d）中午吃什么

（e）盒子的思考　（f）他在哪儿　（g）小猫的思考　（h）思考

**图 6　“思考”作品集**

**3. 互动艺术**

让学生用画笔模块创作各种有规律的图案，在编写图案设计程序中，学生认识、学习和应用多边形、角度以及坐标，体会数学和程序的美，从而培养了学生的学习兴趣。图 7 是部分学生的“画笔”作品集，链接地址：http：//scratch. mit. edu/studios/205047/。

**4. 数字故事**

选取自编校本课程的第 30 课“小导演”，要求学生综合应用 Scratch 十大指令模块进行自由创作，选择自己喜爱的短篇内容，通过小组合作，共同探究，尽情表达和交流。这课提供了创意思考、解决问题、合作学习、交流分享四个方面的学习方法。故事内容主题可以为成语、童话、寓言、科学模拟实验、

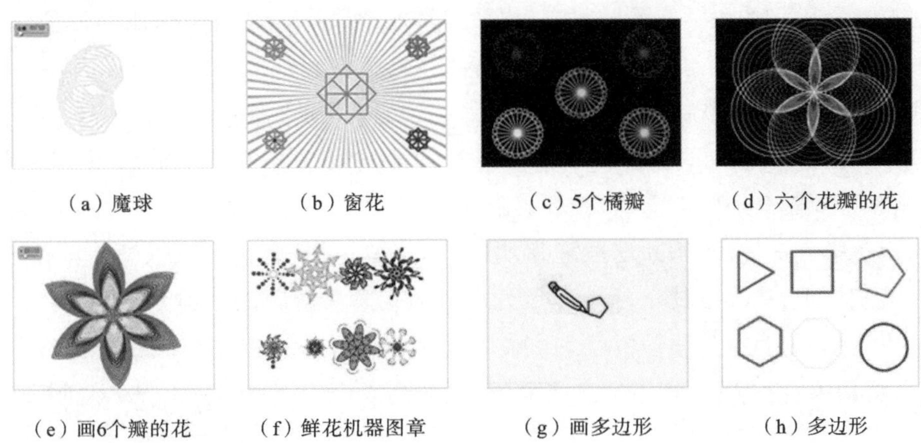

(a) 魔球　(b) 窗花　(c) 5个橘瓣　(d) 六个花瓣的花

(e) 画6个瓣的花　(f) 鲜花机器图章　(g) 画多边形　(h) 多边形

**图 7　"画笔"作品集**

课文和小说片段，以及生活中的事件，从而构思创作主题，进行二度创作。图 8 所示为学生用 Scratch2.0 制作的"破釜沉舟"短片，主要讲述巨鹿之战的故事。

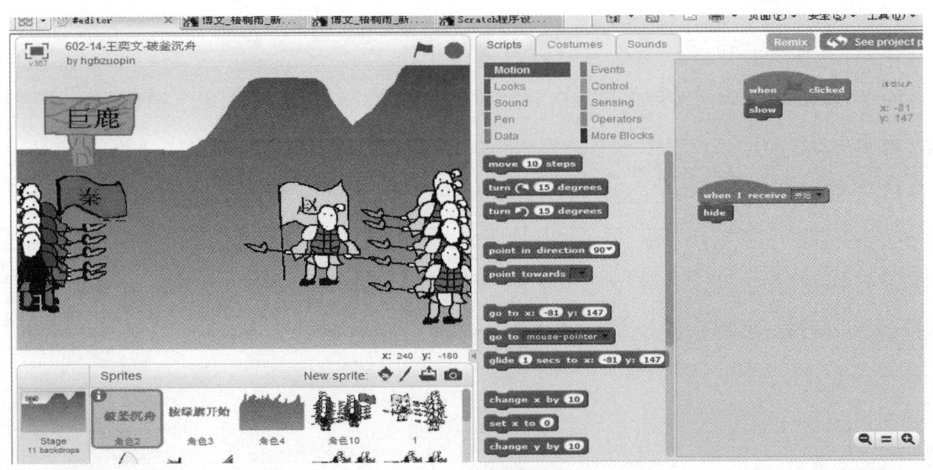


**图 8　"破釜沉舟"短片**

学生在制作数字故事作品的过程中担任"小导演"，对剧本中的主题、情景、角色、背景、脚本、音效等元素进行逐个分析组织。本课重在培养学生分析解决问题的能力和合作探究的意识，训练学生综合应用 Scratch 软件表达思想，锻炼学生逻辑思维与表达能力，用科学的思维去解决问题。学生作品集地址链接为：http://scratch.mit.edu/studios/193543/。

## 五、总结

随着信息技术学科的发展，小学程序设计模块的学习重点不是简单地以代码编写训练为要义，而是通过编码学习使学生能在个人生活中表达思想和感情，让学生成为数字时代的"生产者"。Scratch 是一种面向对象的程序设计语言，学生只需通过拖曳色彩鲜艳的模块来编写程序，操作简单、直观，学生很容易上手，无须记忆各种代码，同时，学习内容涉及动画、游戏、艺术、故事、音乐等多个领域，Scratch 创作课程对培养学生的创新思维提供了一个很好的学习机会。在本课程的教学设计中力求做到突出以下三点。

### 1. 观察生活，主动创新

在生活中，有很多与教学相关的问题，如各大商场门前摆放着的抽奖大转盘、电子投票、打地鼠游戏、变脸等，这些精彩纷呈的生活实例，学生在生活中都能感受到。教师可以让学生创作数字作品，把自己观察到的各种有趣的现象用数字作品表达出来，以此激发他们的创意思维。

**2. 加强逻辑思维与创新思维的训练**

“重点”即知识要点，Scratch 创作课程中作品的设计与呈现也是逻辑思维和创新思维的具象表示。在教学中，教师要在最短的时间内，结合具体情景，用言简意赅的语言帮助学生理清要点、把握脉络、掌握方法，促使学生更准确、牢固地理解和掌握重点算法，从而提高课堂教学质量和学习效果。

教师通过范例演示，让学生试玩，引出问题，告诉学生解决问题的关键点，通过演示和讲述，告诉学生关键知识点，使学生对重点知识的学习和把握更加清晰明了，在此基础之上，学生再根据自己已有的思维，结合活动内容，发挥自己的想象，用代码去表达自己内心更多的想法，从而在创作中训练创意思维。

**3. 通过学习编程，学生可以习得更多知识**

通过学习编程，学生可以得到很多锻炼机会，学会更多知识。在创作数字作品时，学生可以创作出独具匠心的作品，编写不同代码描述自己的设计。学生能熟练应用新技术自由地表达自己的思想，在学习编码的过程中进行有意义的学习。

学生在学习代码编写的过程中，会接触到数学、科学、艺术以及工程等领域的学科知识，这些知识的应用和学习是学生在一个一个作品的创作过程中具体领悟和感知到的，学习知识对他们来说将变得更有趣和更有意义。

当学生为数字作品设计脚本时，他们会思考如何进行设计，如何将一个小的想法变成一个完整的、能够运行的作品，他们会学习和应用各种模块，以及如何尝试新的想法，如何与人合作完成作品，出错时如何发现并纠正错误，如何坚持，如何在失败时面对挫折。这些都是学生需要具备的重要能力，可以适用于所有事情，让学生能够快乐地游玩于数字作品创作之旅中。

# “人声艺术”活动课程的教学方法初探

华中科技大学附属小学　顾　珮

**【摘要】** 没有美育的教育是不完全的教育。小学音乐教学是一种艺术教育，艺术教育在社会发展中起着重要的作用。《义务教育音乐课程标准(2011年版)》提到“学生通过学习音乐课程学习和参与丰富多样的艺术实践活动，探究、发现、领略音乐的艺术魅力，培养学生对音乐的持久兴趣，涵养美感，和谐身心，陶冶情操，健全人格。学习并掌握必要的音乐基础知识和基本技能，拓展文化视野，发展音乐听觉与欣赏能力、表现能力和创造力，形成基本的音乐素养。”所以作为小学音乐教师，如何在音乐课之外，也能让学生在一起“唱”“玩”音乐呢？音乐组的教师们集思广益，在学校“快乐周末”活动课程的大背景下，推出了以音乐审美体验为核心，通过不同的音乐教学体验和教学方法使学习内容变得丰富多彩和生动有趣的音乐活动课程——“人声艺术”。

**【关键词】** 小学；音乐；活动课程；教学方法。

## 一、课程背景

学校“快乐周末”活动课程给了学生自主选择喜欢课程的机会，让每位孩子都能在课程学习中做最好的自己。设置“人声艺术”这门课程是为了打造一个受学生喜爱、使学生感受到快乐的音乐活动课程，让学生在“玩”中“学”、在“学”中“悟”。让学生在学习中提高对音乐的鉴赏能力，激发、振奋孩子们的乐观精神，丰富他们的思维形象能力，促进学生智商的发展，建立和谐融洽的合作友谊，提高音乐审美，促进学生综合素质的提高。

## 二、“人声艺术”活动课程的理念

教育部颁发的《义务教育课程设置实验方案》(以下简称课程方案)中关于课程设置的重要改革内容之一是把活动课程提高到课程设置的高度来认识与安排，课程方案明确指出：“活动在实施与发展教育中同学科相辅相成。”这就从教学法规的高度明确了活动课程同学科课程具有同等重要的地位。那如何做到相辅相成呢？这就需要教师运用不同的教学方法，让学生能在已有音乐知识的基础上，在活动课程中感知音乐的趣味性，提升学生的音乐审美素质。

音乐“人声艺术”活动课程不仅仅是单纯的唱歌课，而是涉及多种内容的音乐综合课程，为了达到教学目标，教师需要灵活地运用教学方法来激发学生的学习兴趣。教学有法而无定法，教学方法是在长期的教学实践中不断地积累和发展起来的，赞可夫曾说过：“教学法一旦触及学生的情绪和意志领域，触及学生的精神需要，这种教学法就能发挥高度有效的作用。”教学方法随不同的教学目标和教学内容而改变。在音乐教学上教师需要因材施教，充分调动起学生学习音乐的兴趣，建立起真正意义上的“快乐周末”课堂。

## 三、小学音乐“人声艺术”活动课程的教学方法

教学方法是指教师和学生为了实现教学目的、完成教学任务而在共同活动中采用的方法。在小

学音乐“人声艺术”活动课程中常用的教学方法有如下5种。

**1. 趣味游戏让学生体验人声的魅力**

游戏教学通过游戏让学生进行音乐学习，为学生创设一个轻松愉悦的学习环境，在游戏的过程中达到一个很好的教学效果。教师在教学内容的选取上要具有趣味性，把握好学生喜欢什么。植物大战僵尸是学生们都喜欢玩的一款经典游戏，里面的经典配乐是学生非常熟悉的。如果将这首经典的背景音乐让学生以阿卡贝拉(无伴奏合唱)的形式呈现出来，就能提高学生的参与度。通过与同伴间的配合合作完成一首游戏背景音乐，学生会有很高的成就感。通过对游戏素材的理解，学生的演唱及表演会使音乐更加生动有趣。

**2. 情境探究让学生开拓思维**

情境探究法是将情感、言语、行为融为一体的教学方法，充分利用音乐形象，创造生动的场景，使学生在心中产生共鸣，让学生用歌唱、奏乐、动作等多种方式表现出来。“人声艺术”这一活动课程注重“人”和“声”共同表现出的艺术情境，激发学生对声音的探究。例如，教师给学生听一段自然界中雷雨声的音频，让学生思考如何利用身体和自己的声音去模仿这些声音，学生在探究的过程中会不断地激发自己的想象力与创造力，用跺脚或弹跳去表现雷声，通过弹舌或打响指去模仿小雨滴答滴答的声音，通过拍掌或拍腿来表现大雨哗啦啦的声音。如何让学生的“人声”更加形象，需要教师通过言语去进行情境的创设。教师通过肢体动作去提示学生声音的强弱变化，以此更加形象地表现出雷雨声的情景，让学生用身体和声音去感受大自然的变幻莫测。在无伴奏合唱“望庐山瀑布”中，教师带领学生去探究大自然中小动物的声音，如蟋蟀、小鸟、青蛙等的声音，用心去感受，用人声去表现蟋蟀、小鸟和青蛙，使用鸟鸣器和蛙鸣器去模仿。这样的人声加上奏乐不仅使合唱音乐更加生动，也将“望庐山瀑布”的情景更加立体地呈现出来，引导学生用情感表达来展现歌曲的意境美。

**3. 律动教学让学生舞动起来**

律动是指随音乐节奏用身体各部分进行有节奏性地运动，律动可以分为创作律动和模仿律动，是集音乐、舞蹈、表演的一种综合表现形式。非洲音乐的一个突出特征就是节奏感非常强，律动性也强。非洲人合唱歌曲“You'd Better Run”是一首节奏感极强的歌曲。学生在演唱这首歌曲时，教师可带领学生在音乐的强拍上用右脚跺地，在弱拍上用左脚轻轻地点地，当右脚跺地时身体稍向右倾斜，左脚点地时身体向左摆动。让学生随音乐创编手部动作，培养学生的创造能力和对音乐律动的感知能力。

**4. 柯达伊手势让学生打好基础**

柯达伊教学法(见图1)是匈牙利著名作曲家、哲学家和音乐教育家佐尔丹·柯达伊倡导和建立的音乐教育的教学法。首调唱名法是柯达伊教学法中视唱教学的基本工具和手段。音乐“人声艺术”活动课程的开展不仅是让学生一起“唱”“玩”音乐，更需要学生掌握一定的音乐知识和识谱能力。首调唱名法的调性感强，而所演唱的歌曲都具有较强的调性，适合用首调唱名法，因此，该方法也有利于学生更好地掌握和声。如大三度“do-mi”和小三度“sol-mi”，在任何一个调中都是一样的唱名。唱谱的同时也可以带上柯达伊手势，该手势包括七种不同的手势，如图1所示，通过在空间中所处的不同位置(“do”的手势大约在腰间，“la”的手势大约在眼睛位置，其余类推)，各自代表着音阶中的一个唱名，显示了音阶中各音之间的高低关系，可以帮助学生体会音阶之间的距离感，以及了解音阶的概念，从而更好地掌握音准。该手势在自己的身前做，以便自己观察，在单旋律时，通常用右手做。在平时的音阶发声练习中，带上柯达伊手势能更好地掌握音准。在二声部找音时可用双手同时做出两种手势，用来表示不同声部的音阶，在简单合唱部分带入柯达伊手势更容易稳定和声。

**5. 器乐教学让学生打开视野**

在如今普及的音乐教育中，器乐演奏是音乐表现形式中不可或缺的一部分，并且已构成音乐教学

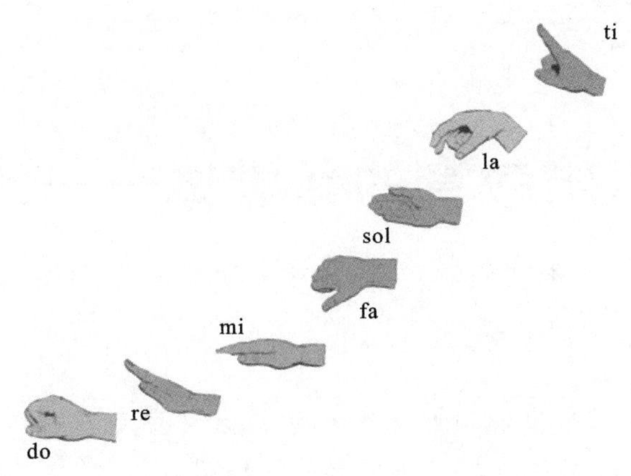


图 1　柯达伊手势

中的重要方式。课堂乐器应选用易学、易演、方便集体教学的乐器，尽可能让学生以学习普通乐器合奏为主，同时鼓励和引导学生自制乐器，让学生也学会用各种乐器创编节奏，为歌曲配乐。例如，让学生分别用大锣、小锣、钹、方梆子和堂鼓等乐器演奏“锣鼓经”(中国传统器乐及戏曲里常用的打击乐记谱方法)。这不仅是对音乐课堂学习的一种补充和深入，同时也使学生了解了中国传统打击乐，使学生对器乐伴奏有更深一步的了解。除了让学生在活动课程中运用中国乐器伴奏外，也选用了奥尔夫乐器进行器乐教学，如在合唱歌曲“非洲赞歌”中加入了非洲鼓进行伴奏，使得歌曲更加生动且具有感染力。

学生的创造力和想象力是无限的，教师要以灵活多变的教学方法来进行教学。教学的主要目的是让学生能够吸收新知识，巩固旧知识，加强学生的音乐审美能力和创造能力。由于活动课程主要的教学对象是三至六年级的学生，他们的音乐基础和接受能力相对强一些，“人声艺术”这一活动课程不仅使学生在音乐课堂教学中学习的东西得到全面运用，同时也加强了学生的音乐知识积累，提升了学生的音乐审美能力。

## 四、成果及展望

“人声艺术”活动课程开展以来，学生在课程中学到了丰富的音乐知识。该课程也给学生提供了许多展示的平台，如学校带领学生参加区“六一”会演，在学校举行属于学生自己的“快乐童年”合唱音乐会。华中科技大学附属小学学生在校园原创歌曲大赛及国内外大型合唱比赛中均取得了优异的成绩。在今后的活动课程教学中，学校将会继续开拓创新，给学生带来更多、更有趣的音乐作品，让音乐伴随孩子度过快乐的童年。

**【参考文献】**

[1] 尹爱青.小学音乐课程与教学[M].北京:高等教育出版社,2012.

[2] 郁文武,谢嘉幸.音乐教育与教学法[M].北京:高等教育出版社,1991.

[3] 中华人民共和国教育部.义务教育音乐课程标准(2011 年版)[M].北京:北京师范大学出版社,2012.

[4] 刘春梅.浅谈如何上好小学音乐歌唱课[J].广播歌选,2008,(6).

[5] 覃小明.小学音乐课堂中唱歌教学方法初探[J].歌海,2009,(4).

# 批判性思维教育的新尝试——走进小学

华中科技大学附属小学　王　婧

**【摘要】** 中国人的批判性思维能力缺乏已久，这是中国教育亟待解决和调整的问题。小学教育作为基础教育，在整个教育体系中起着至关重要的作用，而小学生的思维受应试教育的限制不多，这为批判性思维教育在小学的实施提供了一片沃土。而以“全人教育”为教学理念的华中科技大学附属小学(简称附小)，与批判性思维教育的渊源已久。自 2014 年刘玉教授牵头，将批判性思维课程引入附小，已经有四年。四年的实践说明，将批判性思维教育引入小学教育是很有必要的。而从这些探索中，也得出了一些批判性思维教育实践的经验。本文将从批判性思维引入小学教育的必要性、经验总结和未来展望等方面来展开。

**【关键词】** 批判性思维；小学教育。

## 一、批判性思维引入基础教育的必要性

中国人的批判性思维能力缺乏已久，这种状况的形成与中国的应试教育制度是分不开的。在中国的中小学教育中，很多事例可以证明考试题目只有唯一答案让学生们的思维受到了极大的限制。曾经，有一位作家的文章被选入了中学的现代文阅读的阅读材料中，结果他的儿子不会做相关的作业，让爸爸帮忙，可是作家自己的答案居然全部是错的。由于局限于所谓的标准答案，教师也不得不单一化、标准化学生的答案，这种现象在即将步入大学的高中生中表现得最激烈，也最突出。笔者也曾担任过湖北省高考阅卷的英语阅卷教师，发现大部分的高考作文都缺乏对话题的深入思考，只是按照固定的思维模式硬“套”出作文，这和市面上火热出售的作文模版书籍息息相关。除此之外，教育体系中处处都体现着唯一标准答案的渗透，在这样的教育模式下培养出来的学生都严重缺乏好奇心、想象力和创造力，对于开放式的话题无能为力，不敢对权威提出合理的质疑，盲目跟风相信或是一味质疑，不肯理性地接受他人的意见。

所以将批判性思维教育渗透到整个教育体系中已经成为中国教育亟待解决的问题。10～12 岁的孩子正处在思维发展的关键期，而且在基础教育中，孩子们受到的相对束缚最少，同时升学的压力也最小，最容易在思维上迸发出火花，所以将批判性思维教育引入基础教育中不但实施的阻力最小，而且也最有意义。杨叔子院士在谈到将批判性思维教育引入教育系统时就表示：“批判性思维教育应当从娃娃抓起，最好是从幼儿园开始。”附小是全国首例开设批判性思维课程的小学，被课程的发起人刘玉教授选为实施试点小学，而这也是有着一些必然性的。

(1) 作为教育部直属的华中科技大学附属小学一直都秉持着科学育人、全人教育的基本态度，与其他学校将语文和数学作为学科重中之重的态度不同，附小绝对不允许语文和数学等课程由于考试压力以及课时不够等问题去侵占其他科目的课时，如劳技、科学、体育、音乐、美术、情商教育等学科的必要课时。附小的校训为“博学 审问，慎思 明辨”，这与批判性思维的本质是非常吻合的。培养具有

批判性思维的学生一直是附小的教学指导思想。

(2) 附小的办学理念非常先进，早在李晓艳校长出访美国的时候，就意识到了批判性思维的重要性，这使整个学校都被一种开放的教学态度所影响着，所以早在2013年，英语组就已经引入了批判性思维教育。将批判性思维与学科知识相融合，将批判性思维的培养融合在学科的知识教学之中，这种做法的出发点是，教师一定要先具备批判性思维。具备批判性思维的教师在备课时能有效地反思、布局自己的课堂，为学生营造自由、平等的课堂氛围。力求让学生具备批判性思维，在这种尝试的指导下，附小很多教师已经开始在教学中积极尝试，笔者也是其中之一。

(3) 附小有着非常良好的师生条件。从教师方面来说，附小的教师非常善于学习和反思，敢于接受新的教育理念；从学生方面来说，附小的大部分学生都是华中科技大学教职工的子女，家长的思想比较开明，对于学校和教师的新教育理念的实施都非常理解和支持，这些都为在附小开设批判性思维课程提供了一片沃土。

## 二、批判性思维的探索过程

董毓教授在《批判性思维原理和方法》的书中对批判性思维列出这样一些名词：清晰的思考，辩证的思考，三的原则，图尔明模型，前提，批判性思维阅读，批判性思维写作……当这些复杂的名词出现在眼前的时候，一直从事小学教育的教师们还是倒吸了一口冷气，小学生能接受批判性思维的教学内容吗？他们能接受批判性思维吗？

### 1. 启航——从“0”开始

由于受到国家课程体系的限制，小学在增设单独的批判性思维课程的同时不能影响到其他课程的设立，所以学校在每周星期五下午开展的“快乐周末”课程体系中增开一门批判性思维课程。“快乐周末”是由全校教师根据自己的所长或学生的需要，在星期五下午的两节课后用一个小时的时间开设一门专属课堂，每个学生可以根据自己的喜好来选择参加课程。从2014年开始，附小批判性思维也作为全国首例，入驻了“快乐周末”的课程体系。

既然确立了课程，就需要有任课教师，笔者在华中科技大学外国语学院就读研究生期间就开始研究批判性思维，尤其是批判性思维与英语写作之间的关系，笔者毕业后直接留在了附小当一名英语教师，所以对批判性思维有一定的理论基础，也有幸参加了本次课程的开展。其他两名教师均来自附小校本自创的综合学科的教师，外加接受了董毓教授批判性思维系统教育的华中科技大学启明学院的本科生何流同学，组成了“混编”教师团队。从团队构成来说，附小教师对小学生的心理和学习状态都比较了解，对小学生课堂的组织教学也有较好的掌控能力，但是对批判性思维的理论方面掌握得不是很系统全面，而何流同学虽然对批判性思维理论知识了解的较为完整，但他却从未接触过小学生和小学教育，因此，这次组合充满了融合和碰撞。

“快乐周末”系列课程是学生们根据喜好自愿报名参与的课程，小学生能够接受这个离他们生活较远的的名词吗？每个批判性思维课程的教师心里都划了一个问号。2014年首届开课，教师选择和五年级的班主任进行沟通，在班上进行宣传。等开课后教师经过调查发现，有的同学是教师眼中“爱顶嘴”的孩子，有的同学是各方面都优秀的“小学霸”，有的同学性格非常内向、不善表达……总之，这样的孩子组成了教师首次试水的“小白鼠”。通过第一节课的课前询问和一些简单的问卷调查，教师还发现，有的学生对批判性思维一无所知，有的学生理解的批判性思维就是“批判的思维”，这些表现说明，学生对于批判性思维这个名词并不完全了解。

**2. 前行——荆棘密布**

就是这样一群对批判性思维一无所知的孩子们，在五位同样几乎是从零开始的教师的引导下开始了对批判性思维的摸索和探究。

如此简陋的条件，使得每位教师都产生了强烈的风险意识，都知道要付出百分百的努力才可能推进这门课，教师们做了以下几方面的准备和努力。

（1）在短时间内研读批判性思维的理论知识，加强学习。虽说教师们在此前都没有接受过系统的理论知识培训，但他们的素质很高，学习能力非常强，大部分教师在平时的教学中其实已经无意识地运用了批判性思维来培养学生，通过集中加强学习，他们很快就完成了必要的理论知识储备。

（2）四五个人的力量毕竟是有限的，所以小组在刘玉教授的建议下邀请了在美国接受过批判性思维教育的江汉大学的李文浩教授作为顾问，还邀请了刚回武汉入职湖北大学哲学学院的陶文佳博士加入小组。陶文佳博士在香港中文大学哲学系深造时有过批判性思维阅读和写作助教的经历。此外，当教师在教学过程中出现分歧或疑惑时，刘玉教授会发送邮件咨询加拿大的董毓教授和北京的谷振诣教授等批判性思维领域的高级专家。这些措施使得整个课程的氛围变得开放和科学。

（3）每次上课前，所有教师都要集体进行面对面的备课，上课后又全体留下"复盘"点评授课的效果，找出不足之处，并提出修改意见，确定下节课的教学内容，由此，逐渐形成了完整的课程体系。经过头几个星期的摸索和探讨，小组最终确定了整个课程的大致轮廓。由于"快乐周末"的课时有限，加上与节日、春游、运动会等冲突，批判性思维课程最终只安排了 11 节课：第一节课，批判性思维导论；第二节课，观察；第三节课，清晰的思考；第四节课，辩证的思考；第五节课，三的原则；第六节课，深入的思考；第七节课，批判性思维阅读；第八节课，批判性思维写作；第九节课，批判性思维辩论；第十节课，总结与复习；第十一节课，结业展示。

（4）充分总结经验与教训。在教学中，教师发现小学生的批判性思维教育是很有自己的特点的，与成人的批判性思维教育是不同的。

小学生的思维其实是受限制最少的，与成人的批判性思维教育不同，小学生更容易"破"除固有的想法。例如，在"观察"这节课中，教师选取了两支一模一样的毛笔图片让学生观察比较。教师选用这个事例是为了帮助学生打开视野。这个例子教师在课前准备时，在教师中间调查了一遍，结果只有一位教师考虑到了两只毛笔的生产厂家不同材质就可能不同。谁知正式授课时，图片刚展现出来，学生们稍做思考就想到了这方面，有的学生甚至还有更多的补充，如毛笔杆的题字一个是名家所为，而另一个只是临摹的笔迹等。

"破"虽容易，但"立"难。在教学中，教师发现虽然学生的思维比较发散，但有时却像脱缰的野马一样收不回来，所以在每节课的概念处理环节，教师先让学生对这个概念的含义进行猜想，教师并不给出标准答案，然后通过贴近学生实际生活的事例让学生加以分析和体验，教师在该过程中进行适当的引导，最后让学生自己总结这个概念的含义。最后经过再一轮的操练，让学生有一次基于自身理解和总结的全新体验。教师尽量用演绎而不是归纳的方法让学生学会总结。例如，在"辩证的思考"这节课中，教师先让学生自己试着理解什么是辩证的思考，有的学生说辩证的思考就是辨别证明，有的学生说是辩论。可见，对于辩证这样的字眼，小学生理解起来还是非常困难的。针对这种情况，教师先不给出辩证的思考的确切含义，而是让学生自行思考小学生看漫画书是好还是不好，让学生思考并选择自己赞同的观点加以说明，然后进行一轮辩论，接下来在孩子毫无准备的情况下，教师让学生交换观点并再进行一次辩论，让学生回到自己最初的阵营思考：什么叫作辩证的思考。最终，引导学生总结出辩证的思考就是全面的思考。最后，教师再引入另一话题：小学生上培优班到底是好还是不好，让学生自己试着体验如何进行辩证的思考。

小学生的批判性思维课程一定要贴近小学生的实际生活，但可以略高于小学生的生活。董毓教授的批判性思维课程都是选用当下最新的新闻作为案例来教授给教师和大学生的。但是对于小学生来说，他们不可能有过多的时间去关注新闻，即便是关注了，鉴于小学生的认知水平和知识积累，他们对大部分的时事新闻并不能有全面的理解。事例是否合适，其最重要的衡量标准就是这个事例是否贴近小学生的生活，如果此事例略高于学生的生活，但是却与学生的生活有着千丝万缕的联系，那么这样的事例也是可以作为案例来使用的。第一，时事新闻不能全部被排斥，教师要进行判断衡量。例如，在五年级第一届批判性思维课程的“批判性思维阅读”一课中，陶文佳教师采用了“砍断四肢的骆驼作为乞讨工具”的新闻作为例子，其实最开始其他的教师并不赞同，但是因为短时间内找不到其他更合适的例子，所以最后给学生呈现的还是这一时事新闻，但其效果却远远出乎所有教师的预料，学生对这一例子并未觉得陌生，并讨论得有声有色。经调查询问得知，很多学生平时跟爸爸妈妈逛街时会看到街上有乞讨的人，而且其中还有很多同龄的孩子，所以与家长讨论这一话题的机会也比较多。第二，贴近小学生生活的事例是最受欢迎的。例如，在“三的原则”一课中，许燕教师选取了到著名的旅游景点——神农架旅游的事例，让学生比较哪种交通方式是最好的，并且请他们列出三点理由来支持这一想法，学生们一听到这一话题就跃跃欲试了，因为他们的旅游经历虽多，但却从来没有自己设计过旅游方案，一般都是听从父母的安排，所以这样的体验在他们看来是很难得的，他们也很乐意去做。在这一事例之后，许燕教师还列出了一个“宠物计划”，让学生们思考：如果你想养一只宠物的话，如何试着用三条理由去说服你的爸爸妈妈呢？这一事例的前后设置也是非常细致的。首先，由许燕教师拍摄的学校附近集贸市场宠物角的一段视频来导入，激发学生对熟悉的地理位置和可爱的动物的观赏兴趣。接着，让学生们想一想，针对他们想要养的宠物，家长可能会提出哪些反对意见。最后，让学生们想出三条理由来说服家长。

对于小学生的课程，需要给足学生们表达的机会，更需要教师创造轻松、愉悦、平等的课堂氛围，但是也需要一定的技巧来帮助学生们将自己的想法很好地表达出来。许多教师不敢上批判性思维课，因为这种课是不确定的，需要教师有足够开放的平台让学生们去表达。更多的时候，教师应当只是教学活动的主持者和引导者，一切围绕学生开展。同时，这样的表达也是需要一定的技巧的，如上课的组织形式，在很多情况下是学生在小组里进行合作或讨论，教师需要有效地调配发言的形式：对于一些容易产生分歧的问题，在分组讨论后，教师可以让各组派代表总结发言，也应允许学生自由举手发言；对于一些开放性的问题，教师可以让学生们按小组集体上台展示，这样每个学生都能够有发言锻炼的机会。在教授过程中，有的学生发言非常烦冗拖沓，为此，教师在经过集体备课后，决定添加一些限制条件再请学生发言，如轮流发言时每人只能说一句话。这个方法促使学生想好了再说，改进效果很明显。

从学科教学当中寻找经验，并且用讲授本课程的经验反哺学科课堂。团队的大部分教师都有自己的学科要讲授，并且在自己的学科教学上针对各年龄段学生如何组织教学都有一些经验，所以教师可以好好利用这一优势。同时，光靠批判性思维课程来改变孩子们的思维方式是很难的，因为对于小孩子来说最难的是迁移，因此，教师也会有意识地将批判性思维与自己的学科教学互相迁移。例如，在“深入的思考”这节课中，教师发现学生对“前提”这一概念的理解有些问题，结合教师在讲授同年级英语课上进行的活动，找到了一个很好的案例来帮学生练习“找前提和避免无效前提”的方法：教师将物体装入一个封闭的盒子里，学生可以通过提问来猜盒子里面到底是什么，教师只能回答“是”或“不是”来帮助学生缩小猜想范围。

## 三、满意的答卷——绝对不要小看孩子

在批判性思维课程整个教师团队的努力下，学生们的成长是显而易见的，这也再次证明了开设批判性思维课程的重要性。

(1) 批判性思维课程对于不同类型和性格特点的学生都有积极的影响

根据班上学生的情况可以看出，尽管全班学生的习惯、思维方式和知识积累不同，但批判性思维课对这些学生都有积极的影响。第一种学生是本身就比较爱动脑筋的，喜欢思维活动的。肖同学就属于这一种类型，他也是少数自愿选择批判性思维课程的孩子之一。肖同学表示非常喜欢这门课程，说这门课程能够帮助他很好地思考，并教会了他很多思考的方法。他在谈及对这门课程的看法时，表示希望从小学一年级就开始学习这门课程，并且说这门课程与其他课程是截然不同的，其他课都是在教学生想什么，而这门课是在教学生怎么去想。第二种学生以严同学为代表，严同学本身是个很内敛和认真的孩子，非常喜欢学习，但是上课时除非是她觉得十拿九稳的问题，否则她绝对不会举手发言。但是她发现在批判性思维课上教师不会对学生的任何发言轻易地进行批评或者否定。慢慢地，她也开始勇敢地举手发言，变得落落大方，连她妈妈都感叹女儿的巨大变化。不但如此，在家里一直是"乖乖女"的严同学还在家里积极运用了在课上所学的内容。她原来对于爸爸妈妈关于她生活上的任何决定都是直接接受，虽然有一些决定她并不喜欢，但是她现在会向父母说："请给我一个理由。"也会试着理解爸爸妈妈为什么要她这么做，也许最后的结果仍然是接受父母安排，但她表示这样的接受才是真的接受，之后的执行力也会变高。还有另一种学生，平时在自己班上的参与度并不高，有的还是教师眼中的"问题学生"。如附小某班的焦同学，被班上教师认为"漫不经心"，平时上课也不喜欢表达，甚至被点名提问时他都不愿意回答。可是在参加批判性思维课程后，他开始慢慢产生变化，逐渐加入了同学们的讨论，而且开始主动举手，积极回答问题。在和他谈及这种变化的时候，他说："我看他们都回答不到点子上，心里真着急，我一定要说。"我相信，这是由于批判性思维课程让他产生了一定的内在兴趣，这种兴趣促使他最终加入了课堂活动。最后一种学生是让教师们都觉得头疼的学生，上课喜欢插嘴，强词夺理，如附小某班的刘同学。刘同学平时在课堂上从不遵守课堂规范，随便接教师的话，而且经常漫无边际地东拉西扯。但他在批判性思维课堂上有了一定的变化。最开始加入时，他还是像以前一样，可是慢慢地，他开始变得安静了，开始学会聆听其他人的回答。在经历了一段时间的沉默之后，他开始举手回答问题，而且这些表达不像之前那样，而是慢慢有了一定的逻辑。这表明他开始学会对自己进行反思，并且开始更好地组织自己的语言和思维了。

(2) 学生开始尝试在课程以外的地方运用批判性思维。例如，周同学在上过"辩证的思考"一课之后，在语文课布置的命题作文《到底该不该春游》中就用了批判性思维"正反正"的思考方法，将这篇小练笔完成得很好，作文被评为"优"。她很兴奋地将作文本拿给批判性思维课程组的教师看。另外，还有的同学像前面说到的严同学一样，试着变换思考的角度理解父母的决定，并且试着更好地说服自己的父母。例如，在"三的原则"一课的宠物计划活动后，一位同学就成功地说服了自己的爸爸妈妈，让他们同意自己养宠物。

## 四、小结——批判性思维值得在小学教育中推广

从附小开设批判性思维课程一年的经验来看，批判性思维的培养特别值得在小学里推广。

(1) 年纪越小，受条条框框的限制越少。第一年选择在五年级开课，第二年选择在四年级开

课，通过对比两个年级学生的表现发现：四年级的课堂反倒比五年级的课堂更加活跃。这就正如杨叔子院士所说的："年纪越小，受到条条框框的限制越少。"因此，可以说，在初等教育中引入批判性思维不是太早了，而是太晚了。

（2）批判性思维课程开设的意义绝不仅限于这是全国小学的首次尝试。本课程中的教师主要来自其他一线学科，而非专门从事批判性思维教学的教师，这些教师表示其实在平时的教学中他们已经对批判性思维有所尝试，只不过之前没有做如此系统性的尝试。在专家的指点和实战的打磨下，小学其他学科的教师也能够胜任批判性思维教师一职，这也为批判性思维在全国小学的普及创造了可能性。

（3）从课程开设的效果来看，不论是学生还是教师都受益匪浅。学生能够开始将批判性思维的应用迁移到其他学科或实际生活中，而教师无论在自己的生活中还是在学科教学中都有意识地将批判性思维渗透进去。

综上所述，附小进行的批判性思维培养的尝试必将坚持下去，而这种尝试也值得所有的教师继续为之努力！

（本文在全国第五届批判性思维与创新思维大会上宣读）

# 第二部分

# 教 学 设 计

# 读诗悟情，“送别”意浓浓

## ——“送别诗一组”教学设计

华中科技大学附属小学　刘海英

**【设计说明】** 古往今来，文人墨客们对于离别总是歌吟不绝。古代由于交通不便，通信隔阂，亲人朋友们往往一别数载再难相见。离别之际，人们设酒饯别、折柳相送，情到深处，化为诗歌。离情别绪是古代诗歌中一个永恒的主题。“送元二使安西”“别董大”“淮上与友人别”这三首送别诗入选本课“送别诗一组”。学生在吟诵、想象与思考中学会品读这组送别诗，体会诗人所表达的情感，同时，通过比较学习三首诗，探究送别诗的特点及意象，为今后的学习打下良好的基础。

**【教学设计】**

**1. 教学内容**

组诗三首：“送元二使安西”“别董大”“淮上与友人别”。

**2. 教学目标**

(1) 诵读组诗，想象画面，体会情感。

(2) 培养思维，鼓励质疑，对比学习，探究送别诗的意象。

**3. 教学重点**

诵读组诗，想象画面，体会情感。

**4. 教学难点**

培养思维，鼓励质疑，对比学习，探究送别诗的意象。

**5. 教学准备**

课件。

**【教学过程】**

### 一、通过谈话导入

(1) 教师播放歌曲“送别”，请学生谈谈自己的感受。

师：这是著名音乐家李叔同 1915 年创作的“送别”。虽然已经过去一个世纪了，但该作品依然经久不衰，一直被人们传诵。

(2) 请学生谈谈自己送别友人的经历。

师：今天的你们以祝福的话语送别，一百多年前的李叔同以歌曲送别，那么一千多年前的古人，又是用什么方式来送别呢？

生：诗！

师：今天，就让我们走进一组送别诗，去品一品古人送别时的意境。

### 二、重点学习“送元二使安西”

**1. 读诗题，善提问**

(1) 指名读诗题，鼓励质疑。

师：读了课题，你们有什么问题想问？

教师板书：提问。

（2）请学生连起来读一读并把题目的意思说一说，请学生再读课题。

（3）教师利用课件出示安西的地图并介绍安西。

出了阳关，元二就离开了自己的故乡。再往西走，就到了安西。这个地方，自古以来，风一起，飞沙走石。当地的百姓出行都要遮着挡着才可以，而王维的朋友元二就是出使到了这样一个地方。

（4）请学生体会怎样读好这首诗。

**2. 读诗文，重节奏**

（1）让学生自由朗读。

教师板书：诵读。

朗读要求如下。

① 把字音读准。

② 注意读诗的节奏。

（2）指名读。教师重点讲"舍"，重在引导学生读得字正腔圆。

（3）再指名读，教师重在指导学生读诗的节奏。

（4）学生齐读。

**3. 明诗意，想画面**

（1）师：学习古诗，除了会读，还要读懂诗的意思，请同学们借助诗的注释，尝试用自己的话来说一说诗句的意思。

教师板书：理解。

（2）学习前两句——渭城朝雨浥轻尘，客舍青青柳色新。

生：渭城的早上，下着蒙蒙细雨，青青客舍，嫩嫩的柳树翠绿欲滴。

师："柳色新"，为什么是"新"呢？带着你的感受读。

师：读着读着，你仿佛看到了——渭城早晨下着毛毛细雨，湿润了路上的尘土，青青的客舍，嫩嫩的杨柳翠绿欲滴。

师：这就是读诗。一边读，脑海里一边就会浮现一幅幅清新的画面。

（3）学习第三、第四句——劝君更尽一杯酒，西出阳关无故人。

教师提出以下四点。

① 面对这样的景色，你想说什么？而王维呢？

② 王维劝朋友元二："再喝一杯吧，出了阳关，就没有老朋友啦。"

③ 老朋友，对应诗中的哪个词？

④ 你体验过没有朋友的感觉吗？带着你的感受读。

**4. 悟诗情，再诵读**

（1）师：此时的元二，出了阳关，他还会看见那温馨的客舍、翠绿欲滴的杨柳和故人吗？他不会喝到家乡的美酒了。那陪伴他去安西的还有什么呢？

师：朋友对他的一片情。

教师板书：悟情。

（2）教师播放音乐"阳关三叠"。

师：五年以后，王维就去世了。他再也没有见到令他如此想念的好友。当元二再次回来时，发现故人已离去，唯有诗留存。让我们一起再来读读这首诗，把这段友情铭记心间。

师生深情地朗读整首诗。

师：刚才，我们通过提问、诵读、理解、想象、悟情等方式学习了这首诗。接下来的这两首诗，请你们以小组为单位，用刚才学到的方法，来学习其中的一首诗。给大家6分钟自学。

## 三、自学“别董大”与“淮上与友人别”

教师出示小组合作学习任务清单如下。

① 我看到一幅怎样的画面？

② 我体会到了诗人怎样的情感？

学习要求如下。

① 依次交流。

② 一人交流，其他人认真倾听。

③ 倾听完毕，可以补充，可以提问。

④ 补充完毕，下一个人开始交流。

**1. 交流“别董大”**

(1) 学生交流。

生：我看到了这样一幅画面——黄沙飞扬，以至于云都成了黄色的了，北风劲吹，大雪纷纷，雁儿南飞。高适对董大说，你不要担心没有知己，天下有谁不知道你董大呢？我体会到了高适对朋友的鼓励。

(2) 教师引导。

师：你从哪里体会到了高适对朋友的鼓励？

(3) 教师介绍董大。

师（引导）：此刻，你想对这位前途迷茫的董大说些什么？

生：你的琴艺高超，一定会有人赏识你的。

师（引读）：所以诗人开导他“莫愁前路无知己，天下谁人不识君”。

生：你是一代琴师，你还担心什么呢？

师（引读）：所以诗人劝慰他“莫愁前路无知己，天下谁人不识君”。

(4) 教师随机采访学生。

师：如果你是董大，此时此刻，你的心情是怎样的？

引导学生体会诗人的情感。

生：充满了自信。

师：这就是友谊的力量啊。

生：我不再发愁。

师：这就是朋友之间的真情啊。

(5) 请学生带上自己的感悟，齐读整首诗。

师（总结）：王维笔下的送别，委婉动人，高适笔下的送别，则赤诚豪迈，那诗人郑谷又是如何抒发心中的那份离别之情的呢？

**2. 交流“淮上与友人别”**

(1) 学生交流。

生：我看到了这样一幅画面——扬子江头杨柳青青，春色惹人喜爱，杨花似雪漫天飞舞，愁煞渡江人。微风轻拂，笛声幽咽，离亭染暮色，你就要南下潇湘我却奔向西秦。

(2) 请学生体会诗歌的情感——愁、忧伤、痛苦。

师(引导)：你是从哪感受到这些情感的？

生：愁杀。

师：对。"杀"是程度很深的意思。所以"愁杀"就是非常担心、非常忧伤的意思，即非常痛苦，非常难受。要把这种感觉读进去，读到字里行间里去。

师(引导)：既然再美的春光也无法使他们快乐起来。那么诗人为什么要在这里描写明媚的春光呢？诗人郑谷在这里描写了明媚的春光，这在全诗起到了什么作用？

生：反衬自己离别的痛苦。

师：诗人用美丽的景色来衬托自己苦闷的心情，这是一种独特的写法。

学生齐读这首诗。

(3) 教师总结。

师：王维笔下的送别如此朴实、真挚，高适笔下的送别如此豪迈，郑谷笔下的送别又是如此伤感。

## 四、对比三首诗

### 1. 找共同点

师(引导)：当我们再读这三首诗时，你发现了什么共同点？和小组同学讨论讨论。

生：我从题目就可以看出来，它们都是送别诗，题目上有"送""别"字眼。

师：题目中带有"送""别"字眼的诗，都是送别诗。

### 2. 从内容上，借景抒情

教师提出以下三点。

① 读读看，这三首诗中，都写了哪些景？

② 柳、雁、亭代表什么？

③ 送别诗中，为什么会出现这些景呢？

师："柳"和"留"谐音，在《诗经》里面有一句"杨柳依依"。读到"依依"两个字，就想起依依不舍。

师：而那南飞的大雁，就仿佛是即将与自己离别的朋友。

师："亭"和"停"谐音，当我们携手相送，来到离亭这个地方时，我们不得不要分手话别了。

### 3. 教师小结

师：在送别诗中，这些景物经常出现，并且代表着一定的意思，我们把这样的景物称为意象。在送别诗中，还有许多意象，同学们课后可以再去查一查，开展一次送别诗分享会。

## 五、拓展运用

### 1. 教师引读

师：这种离别的情感，不仅王维有，高适、郑谷都有。

师：对这种离别，王勃这样诉说——

生：海内存知己，天涯若比邻。

师：王昌龄是这样倾诉自己的心情——

生：洛阳亲友如相问，一片冰心在玉壶。

师：同学们，古往今来，离别是历代诗人咏唱不衰的主题。离别的情感已融入了诗人的内心，融入我们的血脉中了，这就是我们中国的文化。

教师板书：情感、文化。

师：若干年后，你与好友分别时，你也许会说……

学生朗读送别组诗。

师：这就是经典！这就是文化！

**2. 板书设计**

送别诗

提问

诵读

理解　　　情感　　　文化

想象

悟情

**【教学反思】**

《义务教育课程标准(2011年版)》指出"语文课程应致力于提高学生语文素养的形成与发展""重视语文的熏陶感染作用""要培养学生热爱祖国语言文字的情感""认识中华文化的丰厚博大""提高学生文化品味和审美情趣""逐步形成良好的个性和健全的人格"。而诵读经典，无疑是达成以上目标的有效途径之一，也是语文课程中重要的组成部分。

传统的课堂是一首一首地讲，把诗揉碎了讲。本语文教材的总主编温儒敏老先生就明确提出来，海量阅读，在课内是可行的。教材是学习语言的媒介，通过教材的学习，学生掌握学习方法，进而拓展阅读量。

**1. 整合资源，重在方法指导**

自古以来，"送别"就是文人墨客吟诵的主旋律。在中小学教材中，送别诗占有一定的篇幅。本文以"送别"为主线，整合了三首送别诗，选取了具有典型意象的诗篇，如"送元二使安西"中的"柳""别董大"中的"雁""淮上与友人别"中的"亭"，便于四年级的学生理解"意象"。

课堂上，教师重点引领学生学习"送元二使安西"，并提炼出学习方法，即提问、诵读、理解、想象、悟情。学生可以运用这样的学习方法，小组合作学习另外两首古诗。以诗拓展诗，增加了古诗阅读的数量，扩大了古诗学习的知识面，追求古诗教学课堂效益的最大化。

在课堂教学尾声部分，教师串起学生学过的送别诗，引导学生去运用。

教师通过拓展复习王勃、王昌龄、李白的送别诗，引领学生诵读、积累古诗，从而让学生感受送别古诗词的丰富与优美，进而体会友情的可贵。

**2. 创设情境，重在想象、悟情**

诗歌的深刻内涵通过优美而简洁的语言来表达，意境高远，所以流传至今。但是因为年代久远，以及表达方式的变化，所以学生很难理解诗歌本身高度凝练的语言，因此，教师运用音乐、图片、背景资料等内容，创设教学情境，引领学生边读边想象、入情入境，在读中想象画面，感悟诗歌的情感，从而降低学生学习古诗的难度。

在学习"送元二使安西"时，对于元二即将出使的地方安西，学生并不了解，由此通过展示照片和播放音乐"阳关三叠"，学生很快就融入了古诗的情境中，进而体会到安西这个地方的荒凉以及朋友离别时的不舍之情。

在学习"别董大"时，对于友人董大的离别，同学们很难体会离别时的情绪，因此，教师通过补充资料，辅助学生理解盛唐时期，盛行胡乐，而董大则擅长七弦琴，琴艺高超，可惜的是，当时欣赏这类古乐的人不多，董大因此受到冷落，很不得志。失意之时，无奈，董大只有离开这里，到他乡谋生。高适为他送行，留下了这首诗。借助背景资料，学生可以更好地理解诗歌的情境和含义。

**3. 鼓励探究，重在启发思考**

新课程标准特别强调对学生探究能力的培养。这节课中，教师引导学生诵读、理解三首诗后，让学生找出三首诗的异同点。有的学生说"我从题目就可以看出来，它们都是送别诗，题目上有'送'、'别'字眼。"接下来，教师引导学生说说诗中写了哪些不同的景色？重点理解典型意象：柳、雁、亭。"送别诗中，为什么会出现这些景色呢？"学生们通过自己的思考，理解了这些意象："柳"和"留"谐音，作者希望朋友多留一会儿；而那南飞的大雁，就仿佛是即将与自己离别的朋友；"亭"与"停"谐音，当作者与朋友来到离亭这个地方时，他们不得不分手话别了，作者多么希望朋友多停留一会儿啊。

这个环节的目的为鼓励学生通过比较、探究，独立发现送别诗的特点，为今后的深入学习打下良好的基础。

# 设置“冲突点”，感悟人物形象，体会文章表达

——“健忘的教授”教学设计

华中科技大学附属小学　何先成

**【设计说明】**　“健忘的教授”这篇课文，用伊里奇教授在学术方面的惊人成就与他在一些事情上的健忘进行鲜明的对比，这一对比体现出了教授对学术研究已经专注到了一种忘我的境界。本文语言朴实、诙谐、风趣，故事趣味性很强，且浅显易懂，学生很感兴趣。但学生在读懂故事之后，可能不会主动去思考：“作者在表现人物特点的写法上有什么值得我学习的地方？文章既写了‘健忘’，又写了‘不忘’，这样写不是矛盾的吗？作者主要是想突出哪一点呢？题目是‘健忘的教授’，文中写他‘不忘’，不是与题目不相符吗？”

生动有趣的故事，让学生乐于去读，但也极可能让学生忽视了值得品味的地方，需要教师设置恰当的矛盾“冲突点”，引导学生感悟人物形象、体会文章表达的精妙之处。

**【教学设计】**

**1. 教学内容**

鄂教版语文第九册第八单元第 24 课。

**2. 教学目标**

(1) 抓住教授的语言，体会伊里奇教授“忘记了生活琐事，却时刻牢记工作”的特点。

(2) 抓住故事中“忘”与“不忘”的冲突点，体会运用对比手法表现人物特点的好处。

**3. 教学重点、难点**

抓住故事“冲突点”，体会凸显人物特点的表达方法。

**4. 教学准备**

学生预习课文，读熟课文。教师准备 PPT，搜集伊里奇教授健忘的其他故事。

**【教学过程】**

**1. 齐读课题，交流经验**

教师提出以下三个问题。

(1) 看到这个课题，你有什么想问的吗？

(2) 读了课题，你觉得这篇文章是写人的，还是写事的？

(3) 写人的文章，在表达时需要注意些什么呢？

**2. 浏览课文，整体感知**

教师引导。

(1) 这篇文章中，主要写教授忘记了哪几件事？教师请学生用简单的话来说一说。

(2) 请学生浏览课文，勾画关键语句。作者通过哪三件事来说明教授健忘的？

(3) 师：写了哪三件事？谁找到了，来说一说。

生：忘记了学生的长相、忘记了把儿子带回家、忘记把汽车开回家。

(4) 文中通过三件事说明了教授健忘。再次浏览课文,你认为这三件事在写法上有什么特点?

根据学生发言,教师整理。

① 有详有略。(这样写的好处是什么?)

② 典型事例。(选择这样的事例来写,其用意是什么?)

(5) 师:同学们,学到这里,你们是否了解课文内容,以及文中用到的表达方法?接下来我们还需要学些什么呢?

**3. 抓住关键语句,感受人物形象,体会表达方法**

**1) 从"健忘"中感受教授的幽默、可爱**

(1) 默读课文 2～8 自然段,怎么能看出教授的健忘?教师请学生勾画关键语句。

(2) 学生交流,师生合作读句子,抓住 2～8 自然段中教授的语言,体会教授的健忘。

(3) 师:从这些句子中,我们能感受到教授的健忘,如果在我们的身边就有一个这样的教授,你会觉得他怎么样?(幽默、可爱。)

**2) 从"不忘"中感受教授的严谨、可敬**

(1) 师:有位同学说,这篇文章中有一段话写跑题了,你知道是哪一段吗?应该把它删掉吗?

生:第 5 自然段。

师:你同意删掉吗?说说你的理由。

(2) 抓住第 5 自然段中的关键词语,教师引导学生感悟教授治学严谨、工作认真的性格特点。

教师出示下面的语句。

没有课本,没有教案。他就像一台电脑,所有内容都很有条理地从他口中准确地"输出"。更令我吃惊的是,讲课时所涉及的引语,他竟能说出它们出自某书、某版本以及出版年月,甚至页数。第一课我就被这位教授征服了。

(3) 师:如果说教授前面给我们的印象是幽默、可爱,这里给我们的感觉应该是什么呢?(严谨、可敬。)

师(小结):教授他时刻记着自己的工作,说明他治学严谨、工作认真,这也恰好表现了课题中他的身份——教授。

**3) 设置矛盾"冲突点",激活学生思维**

(1) 师:教授真的健忘吗?为什么课题说他是健忘的教授?"健忘"和"教授"这两个词怎么能同时用在一个人身上?

从教授的"健忘"与"不忘"中,学生再次感受教授的特点:牢记工作,忘记了生活琐事。

(2) 体会写法之妙。文中用对比手法表现了教授没有记住生活上的事,只记得学问,而且治学严谨。

**4. 补充事例,质疑思考**

(1) 师:同学们,伊里奇教授健忘的故事还真不少,想不想再看两个故事?猜猜看,故事可能写的是什么内容呢?

(2) 教师出示故事,并请两个学生朗读。

(3) 师:教授健忘吗?这两个故事有趣吗?

(4) 师:这两个事例比文中的故事更有趣,更能表现他的健忘,可为什么没有被选入教材中呢?留给大家课后去思考。

**5. 板书设计**

| | 健忘的教授 | |
|---|---|---|
| | 忘记了学生的长相 | |
| 有详有略 | 忘记了把儿子带回家 | 幽默、可爱 |
| 典型事例 | 忘记把汽车开回家 | |
| | 不忘工作 | 严谨、可敬 |

**【教学反思】**

阅读教学一般需要从三个方面进行思考:谁在学?学什么?怎么学?

**1. 谁在学**

这篇文章浅显易懂,文中的故事情节五年级学生读两三遍就能读明白。那么,哪些词句学生读不懂、哪些表达特点学生看不到,需要教师去指导呢?想清楚这个问题,才能去合理地制定教学目标,从而引导学生更好地学习。

**2. 学什么**

这篇文章表达特点鲜明。关于教授的三件事,详略得当,事例典型。文章故事既写了“健忘”,又写了“不忘”,这样写不是矛盾的吗?作者主要是想突出哪一点呢?文章中大篇幅描写教授的“健忘”,中间插入了一段写“不健忘”,不是与题目不相符吗?那把“不健忘”这个内容去掉行不行?课堂教学中,教师要引导学生关注文章构思、主旨表达方面的问题。

**3. 怎么学**

(1) 设置矛盾冲突点,运用对比,让学生感受到文章在表达上的特点。

(2) 抓住关键词语,让学生充分体会、揣摩其意思,感受人物形象。如在写教授的不健忘方面,“没有……没有……”说明他对专业内容铭记于心,“他能够有条理地、准确地‘输出’”“更”“竟”“甚至”等。文章对伊里奇教授健忘的叙述,目的是表现其不健忘,只有对工作如醉如痴的人,才会如此。

(本课被评为教育部 2015—2016 年度“一师一优课、一课一名师”活动“优课”)

# “大”问题促探究 “小”手段助提升

## ——“节约用水”教学设计

华中科技大学附属小学　陈毅

**【设计说明】** “节约用水”是数学六年级上册“实践与综合应用”的活动课程。这一活动主题源于生活，备受社会关注。不同学科、不同版本的编者们都发现了这一题材背后隐藏的教育价值。于是，有的科目（如语文）用诗歌作为载体进行教育，有的科目（如综合实践和品德与社会）开展探究类活动，让学生认识现状、感悟责任。

怎样才能让“节约用水”这节综合实践活动课凸显出浓浓的数学味？怎样才能在活动中培养学生的实践能力，提高学生的综合素质？怎样才能有效地融合信息技术为活动的开展增色？针对以上问题，学校从以下两个方面进行了教学尝试。

（1）以问题为载体，让学生自主参与调查、探究、践行，亲历统计、数的应用全过程，培养学生的数据分析观念，发展学生的数感，培养学生的能力，从而凸显出浓浓数学味。

利用三个层层递进的扇形统计图引入，结合实际生活提出问题，以问题为驱动，引导学生经历数据的收集、整理、描述和分析的全过程，在经历中感悟数学思想和方法，有效培养学生的数据分析观念。

在数的应用环节，创设开放问题的情境，结合学生身边熟知的事物和已有的生活经验，让学生从数学的角度选择自己感兴趣的信息，提出问题并解决，以加深学生对数学的认识，培养学生的数感，让学生的数学活动经验也得到进一步积累。

（2）利用信息技术手段巧妙地辅助教学，帮助学生完善认知、突破重点，同时解放“时间”，提升课堂容量。

本节课的活动多、容量大，授课时间有限。iPad 可以自动生成统计图表、数学计算、“问卷星”网络反馈等，多种信息技术方式有效地调动学生参与学习活动的积极性，同时也极大地提高了课堂教学的效率，使学生对水资源及水的浪费现象有了更深刻的体悟。引导学生践行“节约用水，从我做起”，使教学具有教育的温度和高度。

**【教学设计】**

**1. 教学内容**

人教版“实践与综合应用”六年级上册“节约用水”实践活动。

**2. 教学目标**

（1）使学生经历数据的收集、整理、描述和分析的全过程，发展学生的数据分析观念。

（2）学生能综合运用所学的知识分析和解决实际问题，培养数感。

（3）通过实践活动，学生感受到节约用水的重要性，并积累节约用水的方法，增强环保意识。

**3. 教学重点**

数据的整理与应用。

**4. 教学难点**

数据的整理和分析。

**5. 课前准备**

学生要做以下几点准备。

(1) 调查周围是否有浪费水的现象。

(2) 以小组为单位,通过实验分别测量 3 个水龙头在一定时间内的漏水量。

(3) 收集有关节约用水的资料。

教师准备幻灯片、调查活动的记录表。

**【教学过程】**

**1. 设疑激趣,引出问题**

师:同学们,我们在前面已经学习了扇形统计图,现在我们来看一组和水资源有关的统计图(见图1)。

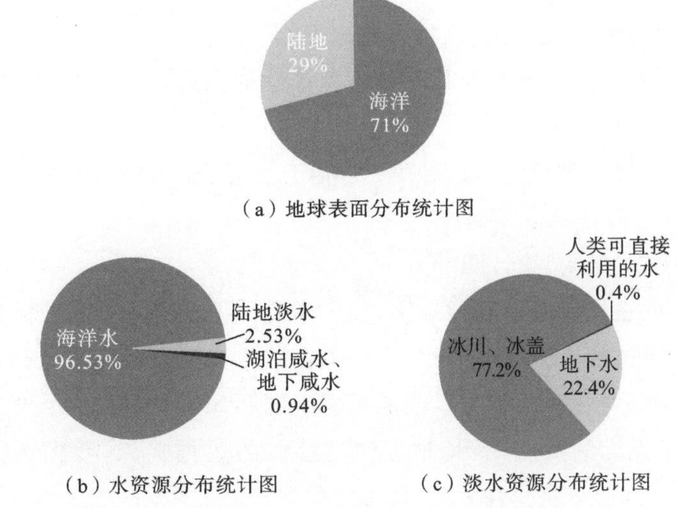


**图 1　和水资源有关的统计图**

(1) 观察图中的 3 个扇形统计图,感受水资源的有限。

教师根据课件依次出示 3 个扇形统计图,学生观察。

师:同学们,看完这三幅统计图,我想问问大家,你们认为水资源究竟是"丰富"还是"贫乏"? 能不能结合这三幅统计图说说你的理由?

师:从统计图中,我们发现,可直接利用的水资源是十分有限的。

(2) 观看微视频,感受水的重要性。

师:水对我们究竟有多么重要呢? 一起来看一段微视频。看完说说你看视频的感受。

(3) 交流生活中浪费水的现象。

师:水太宝贵了,可是在生活中,浪费水的现象仍然十分普遍,你们见到过哪些?

学生交流,教师用课件展示课前调查的结果。

师:在各种浪费中,水龙头漏水最为常见。

(4) 联系实际,提出问题。

课件出示各式各样漏水的水龙头。

师:这是一个因失修而常年漏水的水龙头,这是一个没有关紧而滴水的水龙头……在城市中,如果有千千万万个这样漏水的水龙头,滴滴答答,日日夜夜累积下来,浪费的水量究竟有多大? 你们想知道吗?

师:这节课我们就以武汉市为例,来研究这个问题。如果每个家庭中有 1 个水龙头在漏水,武汉市大约有228万个家庭，那么一年会浪费多少水？

课件出示问题。

**2. 经历过程，培养观念**

（1）小组合作，制定方案。

师：我们怎样才能知道武汉市228万个家庭一年的漏水量？请同学们先在小组内讨论。

（学生小组讨论。）

师：请你说说，你们组的方案是什么？有不一样的吗？

（全班交流方案。）

师（小结）：要知道228万个水龙头的漏水量，我们先要知道1个水龙头的漏水量，可以通过做实验、收集数据（板书实验、收集数据），由于数据太多，很杂乱，我们还得对原始数据进行整理、分析（板书整理、分析数据），选出一个标准，再用它去进行计算，从而解决问题（板书计算、解决问题）。

（2）iPad辅助"定制"统计图，整理原始数据。

师：在实际的统计活动中，人们通常会用统计图对原始数据进行整理并进行分析。

① 学生选择合适的统计图。

师：什么样的统计图适合用来整理这些数据？结合已经给出的信息说说你的判断理由。

② 学生阅读统计图，了解各部分的意义。

③ iPad辅助教学，完成"定制"统计图。

师：要把表格中的数据在统计图上表示出来，我们需要做些什么？（统一漏水量单位和时间单位）看看你们表中的数据，小组讨论一下，分别用什么单位比较合适？说说你们的理由。

师：选择的结果虽然不尽相同，但是同学们能根据问题和本组数据的特点做出合理的选择更为重要！老师在课前也了解了你们的实验情况，根据你们整体的数据特点，我们选择以"小时"为时间单位，以"mL"为漏水量单位。

④ 学生根据新的时间单位重新计算数据。

⑤ 学生借助Numbers完成统计图的绘制。

师：今天有些特殊，不需要大家动笔涂画，只需要你们把数据填入表中，iPad会自动生成统计图，听起来很神奇吧？一起试试吧！

⑥ 学生对比观察统计表和统计图，感受统计图整理数据的优势。

师：对比观察第二组的统计图和原来的统计表，谁能说说自己的感受？

（师生交流感受。）

（3）学生分析数据，选出标准量。

师：观察这组的统计图，该用什么数来代表他们组水龙头漏水量的一般水平呢？能结合统计图说明你选择的理由吗？看看你们的统计图，你们组又该选择什么数呢？请把这个数填在表中的横线上（见表1）。

**表1 观察统计图回答问题**

| 平均1个水龙头1小时浪费水______mL。<br>① 照这样计算，平均1个水龙头一天浪费水______L，一年浪费水______L，共______L。<br>② 如果每个家庭中有1个水龙头在漏水，武汉市大约有228万个家庭（数据源自2013年人口普查结果），那么一年武汉市大约会浪费水______t。<br>③ 平均每吨水的价格约为2.5元，武汉市一年为此多支付______元。 |
| --- |

(4) 学生计算并解决相关问题。

师：通过整理、分析，我们选出了能代表各小组漏水量的数，接下来要干什么？

生：计算，解决问题。

① 师(对学生进行解题方法的指导)：先看看这几题，会算吗？要注意什么呢？

生：单位换算。

② 学生借助计算器进行计算。

③ 学生展示计算结果并交流算法。

**3. 开放问题，培养数感**

(1) 学生借助东湖蓄水量(见图 2)感知浪费的水量的多少。

东湖蓄水量
约为1.24亿$m^3$

**图 2　东湖蓄水量**

师：浪费的水量有多大？和东湖比一比就知道了。你们组算出的浪费量相当于多少个东湖？

(2) 结合生活实际，学生自主提问。

师：这么多的水和钱如果节省下来，又能做多少有意义的事情呢？

① 学生阅读与生活相关的三组信息。

师：老师给大家带来了一些信息。

(课件出示以下生活信息，如图 3 所示。)

一个人生活一年
大约用水30 t

一个人完成从小学到大学
本科的学业平均需用7万元
左右(不包含生活费)

建造一所希望小学需40万元左右

**图 3　生活信息**

② 学生自主提问。

师：选择你感兴趣的信息，用你们组刚刚算出来的数据，提出数学问题并解答，再和小组内的同学交流。

(3) 学生集体交流感受，培养数感。

师：你提出了什么问题？对计算出的结果，你有什么想说的？

师：同学们，这还只是在漏水量小的情况下算出来的武汉市的数据，如果换成那些哗哗直流的大漏水量，再换成整个湖北省，又或者全国，可以想象，浪费量会更加惊人！

**4. 回归生活，悟责践行**

(1) 感悟责任。

师：节约用水，刻不容缓，节约用水，人人有责！

出示课题。

(2) 回归生活,学生分享节水妙招。

师:生活中,我们怎样做可以节约用水呢?

师(小结):谢谢大家的分享,老师也把你们课前的调查整理成了一份生活中的节水小妙招。

课件出示。

(3) 引导践行。

师:选择你觉得可行的方法,我们试着从坚持一个月开始,看看这期间,通过节水,你家的用水量、生活会有什么变化? 一个月后,我们再利用"问卷星"进行投票反馈。

师:我们还应该让更多人知道! 请同学们以小组为单位,分工协作,利用课前查找到的有关水资源的信息,以及实验的过程和结果,还有感悟等,办一份小报,手抄报或者电子小报均可,向其他的教师、同学宣传和水有关的知识,好吗?

**5. 回顾总结,反思评价**

师:通过这次研究,你有什么收获? 进入"问卷星"评价一下自己和小伙伴的表现!

**6. 板书设计**

**节约用水**

如果每个家庭中有 1 个水龙头在漏水,

武汉市大约有 228 万个家庭,

一年会浪费多少水?

实验、收集数据→整理、分析数据→计算、解决问题

统计图　平均数

**【教学反思】**

本次"一师一优课,一课一名师"活动,教师选择了"节约用水"这一教学内容,在杨道吉教师的指导下,对教材进行了深入的研读,精心设计了教学过程,经过不断地调整内容,最终的授课效果良好。通过这次授课,教师对在"实践与综合应用"课的教学中如何把握目标、重心,以及如何为学生提供充分思考、交流的机会两方面有了更为深刻的认识。

## 一、从内涵与目标把握教学目标及重心

深刻理解"实践与综合应用"领域的内涵与目标,对有效地开展教学是非常重要的。将"实践与综合应用"作为数学课程的一个重要领域,强调数学知识的现实性和整体性。具体地说,"实践与综合应用"是指数学与外部世界的联系、数学内容之间的内在联系,以及数学在分析和解决问题过程中的综合应用。

综合应用指应用不同的综合知识解决实际问题或探索数学规律。这里的综合不仅仅指知识和方法的综合,还包括在数学学习中积累的活动经验、思考问题的方式、与他人合作交流的体验等的全面综合。这种综合应用必然通过适当地解决问题的过程实现,同时也必将有利于学生在知识技能、数学思考、解决问题、情感态度等方面的全面发展。

从这个意义上说,"实践与综合应用"的教学目标如果只定位于对知识技能的掌握,无疑是有偏差的,事实上,"节约用水"的教学也经历了从"重结果"到"重过程"、从"重知识技能"到"重思想方法"的思路转化。

第一次试教中，先让学生交流各自在课前调查到的数据以及对数据的分析，接着教师引入课前小实验（一个水龙头一段时间的漏水量），由数据差异较大这个矛盾，提出用“平均数”代表各组漏水量的一般水平，然后借助模拟计算器进行第二次计算（单位时间内的漏水量）、绘制统计图，再接着进行第三次计算（算更大量的浪费）。学生的计算水平是有差异的，他们计算出来的结果五花八门，差异非常大，短时间内无法检验其正确性。教学至此，教育意义勉强实现了，但是反观课堂，学生是否主动、充分经历了解决问题的过程？是否真正获得了解决问题的体验？是否体会到如何用数、图、表等多种模型和方法探索问题和描述结果？是否真正体会到了“节约用水”的重要性和迫切性？答案不言而喻。

在教学过程中，教师将发展计算、感受节约用水的迫切作为目标来进行教学有悖于“实践与综合应用”的内涵与目标。本节课的教学重点不应是画统计图、求平均数、计算等，而是让学生“亲近”数据，能对收集到的数据进行有效整理、分析及应用。学生数据分析观念的发展，需要经历数据的收集、整理、描述、分析的全过程。

因此，经过调整后，采用小组合作学习的学习模式，教师精选信息，引导学生通过观察、理解层层递进的扇形统计图中的意义，了解水资源的匮乏，在此基础上，教师播放一段自制视频让学生深刻了解到水资源的重要性，而学生自己调查的重点——生活中的“浪费水现象”，又加剧了“必不可少”和“匮乏”的认知冲突。经过前面的铺垫，教师适时提出了“大”问题，学生都非常积极、主动地进入“解决问题”环节。

在“大”问题的背景下，教师先引导学生讨论、交流并制定解决问题的一般方案（实验、收集数据⟶整理、分析数据⟶计算、解决问题），再让各组按照既定方案尝试解决问题。解决问题的过程中，会出现很多问题（如原始数据杂乱），学生需要整理数据，并认识到统计图的作用（整理、分析数据），会理解平均数的意义，会急着想知道浪费水对我们的生活究竟有多大影响。

由此，教师在“实践与综合应用”教学中的目标定位如果只是单纯追求获得知识、形成技能是远远不够的，让学生在解决问题的过程中获得活动的经验，形成独特的思维方式、思考方法，提高合作交流的意识与能力，得到丰富的情感体验等才是此内容领域教学的价值追求。

## 二、为学生提供充分思考、充分交流的机会

“为学生提供充分思考、充分交流的机会”是课程标准提出的基本理念。在“实践与综合应用”的教学中，当各种资源呈现之后，教师有必要组织学生去思考：“在这些方法、方案、答案中，哪些是对的，哪些是错的，哪些比较好，为什么？”通过小组讨论和学生思维之间的碰撞，学生就有可能认识到自己原先的认识是错误的或者是不完善的。这样，学生经过个体的独立思考、个人的经历和体验以及群体的讨论和思维碰撞，从而形成正确的认识。在交流和讨论的过程中，教师则关注、捕捉信息，判断、处理信息，不断激发学生向高层次思考，从而形成师生、生生之间的有效互动，促进新方法、新观点、新创意的有效生成。

在本课的教学过程中，教师给学生提供了非常多的思考、交流机会。

首先，给学生充分的思考时间，时刻关注教学资源的生成。提出“大”问题之后，为学生留出较为充裕的思考与实践的时间，让学生独立思考或小组合作探讨解决问题的办法。为达到这一教学目的，教师提出了 3 个问题：① 怎样解决这个问题？② 为什么你们都觉得先要知道一个水龙头的漏水量呢？③ 我想全班那么多的实验数据不可能都一样。那么以谁的为标准去计算呢？每次提出问题之后，都让学生在独立思考的基础上进行小组讨论，教师尽可能全面地把握学生的多种情况，努力搜集和捕捉学生中好的资源与好的问题，呈现各种资源。学生多种精彩的方案设计与层层递进的问题在

此基础上呈现。

片段回放1

师：请你说说，你们组的方案是什么？有不一样的吗？

生：要知道228万个家庭一年浪费多少水，先要知道1个家庭1个水龙头一年浪费多少水，然后再乘365。

师：还有不同的吗？

生：我们觉得先要知道一个水龙头一分钟浪费多少水，然后乘60，乘24，乘365，最后乘228万。

师：还有不一样的吗？

生：……

师：不知道有没有同学听明白，刚才他们说的方案中都有一个共同的特点？

生：都先要知道一个水龙头的漏水量，然后用它去计算。

师：你们汇报方案的同学同意吗？

生：同意。

师：为什么你们都觉得先要知道一个水龙头的漏水量呢？

生：它是解决这个问题的关键。

师：哦，那我们怎样才能知道一个水龙头的漏水量呢？

生：做实验。

板书、课件出示实验数据。

师：课前，我们做了模拟实验。这是第五组的实验结果。从表中的数据，你知道了什么？

生：他们实验的时间不一样，结果也不一样。

师：我想全班那么多的实验数据不可能都一样。那么以谁的为标准去计算呢？

生：算出一分钟的漏水量，然后再算它们的平均数。

师：你提供了一个很好的建议。其实，我们选出标准的过程就是对这些原始数据进行整理、分析的过程！

师：我们来回顾一下方案，要知道228万个水龙头的漏水量，我们先要知道一个水龙头的漏水量，可以通过做实验收集到数据（板书实验、收集数据），由于数据太多，很杂乱，我们还得对原始数据进行整理分析（板书整理、分析数据），选出一个标准，再用它去进行计算，从而解决问题（板书计算、解决问题）。

其次，让学生之间进行充分交流，有效的互动能更好地得到结果。多数的认识不是凭空的，需要借助生活经验来具体化感知。学生提出自己感兴趣的数学问题并解决后，教师为学生提供充分交流的机会，在一阵又一阵“哇”“天那，这么多”声中既发展了数感，又达到了教育的最初目的。

片段回放2

师：这么多的水和钱如果节省下来，又能做多少有意义的事情呢？教师给大家带来了一些信息。选择你感兴趣的信息，用你们组刚刚算出来的数据，提出数学问题并解决，再和小组内的同学交流。

师：你提出了什么问题？结果是多少？

生：我提出的问题是一个人完成从小学到大学本科的学业需要7万元左右，一年多支付的总钱数够多少人完成从小学到大学本科的学业？用一年多支付的总钱数除以7万，够200多个人从小学读到大学。我们整个六年级200多个人，这笔钱足够我们读完小学到大学本科的所有费用了。

师：还有人计算这道题吗？没有了，那提出其他问题的请举手。

生：我们组提出的是浪费的钱可以建多少所希望小学，大约可以建60所。

师：你们组一开始的答案不是60所，而是60万所，想一想，错在哪里？你们自己说吧！

生：忘了除以万。

师：他们组算出的结果是60所，你们组呢？

生：44所。

师：我们现在还有300万贫困儿童因为贫困上不了学，44、60所希望小学又能造福多少贫困儿童呀！

生：我们组的问题是浪费的钱可以供一个人用多少年？我算出来的是可以供一个人用293年。

师：一个人可以用293年？

生：是的。

师：有没有人有不同的结果？

生：我算出来的是可以供一个人用238272年。

师：哦，数据比他的大得多。可能是计算的时候出了一点问题，因为几百万除以30不可能只得几百。华中科技大学附属小学大约有1800人，这些水可供一个人生活238272年，那能供我们全校同学生活多少年？

生：132年。

师：也就是可以供132所咱们这样的学校的全校学生用一年。

师：同学们，这还只是在漏水量小的情况下算出来的武汉市的数据，如果换成那些哗哗直流的大漏水量，再换成湖北省，又或者全国，可以想象，浪费量会更加惊人！

# 先证明，才能更好地建模

## ——“数学广角——鸽巢问题”教学设计

华中科技大学附属小学　蒋肖伟

**【设计说明】** 数学问题中有一类与“存在性”有关的问题。例如，任意 13 人中至少有两人的出生月份相同。这类问题只需要确定某个物体（或某个人）的存在就可以了，并不需要指出是哪个物体（或哪个人），也不需要说明通过什么方式把这个存在的物体（或人）找出来。这类问题依据的理论，称为“鸽巢原理”或“抽屉原理”。

本课主要是要渗透数学证明和模型这两种重要的数学思想和方法。

（1）应让学生经历“数学证明”的过程。在数学中，“抽屉原理”一般用反证法进行严格证明。在小学阶段，虽然学生不需要对涉及“抽屉原理”的相关现象给出严格、形式化的证明，但教师仍可引导学生用直观的方式对某一具体现象进行“就事论事”式的解释，其实理解“抽屉原理”的过程就是一种数学证明的过程。通过这样的方式，有助于逐步提高学生的逻辑思维能力，为以后学生学习较严密的数学证明做准备。

（2）应有意识地培养学生的“模型”思想。“抽屉问题”的变式很多，应用更具灵活性。当我们面对一个具体问题时，能否将这个具体问题和“抽屉问题”联系起来，能否找到该问题的具体情境和“抽屉问题”的“一般化模型”之间的内在关系，能否找出该问题中什么是“待分的东西”，什么是“抽屉”，这是解决该问题的关键。

本文主要介绍“抽屉原理”的两种形式。例 1 描述了最简单的“抽屉原理”：把 $m$ 个物体任意分放进 $n$ 个空抽屉里（$m>n$，$n$ 是非零的自然数），那么一定有一个抽屉中放进了至少 2 个物体。例 2 描述了更为一般的“抽屉原理”：把多于 $kn$ 个物体任意分放进 $n$ 个空抽屉里（$k$ 是正整数），那么一定有一个抽屉中放进了至少$k+1$个物体。为了便于建模和系统的学习，教师考虑将两个例题安排在一个课时内教学。模型思想的渗透是很重要的，但证明思想也是不容忽视的。

此外，虽然部分学生之前接触过“抽屉原理”，也会运用平均分的方法就一个具体的问题得出结论，但是他们大多数只是“知其然，不知其所以然”。为什么要运用平均分？商为什么加 1？他们并不理解，还有部分学生完全没有接触过，他们可能会认为至少的情况就是“1”。所以本节课的教学重点是先由教师提出结论，然后让学生通过操作、讨论、交流来证明结论，让学生初步经历“数学证明”的过程，先学会说理，再学会建模。

**【教学设计】**

**1. 教学内容**

六年级数学下册第 68～69 页例 1、例 2 及相应习题。

**2. 教学目标**

（1）让学生初步了解“鸽巢原理”，并会用“鸽巢原理”解决生活中的简单问题，培养学生有根据、有条理地进行思考和推理的能力以及数学语言表达的能力。

（2）学生通过操作、观察、比较、推理等活动，初步经历“数学证明”的过程，以及渗透模型、推理等数学思想和方法。

(3) 通过学习“鸽巢原理”，学生可逐步提高逻辑思维能力，并感受到数学的严谨之美，从而提高学习数学的兴趣和应用数学的意识。

**3. 教学重点**

让学生了解“鸽巢原理”，并会运用其解决一些简单问题。

**4. 教学难点**

让学生初步经历“数学证明”的过程，增强逻辑推理能力、体验模型思想。

**5. 教学准备**

铅笔 4 支，一次性纸杯 3 个(作为笔筒)。

**【教学过程】**

**1. 魔术激趣、导入新课**

(1) 教师表演扑克牌“魔术”。教师取出一副扑克牌中的大小王(提前拿掉一种花色，并且不告诉学生)，然后让一个学生随意抽取 9 张牌，教师断定其中至少有 3 张牌是同花色的。

(2) 揭示、板书部分课题：“数学广角——鸽巢问题”。

设计意图：利用学生想揭秘魔术的心理，激发学生的学习兴趣，与学生一起进入数学广角进行探究，让学生初步体会“至少”的含义。

**2. 自主探究，初步经历“鸽巢原理”的数学证明**

(1) 教师出示结论：将 4 支铅笔放进 3 个笔筒中，不管怎么放，总有一个笔筒里至少有 2 支铅笔。

(2) 教师提出问题：你们认为这个结论对吗? 怎么验证这个结论是正确的呢?

(3) 谈话交流，提出方案。预设学生可能出现两种方案：一种是假设法(反证法)，直接说理；另一种就是列举法，找到所有可能的放法，然后一一进行验证。

(4) 自主合作，尝试验证。

由于列举法比较直观易懂，而且可以让学生更好地理解假设法，所以自主探究的重点放在列举法上。

活动要求如下。

① 放一放：摆出所有的放法。

② 记一记：使用清楚、简洁的方式把所有的放法记录下来。

③ 说一说：结合各种放法，在组内说一说为什么上面的结论是正确的。

设计意图：给学生进行学法指导，让学生在独立思考的基础上交流合作，提高活动的实效性。

(5) 汇报交流、体验“证明思想”。

① 结合放法，一一验证。

观察各种放法，引导学生分析：每一种放法中，总有一个笔筒要多放一些，这个笔筒中的铅笔数要么是 2 支，要么是 2 支以上，所以不管怎么放，总有一个笔筒里至少放进 2 支铅笔。

② 优化方案，初步感受反证法。

教师对列举法验证的过程进行小结后，提出问题：有没有其他的方法进行验证呢?

根据学生的回答，引导学生思考：结论说至少放 2 支铅笔，那就先假设最不利的情况，每个笔筒中最多放一支铅笔，剩下的一支铅笔任意放进一个笔筒中，所以总有一个笔筒至少有 2 支铅笔，在最不利的情况下结论都是正确的，那其他的情况就更能证明结论是正确的。

(6) 即时巩固，教师提问：如果是把 5 支铅笔放进 3 个笔筒，又会有什么结论呢? 为什么?

设计意图：通过一个问题来驱动，让学生经历探究的过程，并渗透数学证明、推理的思想方法。

**3. 优化思考，初步体验“鸽巢原理”的“数学建模”**

(1) 教师出示例题2：把7本书放进3个抽屉，不管怎么放，总有一个抽屉里至少放进了3本书，为什么？

(2) 师(引导学生思考)：把7本书放进3个抽屉，每个抽屉中先各放2本书，那就只能放6本书，还剩下1本书。这句话的意思如果用一道算式表示，你想到了哪道算式？

生(预设)：7÷3=2……1

(3) 师：多出的1本怎么办？所以总有一个抽屉里至少放进了(2+1=3)本书。

(4) 师：如果有8本书会怎样呢？110本呢？

引导学生列式得出结论。

(5) 小组交流、发现规律。

师(提问)：观察这些算式，你有什么发现吗？

设计意图：通过改变数据，让学生感受用“平均分”的思想解决问题。

**4. 运用原理，解决问题**

(1) 师：11只鸽子飞进了4个鸽巢，总有一个鸽巢至少飞进了3只鸽子，为什么？

① 师(引导学生思考)：通过鸽子进巢和前面几个问题，你有什么发现吗？

② 完善课题：教师补充“鸽巢问题”。

(2) 教师揭秘课前数学魔术。

(3) 练习十三：第1～3题。

**5. 课堂小结**

师(小结)：通过今天这节课大家学到了什么？有收获吗？

**6. 板书设计**

数学广角

——鸽巢问题

把4支铅笔放进3个笔筒中，不管怎么放，总有一个笔筒里至少要放进2支铅笔。

////{////, 0, 0}　　///{///, /, 0}

////{//, //, 0}　　////{//, /, /}

| 物体 | | 抽屉 | | 商 | 余数 |
|---|---|---|---|---|---|
| 7 | ÷ | 3 | = | 2 | ……1 |
| 8 | ÷ | 3 | = | 2 | ……1 |
| 10 | ÷ | 3 | = | 3 | ……1 |

至少数=商+1(有余数的情况下)

9 ÷ 3 = 3

至少数=商　(没有余数的情况下)

**【教学反思】**

**1. 取舍的问题**

“数学广角——鸽巢问题”上了多次，不管哪一次教师都感觉时间不够，所以如何取舍值得再思考！例如，在处理“把4支铅笔放进3个笔筒中，一共有多少种不同的放法?”的问题时，如果教师事先做一些铺垫和解释，提示学生笔筒不分顺序，那么学生在面对这个问题时就不太可能会出现多于4种的不同放法。但是，如果不提前铺垫，每次上课时学生都会出现多于4种的放法，这说明学生自己并不能从结论本身意识到不需要考虑笔筒的顺序，从而不能理解“总有一个笔筒”的意思。因此，为了让学生在证明结论前能够很好地理解结论的意思，在设计本课时，教师没有提前进行铺垫，而是在学生出现多于4种的不同放法时，留出时间和空间让学生充分进行讨论和交流，通过不同观点之间的对话、碰撞，引导学生从结论本身来思考这个问题。

**2. 魔术的争议**

教材上的魔术过于简单，试讲的时候提不起学生的学习兴趣，所以教师就想着重新设计一个魔术，一定要体现魔术的神秘性，这样才能激发起学生的好奇心，于是就设计了这个打破常规的魔术，利用一般人都知道扑克牌有四种不同花色这个思维定势，故意在魔术中抽掉一种花色，从而引发学生探究的欲望。当学生学习了鸽巢问题并用学到的鸽巢原理来解释时，发现还有冲突，通过一次又一次的对话，终于让学生突破思维定势，找到问题的答案。从几次上课的情况来看，这样处理的效果还是不错的，但是也有一些教师提出了不同的看法：在表演魔术之前不交代清楚有几种花色，就好像一个问题没有交代清楚前提条件是什么，这样可能会误导学生。但是这里安排的是一个魔术而不是数学问题，魔术的特点是神秘性，会让人觉得不可思议，而且魔术一般都是假的，用的都是障眼法，这里的魔术是为教学服务，并不是一个数学问题，所以不需要交代清楚前提条件；其次，表演魔术时教师并没有误导学生，相反，思维定势是早就存在的，这里的魔术恰恰是要学生打破常规，突破思维的定势，这个方向符合数学教育的价值追求。

**3. 先证明，才能更好地建模**

传统的上课方法都是先建模，然后用建立的模型来解决一些实际问题，而在证明思想这一块是忽视的，这与课标中对“数学广角”这一类教学内容的价值定位为渗透数学思想与方法是不符的。本节课重要的数学思想与方法有两个：证明思想和模型思想，证明思想是在验证结论的全程中渗透的，只有学生经历了这个过程，才能更好地理解结论并掌握“鸽巢原理”，才能形成证明的意识和方法，有了证明的支撑，在理解除法算式意义及平均分道理的基础上，才能顺利实现建模，否则学生可能只是照着葫芦画瓢而已。因此，本节课的重点主要是渗透证明的思想与方法，先证明，才能更好地建模；先证明，建模便能水到渠成。

# 批判性思维下的小学英语歌曲教学

## ——"The animals' summer party"教学设计

华中科技大学附属小学　田乐

**【设计说明】** 作为 *JOIN IN* 英语四年级下册第六单元第二课的教学,以 Holidays 的话题引入,通过播放歌曲"flash"营造 party 主题的热烈气氛。创设情境,通过设置有意义的问题,让学生从文本层面去理解歌曲的语言,并贯穿本单元的核心知识——现在进行时的表达。

批判性思维下的歌曲教学体现在其旋律、节奏与歌词的配合上。在歌曲学习的第二个层面,学生通过找韵脚、读韵脚、哼韵律、打节拍,理解歌词的音节,体会歌曲的旋律。学生在理解文本的基础上,体会读歌词与唱歌词的区别,进而了解歌词文本与歌曲韵律之间的配合规律。学生在掌握了歌曲节奏韵律的基础上,能够充分利用之前所学的知识,结合现在进行时,根据押韵和节奏等规律创编新的歌曲。分层教学面向全体学生,让学生能准确地唱、有情感地唱、创造性地唱。

本节课以批判性思维为导向,通过设置有意义的问题帮助学生在理解歌曲文本的基础上,注重对韵脚和韵律的把握。在主题 party 的欢快气氛下学生的情感思维也得到了培养。教师引导学生在唱歌的过程中将旋律、节奏与歌词配合,这是一个有意识的思维过程,学生掌握了节奏与歌词配合的规律后,再对歌词进行创编,这符合批判性思维的认知过程。

**【教学设计】**

**1. 教学内容**

外语教学与研究出版社出版的英语 *JOIN IN* 四年级下册第六单元的"The animals' summer party"。

**2. 教学目标**

**1) 知识目标**

(1) 在文本录音、图片和课件的帮助下,学生能理解、听、说、读单词:moon, bright, tonight, rock'n'roll, asleep。

(2) 在录音的帮助下,学生能找出歌词中押韵的单词,并能准确地读韵脚。

(3) 认读现在进行时词组:dancing rock'n'roll, eating lots of cake, swimming in the pool。在图片的帮助下,学生能运用现在进行时态描述歌曲图片的内容。

**2) 能力目标**

(1) 在图片和录音的帮助下,学生能流利地唱英文歌曲"The animals' summer party"。

(2) 通过课件、图片和教师引导,学生能找出歌曲韵脚,读准单词音节,把握歌曲韵律。

**3) 情感目标**

(1) 在演唱歌曲的过程中,学生能感受歌曲的韵律美,并且有感情地演唱。

(2) 学生在小组合作的过程中培养合作精神,并形成团队意识。

**3. 教学重点**

学生在文本层面会唱歌曲的基础上,能够找到韵脚、唱出韵律。

**4. 教学难点**

学生能根据歌词的音节和歌曲的韵律,改编歌词,创编新的歌曲。

**5. 教学准备**

多媒体课件，单词卡，多媒体动画，小组活动任务单，教学评价积分卡。

**【教学过程】**

教学过程如表1所示。

**表1　教学过程**

| 教学步骤 | 学生活动 | 教师活动 | 设计意图 |
|---|---|---|---|
| Step 1<br>Lead in | (1)师生问候。<br>(2)学生理解本节课的三个评价标准：<br>①Sing correctly；<br>②Sing emotionally；<br>③Sing creatively | (1)师生问候。<br>(2)向学生介绍本节课的三个评价标准：<br>①Sing correctly；<br>②Sing emotionally；<br>③Sing creatively | 开门见山，直入主题。<br>教师开场介绍唱歌的三个评价标准，暗示本节课歌曲学习的三个层面，即正确地唱、有感情地唱、创造性地唱，这三条评价标准贯穿整节课，在歌曲学习的每一个阶段都在提醒着学生 |
| Step 2<br>Presentation | (1)听歌曲，回答问题：<br>When is the party?<br>(2)观察moon的图片，发散思维，给出更多的形容词来形容月亮。<br>(3)读新词bright，tonight，初步感受韵律。<br>(4)pair work：听歌曲，两人一组，圈出押韵的单词。<br>(5)读押韵词。教师读前面的句子，学生跟着读出最后一个押韵词 | (1)播放歌曲，教师提问：When is the party?<br>根据学生的回答解释新词：moon，bright，tonight。<br>(2)引导学生观察图片，给出更多的词来形容月亮。<br>(3)带读新词bright，tonight，引导学生感受歌曲韵律。<br>(4)播放歌曲，巡视观察pair work。<br>(5)读歌词，引导学生读押韵词 | 整体输入，初识韵脚。<br>通过设置问题，将学生带入主题party的氛围中。通过单词对比读、读歌词、说韵脚等环节找出韵脚之间的联系，对歌曲韵律形成初步印象。为达到第一条评价标准"Sing correctly"做好铺垫 |
| Step 3<br>Practice | (1)听歌曲，回答问题：<br>Who is coming to the party?<br>What are the animals doing?<br>(2)观察歌曲背景图片，说一说有哪些动物来参加party。<br>(3)pair work：找出问题"What are the animals doing?"的答案。<br>(4)分段唱歌曲，跟着音乐一起唱。注意每一段歌词中的连读、弱读等，感受歌曲韵律。<br>(5)group work：小组合作唱歌曲 | (1)播放歌曲，提问：<br>Who is coming to the party?<br>What are the animals doing?<br>(2)让学生找出有哪些动物来参加派对。<br>(3)组织学生一问一答，练习现在进行时。<br>(4)和学生一起唱歌曲，利用课件和手势语等提醒学生注意歌词的连读等韵律问题。<br>(5)对学生的小组合唱歌曲进行评价 | 精听歌曲，感受韵律。<br>学生在合作中共同学习语言，巩固现在进行时。在pair work的过程中找韵脚、读韵脚、辨音节、听韵律，同时注意歌词中的连读，如rock'n' roll、lots of、she's swimming等。小组合作唱歌曲，达到唱歌曲的第二个标准"Sing emotionally" |

续表

| 教学步骤 | 学生活动 | 教师活动 | 设计意图 |
| --- | --- | --- | --- |
| Step4<br>Production | (1)group work:小组合作学习,根据教师提供的词库,对歌曲的歌词进行重新改编,注意不要改变单词的音节和发音规律以及对现在进行时的运用。<br>(2)将改编好的歌词填入歌词单中。<br>(3)各小组上台展示新创编的歌曲 | (1)提供单词库给学生,提醒学生改编歌词要注意的问题,如押韵、音节、节奏等。<br>(2)巡视指导,加入学生的讨论。<br>(3)根据学生的表现进行评价 | 小组合作,创意改编。<br>根据单词的音节和发音,学生能自主从所给单词库里面找出合适的单词来重新填词,培养学生的合作意识和创造能力 |
| Step 5<br>Homework | (1)观看歌曲动画,全班齐唱歌曲。<br>(2)练习布置的作业 | 播放歌曲,布置作业 | 齐唱歌曲,升华情感,夯实作业 |

**板书设计**

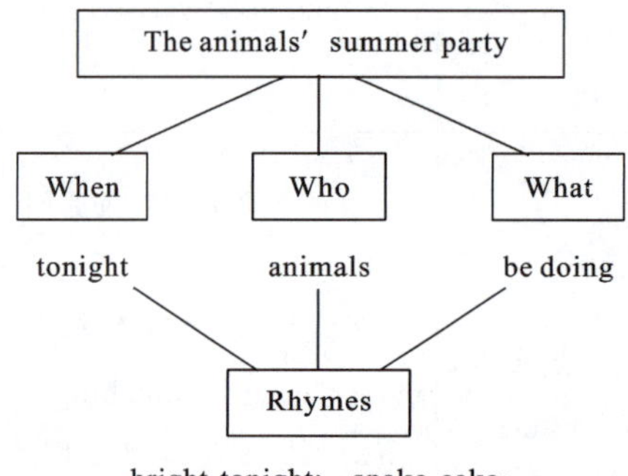


**【教学反思】**

本节课的教学内容是 *JOIN IN* 英语四年级下册的第六单元的最后一个课时,作为批判性思维指导下的单元整体教学研究的一个重要内容,教师在设计本单元的时候,参考了布鲁姆的"认知领域的教学目标"。在本单元话题"Holidays"的欢乐背景下,本节课的总体思维目标是"评估和创造",批判性思维就是要以改善学生思维、促进能力发展为目的而对所学内容进行分析和评价,甚至是创造的艺术。

在英语歌曲教学中,教师们一般只注重歌曲的语言知识,而批判性思维指导下的歌曲教学应当更注重歌曲的旋律、节奏与歌词相配合。在本节课中,教师以批判性思维要素"信息""相关"为指导,从唱文本、唱韵律和唱创意三个方面进行歌曲的分层教学。

**1. 唱文本**

歌曲教学的第一层次是唱文本。以批判性思维要素"信息"为指导,教师设置了一系列问题让学生自主发现歌词中能帮助理解文本的信息。如通过问题"When is the party?" 来找出关键词 moon, tonight; 通过问题"Who has come to the party?"发现参加 party 的主角 animals;通过问题"What are they doing?"找出动物们正在做什么,进一步运用现在进行时。

**2. 唱韵律**

歌曲教学的第二层次是唱韵律。以批判性思维要素"相关"为指导,通过一系列的 pair work 和 group work,教师引导学生找韵脚、读韵脚、哼韵律、打节拍。学生自主发现歌词中相关联的押韵词,以及歌曲的旋律、节奏与歌词是如何配合的。

例如，第一句歌词“The moon is bright, and there's a party tonight.”学生先听，再读，再跟唱；第二句歌词“The lion and the duck are dancing rock'n'roll”，在这一句中，有一个新的单词“rock'n'roll”是“rock and roll”的缩写，在哼旋律的过程中，教师引导学生总结为什么用“rock'n'roll”(为了配合歌曲整体的节奏)；后面两句歌词中出现了“lots of”以及“she's swimming”的连读等。

教师不用刻意去教歌词，而是引导学生听、读、自己唱、跟着音乐唱。在反复哼唱的过程中，让学生自己去感受。同时这也是一个必要的语音训练过程。在学生评估歌词、欣赏旋律中，思维能力得到了进一步的提升。

**3. 唱创意**

歌曲教学的第三个层次是唱创意。也就是说，唱歌曲已经不再局限于教材上的歌曲本身了。

在这个环节中，教师设置一个创编歌曲的活动。同时为学生提供一个创编新词的词库“Word bank”，并按词类进行分类：animals，adjectives, clothes, doing something。但是教师并不要求学生完全拘泥于这个词库，而是鼓励学生充分利用旧知，调动自己的语言储备，给歌曲旋律生成新的歌词，有放有收。例如，学生能够生成“The lion and the duck are playing the guitar.” “The tiger and the cat are driving a car.” “The horse is really tall. He's playing basketball.”这样的歌词，他们在创编新歌的过程中能够注意到押韵以及韵律，这是学生创造性思维的体现。

从唱文本到唱韵律，再到唱创意，层层递进，这样安排符合学生认知和思维发展的规律。

下面是设计的小组合作任务单：创编歌曲。

**The animals' summer party**

The moon is bright. There's a party tonight.
The ________ and the ________
are ________________.
The ________ and the ________
are ________________.
The ________ is really ________.
She / He is ________________.
The ________ and the ________
are wearing ________________.
But the sheep is asleep. "Oh, wow!" says the cow.
The moon is bright, and there's a party tonight.
There's a party tonight.
There's a party, a party tonight.

下面是创编新词的词库“Word bank”。

Word Bank(词库)

animals：tiger, rabbit, cat, dog, pig, wolf, elephant, mouse, mice, horse.

activities：flying a kite, playing the guitar, watching TV, driving a car, riding a bike, swimming in the sea, playing football, playing basketball.

clothes：shoes, hats, sweater, ties, uniform.

others：small, big, tall.

(本课在2015年湖北省小学英语单元整体教学课例评比活动中获一等奖。)

# 批判性思维下的英语故事教学

## ——“Whose house is it”教学设计

华中科技大学附属小学　雷爽

**【设计说明】** 学习和认知具有不同层次，思维亦有不同层次。美国当代著名的教育学家 Bloom 在《认知领域的教育目标分类》中提出：思维层次由 remember（记忆），understand（理解），apply（应用），analyze（分析），evaluate（评估），create（创造）组成。本节课的教学设计不仅注重语言知识层面，还从学生思维发展的层次性进行了通盘考虑，充分尊重英语故事教学的“故事性”及故事的层次和逻辑，以提问的方式不断启发学生思考。

本节故事教学的设计具有以下四个层次：一是要明白故事情节（What happened?），二是弄清楚故事是如何发展的（How did it happened?），三是思考能从故事中学到什么（What can I get from the story?），四是思考如果我是文中的小动物，我能怎么办（What should I do if I were one of the small animals?）。第一个问题是浅层次的，第二个问题需要综合分析，第三个问题是评价，第四个问题是创造。

本课的故事教学以“总—分—总”的步骤进行。故事以“Whose house is it”为主线将故事分为三个部分。首先，整体感知、初步了解故事的脉络和逻辑层次，以动物们的情绪变化为暗线，感知人物情感，了解故事的具体进程。其次，在完成故事学习后，对故事人物进行评价并拓展思维，让学生充分发挥想象力，并结合生活经验，调动已有知识进行表达，从而达到情感教育的目的。最后，在拓展环节，学生可以将新的结局加入故事，让每个孩子的故事版本都与众不同。整节课的教学环节层层递进，思维层次也层层递进。

本节课的教学内容在教材中的地位：在学习运用单元目标语的基础上安排连环画的阅读内容。本部分教学的目标是让学生阅读含有单元目标语的连环画故事，增加学习英语的乐趣，提供让孩子们能够真实体验表演的素材等。在许多故事中也给学生提供了思维创造、主动想象和思考的机会，如让学生猜测故事的结局。

本课的故事主角为 7 只动物：仓鼠、老鼠、兔子、河马、狮子、狐狸和蛇。故事描述仓鼠、兔子和老鼠住在一起，在仓鼠和老鼠度假的时候，河马、狮子、狐狸和蛇闯入了它们的家中尽情玩乐，兔子则在为它们洗碗，而仓鼠和老鼠回家后用两把锯子在门外装成鳄鱼的样子，成功把闯入者吓跑，从而机智地把自己的房子夺回来。本课故事情节完整，包含开头、冲突、高潮和结尾，故事情节生动有趣。故事中房屋主人经历了三次变化，故事也被划分为了三个部分，主角情绪的变化和不同的个性推进着故事的发展。

**【教学设计】**

**1. 教学内容**

外语教学与研究出版社出版的 *JOIN IN* 四年级下册第六单元的“Whose house is it”（见图 1）。

**2. 教学目标**

**1）知识目标**

（1）学生能理解、听、说、读单词：bathroom，bedroom，living room，kitchen。

**图 1　Whose house is it**

(2) 学生能理解、听、说、读短语：have a bath, watch TV, wash the dishes。

(3) 学生能够理解、听、说、读“地点状语＋现在进行时”的句型。

① In the bathroom, a hippo is having a bath.

② In the bedroom, a lion is watching TV.

③ In the living room, a fox and a snake are playing table tennis.

④ In the kitchen, the rabbit is washing the dishes.

**2）能力目标**

(1) 学生能够正确运用“地点状语＋现在进行时”的句型描述正在进行的事情。

(2) 学生能积极思考，开拓思维，分析人物个性，体会人物情感，最终能够小组合作创编新结局。

**3）情感目标**

(1) 学生能够在完成任务的过程中培养合作学习的能力。

(2) 学生能在表演故事的过程中获得学习英语的自信与成就感。

(3) 学生在面对危机的时候能够想办法应对。

**3. 教学重点**

学生能正确运用如下句型描述正在进行的事情。

In the bathroom, a hippo is having a bath.

In the bedroom, a lion is watching TV.

In the living room, a fox and a snake are playing table tennis.

In the kitchen, the rabbit is washing the dishes.

**4. 教学难点**

学生通过回答问题分析文章的内在逻辑和人物个性、情感，能结合生活实际，理智面对危机，最终能有创造性地思考并创编新结局。

**5. 教学准备**

绘本、iPad(每组一台)、PPT 课件、教具。

**【教学过程】**

教学过程如表 1 所示。

**表 1　教学过程**

| 教学环节 | 学 生 活 动 | 教 师 活 动 | 设 计 意 图 |
|---|---|---|---|
| Lead in | (1)师生问候。<br>(2)学生理解本节课的三个评价标准：<br>①Say correctly;<br>②Say emotionally;<br>③Say creatively | (1) 师生问候。<br>(2)帮助学生了解本节课的三个评价标准及计分标准 | 教师说明评价标准：正确地说、有感情地说和有创造性地说。分级评价，让学生在课程中有意识地注意到这三个方面 |
| Pre-reading | 学生看黑板上的房子和动物图片(兔子、老鼠、仓鼠、蛇、狐狸、河马、狮子)，了解都有哪些动物，并猜测谁是房子的主人 | 展示图片并提问 | 让学生预先了解故事的主人公，为接下来的故事学习做铺垫 |
| Reading task 1 | 学生分三步猜测房子的主人，回答：Whose house is it?<br>(1)看故事图片 1 猜测房间的主人并阐述理由。<br>What are the mouse and the hamster going to do?<br>Who stays at home?<br>(2)学生闭上眼，再睁开，看房子的主人发生了什么变化(出现大动物剪影)，再次回答 Whose house is it?<br>It's the hippo, the lion, the fox and the snake's house.<br>请学生猜测为何房子的主人会发生变化。<br>(3)学生听课本录音并配合原图猜测：最后又是谁的房子(Whose house is it at last?) | 播放 PPT，提问 | 利用绘本教学的原理，让学生从故事片段感知故事梗概，理解故事主线——房子主人的变化，并猜测发生了什么 |
| Reading task 2 | 整体感知。<br>学生听故事录音并阅读故事全文看看故事的发展是否和自己想象的一致并回答问题：<br>Whose house is it?<br>使用 at first, then, at last 进行梳理 | 整体播放录音，提问。梳理故事主线：Whose house is it | 学生对整个故事进行整体感知，了解故事梗概 |
| Reading task 3 | 分部分学习。<br>Part 1(Picture 1～3)<br>学生找到相应图片，整体听第一部分，并回答：<br>What are the mouse and the hamster going to do?<br>How are the small animals feeling?<br>What are the big animals going to do?<br>How are the big animals feeling?<br>How is the rabbit feeling?<br>体会人物的情感并有感情地跟读，在跟读过程中体会 say correctly 和 say emotionally 的区别。<br>Part 2(Picture 4～9)<br>(1)听录音回答：<br>What happened in picture four?<br>Is it a sweet home for the small animals?<br>What do the mouse and hamster see?<br>(2)学习核心句型，体会大动物们在房子里愉悦的状态。<br>①师问生答：<br>Where is the hippo?<br>What is the hippo doing?<br>并将两句合为一句：<br>In the bathroom, the hippo is having a bath. 有感情地进行跟读表演。 | 分部分播放录音，提问。引导学生进行小组活动，在活动时巡视并提供帮助 | 故事的主线：<br>Whose house is it?<br>这个主线将全文分为三个部分。在每个部分中都以故事主人公(大动物、小动物)的情绪变化为暗线，让学生理解故事是如何推进和发展的。更加细致地感受和理解故事的开头、冲突、高潮和结尾，以及体会主人公的人物个性及情绪变化并加以模仿。同时让学生通过思考，评价人物(兔子)的个性特征 |

| 教学环节 | 学生活动 | 教师活动 | 设计意图 |
| --- | --- | --- | --- |
| | ②大组问，大组答：<br>Where are the fox and the snake?<br>What are they doing?<br>并将两句合为一句：<br>In the living room, the fox and the snake are playing table tennis.<br>有感情地进行跟读表演。<br>③小组活动，组内互问互答，并利用 iPad 将组内成员有感情地跟读和表演的现场录成小视频发送到 QQ 群里。<br>Where is the lion/the rabbit?<br>What is the lion/the rabbit doing?<br>④对兔子人物个性进行评价。<br>What do you think of the rabbit? I think the rabbit is…<br>Part 3(picture 10～14)<br>听录音并回答以下问题：<br>What do the big animals see through the window?<br>Is it a real crocodile?<br>Who makes the crocodile?<br>What do you think of the mouse and the hamster | | |
| Post-reading | (1)全班跟随录音对全文进行有感情地朗读。<br>(2)创造性地思考：<br>If you were one of the small animals, what would you do?<br>小组活动，思考并讨论，为故事编写一个新结局 | 引导学生进行朗读并进行小组活动，讨论并续写结局。在学生进行小组活动时，巡视并提供帮助 | (1)根据故事总-分-总的教学步骤，用分角色朗读的方式对全文进行梳理。<br>(2)拓展学生思维，将课堂与学生生活经验相结合，如果你是其中一个小动物，你会怎么办，你有新的主意吗？小组合作讨论，为故事编写一个新结局 |
| Homework | (1)Work in groups, act the whole story and make a video after class. Send the video to the QQ group.<br>(2)Write your new ending of the story and send it to my E-mail | | |

**板书设计**

Whose house is it

Big animals: lion, hippo, fox and snake.

Small animals: rabbit, hamster, mouse.

Where is/are … ?

What is/are … doing?

In the …, the … is/are doing something

**【教学反思】**

现代教育强调"以人为本",重视发展学生的个性和开发学生的潜能。教育目标就是要促进学生的个性发展,培养具有鲜明个性和开拓精神的一代新人。在素质教育的今天,学校和教师不仅仅是知识的传播者,更应该是学生潜能和聪明才智的培育者。在进行本节课教学设计时,教师从培养学生思维素养的角度进行了通盘设计。

本节课的教学设计充分尊重英语故事教学的"故事性",注重故事的层次和逻辑,以提问的方式不断启发学生思考,教学设计是层层递进的,学生的思维也是层层递进的。从了解故事梗概,到对故事进行综合分析。教师以动物们的情绪变化为暗线,引导学生感知人物情感,分析人物个性,了解故事的具体进程,扩展思路,思考"如果你是文中的小动物你会有什么更好的办法吗?"这个问题基于文本,又高于文本,给予学生足够的思维空间,进行有深度的思考,让学生运用"旧知"和"经验"进行回答,培养了学生机智、勇敢、正直的品格,让学生知道遇到危机情况应想办法保护自己。在这个环节中,学生们通过讨论产生了更多的新思路。

从课堂效果来看,本节课取得了比较好的效果,学生的思考由浅入深,结合生活实际经验调动自己的语言储备,由课内延伸到了课外。

(本课在 2016 年全国"第八届小学英语课堂教学观摩培训活动课例评选"中获一等奖)

# 批判性思维下的体育课

——"百米定向"教学设计

华中科技大学附属小学　谢永龙

**【设计说明】** 本课以《义务教育体育与健康标准》为指导，全面贯彻"健康第一"的教育理念，通过新兴定向越野体育项目发展学生的心肺耐力，以情入境，让学生在愉悦的学习氛围中发展能力，从而全面提高学生的身体素质，为学生的体育锻炼打下良好的基础。

**【教学设计】**

**1. 教学内容**

"百米定向"是校园定向越野的教学内容，用来发展学生的心肺耐力，是一项新兴的体育运动，是智力与体力并重的智慧型项目。该运动不仅能强健体魄，而且能培养学生独立思考、分析和解决问题的能力，在体力和智力的双重压力下果断做出决定的能力。本单元共有 5 个课时，分别为定向运动规则、百米定向识图、地图摆正法、拇指辅行法、定向比赛。本课选的本单元的地图摆正法。

**2. 教学目标**

学习"百米定向"的地图摆正法，体验方位辨别，提高识图能力，在定向活动中发展学生的心肺耐力，培养学生独立思考的习惯和勇于探索的精神。

**3. 教学重点**

人转图不转。

**4. 教学难点**

地图方位与实际方位的确定。

**5. 教学准备**

定向地图 40 份、定向子卡 40 个、便携式(点标台)14 个、定向清除器、起点器、终点器和成绩打印器。

**【教学过程】**

教学过程如表 1 所示。

**表 1　教学过程**

| 教学环节 | 内容要点与要求 | 实施过程及提示 | 时间 |
|---|---|---|---|
| 准备部分 | (1) 课堂常规。<br>要求：快、静、齐。<br>(2) 队列练习。<br>原地踏步走——立定。<br>要求：精神饱满、声音洪亮。<br>(3) 游戏：找朋友。<br>方法：学生绕线慢跑，听到教师的指令后，快速地按教师指令的人数站在一起，没有在教师规定时间达到要求的同学要表演节目。<br>要求：反应迅速 | (1)体委整队集合，报告人数，师生问好。<br>(2)教师宣布教学内容及要求。<br>(3)教师口令指挥学生进行队列练习。<br>(4)教师组织学生进行找朋友游戏 | 7 分钟 |

续表

<table>
<tr><th>教学环节</th><th>内容要点与要求</th><th colspan="2">实施过程及提示</th><th>时间</th></tr>
<tr><td rowspan="2">基本部分</td><td>百米定向：地图摆正法。<br>重点：人转图不转。<br>难点：地图方位与实际方位的确定。<br>要求：快速反应、积极思考</td><td colspan="2">(1)学生尝试找准点标台。<br>(2)教师引导学生如何准确找点标台。<br>(3)学生体验。<br>(4)快速摆正地图练习。<br>提示：人转图不转。<br>(5)学生再体验，进行展示。<br>(6)教师讲解并示范地图摆正法。<br>(7)学生进行定时、定数找点练习。<br>(8)教师讲评</td><td>20 分钟</td></tr>
<tr><td>游戏：百米定向跑。<br>规则：按照定向地图上的顺序，在清除、起点、数字、终点依次打卡，打卡顺序正确，用时少的同学获胜。<br>要求：遵守游戏规则，注意安全</td><td colspan="2">(1)教师讲解百米定向的要求与方法。<br>(2)学生分组进行比赛。<br>(3)教师讲评</td><td>10 分钟</td></tr>
<tr><td>结束部分</td><td>放松活动：拉伸练习。<br>要求：充分放松</td><td colspan="2">(1)教师引导学生进行拉伸练习。<br>(2)教师小结。<br>(3)回收器材，宣布下课</td><td>3 分钟</td></tr>
<tr><td rowspan="2">注意部分</td><td rowspan="2">场地设计补充或预计出现的问题及处理方法</td><td rowspan="2">在教师引导学生如何准确找点标台时，会出现学生找不出方法的情况，教师可通过提醒学生仔细观察教师使用地图的方式，教师也可故意夸张动作，引导学生解决问题</td><td>预计练习密度</td><td>40%～50%</td></tr>
<tr><td>预计运动强度</td><td>中等</td></tr>
</table>

**【教学反思】**

**1. 本课的成功之处**

(1) 用批判性思维的教学方法顺利突破本课的教学重点、难点。

课中利用批判性思维的教学方法，首先，教师的提问，学生对准确找到“点标台”产生怀疑，然后，经过教师的引导，学生自主尝试、探究、体验，最后，通过学生间的比较、学生与教师示范的比较，让学生逐步掌握准确地、快速地找出“点标台”的方法，达到突破本课的教学重点、难点的目的。

(2) 课程设计紧密，教师引导巧妙。

本课从开始到结束，紧紧围绕着课程的主要内容——地图摆正法展开教学，一环接一环，一环扣一环，过渡自然，巧妙地引导，本次课的密度达到 48.9%。

**2. 本课的不足之处**

本课的趣味性还不够。如学生找“点标台”的练习，都是按教师规定路线进行的，学生按照教师规定好的路线去练习，缺乏趣味性。解决方案：把教师规定好的路线换成学生自己规划的路线；学生两人一组，一人规划路线，另一人按规划好的路线进行找“点标台”练习，规划路线者监督练习者，练习完后再交换角色进行练习。

# 唱京韵、奏京味

## ——"龙里格龙"教学设计

华中科技大学附属小学　严竹

**【设计说明】** 教育部在2016年就提出"将大力推进高雅艺术、传统戏曲进校园"的倡导，要通过这种最具民族文化特色的艺术载体给予学生们唱念欣赏、身段体验、表演互动、色彩内涵、服饰文化、历史知识、道德教育的传递和普及，针对当代学生的兴趣点进行深入浅出的教授。

根据这一指导思想，本课的教学设计围绕"龙里格龙"这一音乐素材为主线，让学生从演唱、演奏到合作演奏，再到为京剧唱段伴奏，并能与同伴合作演奏，从中体验演奏的乐趣，一步步体验京剧艺术的魅力，在不知不觉中参与多声部器乐合奏，从而培养学生的实践能力和合作精神。

**【教学设计】**

**1. 教学内容**

人教版音乐四年级上册"龙里格龙"片段及锣鼓经的演奏。

**2. 教学目标**

(1) 情感态度与价值观。用京剧的"龙里格龙"这一音乐素材作为切入点，让学生体验京剧艺术的魅力，并能与同伴合作演奏，从中体验演奏的乐趣。

(2) 过程与方法。通过聆听、演唱"龙里格龙"，体会浓郁的京剧韵味；演奏"龙里格龙"，为京剧唱段"望庐山瀑布"伴奏，进一步体验和表现独特的戏曲韵味。

(3) 知识与技能。学会演唱"龙里格龙"，掌握打击乐器锣、钹、方梆子的正确演奏姿势，并尝试参与多声部合奏，为京剧唱段"望庐山瀑布"伴奏，烘托歌曲的情境。

**3. 教学重点**

学会演唱"龙里格龙"，演奏锣鼓经。

**4. 教学难点**

能运用锣鼓经及"龙里格龙"这一音乐素材来表现京韵、京味，并为歌曲伴奏。

**5. 教学准备**

多媒体设备、钢琴、锣、钹、方梆子、京胡调音器等。

**【教学过程】**

教学过程如表1所示。

**表1　教学过程**

| 教学环节 | 教学内容 | 师 生 活 动 | 设计意图 |
|---|---|---|---|
| 导入部分 | 聆听无伴奏合唱"望庐山瀑布" | 师：同学们，今天老师给大家带来一节跟京剧有关的课——"龙里格龙"，我们这节课不仅要学会演唱"龙里格龙"，并且还要用锣鼓经为"龙里格龙"伴奏，来丰富歌曲的表现力。李白的"望庐山瀑布"相信大家都很熟悉，我们一起来朗诵一遍。<br>师：大家朗诵得非常好！今天，老师要带给大家一个不一样的"望庐山瀑布"，因为它是唱出来的。<br>师：下面请大家带着问题来聆听音乐，这首歌曲的旋律跟我们平时所学的歌曲有什么不一样呢？ | 引入课题 |

续表

| 教学环节 | 教学内容 | 师生活动 | 设计意图 |
| --- | --- | --- | --- |
| 形成部分 | 认识京剧伴奏乐器——京胡，记住它的音色特点，并用象声词模唱 | 生：是京剧。<br>师：这首歌曲里面有一个重复出现的声部谁听到了？你能模仿一下吗？<br>生：龙里格龙……<br>师：真厉害！其实“龙里格龙”没什么实际意义，它是一种模仿京胡声音的象声词。我们一起来听听京胡的声音。<br>播放京胡演奏片段，出示京胡图片及简介：京胡是中国传统的拉弦乐器，同时也是中国传统戏曲京剧的主要伴奏乐器。<br>师：今天老师特意把京胡带过来了，前段时间专程找了京胡老师学习了京胡的演奏，今天给大家拉上几句，我们来听一听它的声音吧！请大家模仿京胡的演奏。<br>教师详细介绍京胡，板书京胡的音色特点。<br>师（出示乐谱）：老师把刚才京胡演奏的这一片段用乐谱写出来了，谁能模唱一下呢？<br>生模唱。<br>师：你们的模唱能力真强！我们一起来模唱一遍吧！ | 认识京胡，并学唱“龙里格龙” |
| | 加入锣鼓节奏，为“龙里格龙”伴奏 | 师：同学们，京剧中除了有京胡为代表的拉弦乐器的伴奏，还有一种重要的伴奏形式，那就是锣鼓经。为了使歌曲的京剧韵味更浓，老师为“龙里格龙”编配了锣鼓经，同学们，你们想不想来挑战演奏呀？<br>生：想！ | 了解锣鼓经 |
| | 认识打击乐器并分别演奏 | 师：那我们先来认识一下这些打击乐器吧！<br>请小助手弹钢琴带声部。<br>教师展示打击乐器：锣、钹、方梆子。指导学生分别演奏锣、钹、方梆子的三个声部，注意节奏的准确性。 | 认识打击乐器，学习其演奏方法并尝试演奏，为四声部合奏打基础 |
| | 聆听锣、钹、方梆子的音色并演奏 | 聆听锣的音色并演奏。<br>聆听钹的音色并演奏。<br>聆听方梆子的音色并演奏。<br>教师指挥学生合奏，注意三个声部的协调性，熟练后加入演唱声部 | 学生体验、感受京剧韵味及与他人合作的乐趣 |
| | 三声部合奏，为“龙里格龙”伴奏，用本节课所学的内容为“望庐山瀑布”伴奏 | 师：同学们，你们的能力真强！现在新的挑战来啦，为了丰富歌曲的表现力、使歌曲京味十足，你们能用“龙里格龙”和锣鼓经节奏为“望庐山瀑布”伴奏吗？<br>教师唱“望庐山瀑布”旋律声部，学生伴奏，教师打拍子指挥。<br>师：老师要为你们的音乐感受力和表现力点赞！ | 让学生进一步感受京韵、京味，并能学以致用，为京剧唱段伴奏 |
| 拓展部分 | 欣赏“皮黄” | 师：同学们，我们今天学习的“龙里格龙”其实是京剧中的主要声腔——皮黄腔中的一个重要音乐素材。这个极具中国戏曲元素的音乐素材被作曲家们广泛运用在各类音乐创作中，下面请大家一起来欣赏当代作曲家张朝先生运用这一素材创作的乐曲“皮黄”，感受一下使用西洋乐器来演绎中国特色，感受用钢琴来表现京剧元素和京剧韵味。<br>教师弹奏“皮黄”片段，学生感受、欣赏。 | 欣赏乐曲，感受音乐独特的京剧韵味 |

续表

| 教学环节 | 教学内容 | 师生活动 | 设计意图 |
| --- | --- | --- | --- |
| 结束部分 | 教师寄语，总结、下课 | 师：同学们，通过本节课的学习，相信你们对京剧已经有了一定的认识和体验。其实京剧离我们并不遥远。当然，中国戏曲博大精深，希望同学们在课余时间多多去感受中国戏曲的魅力！ | 鼓励学生多接触戏曲，感受戏曲 |

**板书设计**

京胡音色：高亢、清脆

紧拉慢唱

**【教学反思】**

(1) 教师以“龙里格龙”这一京剧歌曲作为切入点导入本课教学，较好地激发了学生的学习兴趣，但是就演唱、演奏的参与度来说，还是不够，教师应该让每个学生都参与到课堂中来。

(2) 本节课的教学形式主要有讲授、示范、演示、模仿、演唱、演奏等形式，特别是演奏这一环节，充分地调动了学生的学习积极性，具有很强的实践效果。但是通过本节课的教学可以发现，在教学形式上还可以创新，例如，可以适当地引入合作学习的某种策略，这有待教师进一步思考。

(3) 本节课的教学内容有演唱歌曲、演奏乐器，还有合作演奏乐器、人声伴奏这种多声部合作的形式，内容较多、难度较大，学生学习起来较吃力，教学效果不太理想，可以降低难度，把多声部合作精简为二声部合作，从而提高学生参与音乐实践活动的积极性。

(4) 整节课都围绕“龙里格龙”有些单调，可以由点及面地展开，以“龙里格龙”作为切入点，引入不同风格的京剧唱段，让学生感受各种不同的京剧韵味，体味音乐的魅力。

# 信息技术与美术课堂的智慧融合

## ——"给小伙伴拍张照"教学设计

华中科技大学附属小学　刘娇

**【设计说明】**《美术课程标准(2011年版)》在课程设计思路中指出:"在保证基本规定的同时,给予教师教学更大的空间",在课程性质中指出:"美术课程凸显视觉性、愉悦性",在基本理念中指出:"美术教育要面向全体学生、关注文化与生活"。根据以上指导原则和学生的实际情况,教师完成了本课课程领域的确定、教学方法的选择、学生活动的安排和学生作品的展示。课堂教学中注重将信息技术教育融入教学,利用各种图像资料提供视觉感受,尊重并注重发挥学生的主体作用,根据学生的需要及年龄特点以合作探究与实践学习的形式来安排学习任务。学生在学中玩,在探究与实践中学习摄影,注重引导学生发现及运用人像摄影与生活的关系,使学生从不会到会,从无意识地拍摄到有意识地创作,并能自行总结人物摄影基本要点及技巧。

**1. 教材分析**

"为小伙伴拍张照"是2011课标版小学美术教材四年级上册的新编内容,同时也是小学义务教育教科书摄影系列课程的第一课。对学生们和教师而言这是一个十分新鲜的课题,也是一个新的挑战。

本课属于"综合·探索"课程领域,以拍摄身边熟悉的小伙伴为突破口,引导学生简单了解摄影常识及其发展、感受摄影的美感、体验摄影的乐趣,将艺术与生活、艺术与文化、艺术与情感、艺术与科学四个方面巧妙融合,突出美术课程教学中的视觉性、愉悦性,教学中注重利用各种图像资料提供视觉感受,注重互动与生成,体验把瞬间变为永恒的乐趣。

教材中提供的摄影知识从摄影史到构图、用光、取景、对焦,以及正面照和侧面照、全身像和半身像、摆拍和抓拍的区别,细致全面。在短短一课时的时间内,孩子们要学习这么多新知识,时间十分紧张,所以教师将本教学设计以合作探究学习的形式来完成。教师将教材中涉及的摄影知识设计成四个任务,再将学生分为十个小组,四个任务分别发放到每个小组中开展探究活动,最后进行全班汇总,教师再进行总结。这样既有效地解决了教学难点,又解决了教学时间紧的问题,使学生在学中玩,在有限的时间内获得最多的知识信息。

**2. 学生情况分析**

虽然四年级的学生在生活中早就接触过拍照,但是对摄影却没有什么认识。如何将无意识的活动变成有意识的创作是本课的目的所在,因此,在课堂上,教师先让学生用数码设备进行人像摄影,按照教材内容进行分组探究,找到拍照时容易出现的问题,相互解答,学习并总结人像摄影的基本要点,然后,安排学生展示自己最感兴趣的特长摄影,激发学生的表现欲望,让学生在轻松愉快的学习氛围中完成学习目标,师生一起感受摄影的魅力。

**【教学设计】**

**1. 教学内容**

2011课标版小学美术教材四年级上册"为小伙伴拍张照"。

**2. 教学目标**

知识:探究学习拍摄人物的基本方法。

能力：能够为小伙伴拍摄一张主题鲜明、表情丰富的照片。

情感：感受摄影与绘画的不同，体验摄影的乐趣，培养学生热爱生活的情感。

**3. 教学重点**

引导学生探究拍摄人像的基本方法。

**4. 教学难点**

构图合理、主题鲜明。

**5. 教学准备**

教师：iPad、课件。

学生：iPad。

**【教学过程】**

**1. 欣赏导入(3 分钟)**

(1) 欣赏。

师：同学们，这节课老师先给大家欣赏几幅作品。

出示 PPT，如图 1 所示。

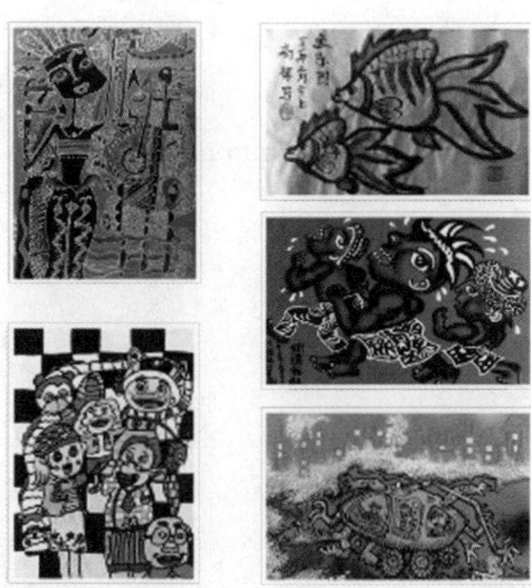

**图 1 绘画作品**

师：你们看……这些作品好不好？

生：好！

师：那这些作品都是用什么方法表现的呀？

生：绘画、刮画……

师：真棒！这都是我们平时的绘画作品！

出示 PPT，如图 2 所示。

**图 2 摄影作品**

师：那这些又是什么作品呢？

生：拍的照片……

师：对了，我们把拍摄形成的影像称为摄影作品。谁可以说一说，绘画与摄影有哪些不同呢？

出示 PPT，如图 3 所示。

**图 3 绘画与摄影作品**

生：摄影更快、更真实……

师：看来同学们都很有自己的见解，老师真为你们高兴。绘画可以富有创意、还可以抒发人的内心情感，摄影更快、更真实。

设计意图：了解绘画与摄影的区别。

师：在摄影发明之前，人们一直是通过绘画来满足表现生活的欲望，但是有了摄影之后，人们认识到了摄影的记录和再现功能是绘画所无法比拟的，因为它记录了人们想要留住的稍纵即逝的时刻。你们想知道世界上的第一张照片是什么样的吗？

生：想！

师：拿起你们手中的 iPad，在网页里查一查吧。请先找到的同学和大家进行分享。

生：世界上的第一张照片拍摄于 1825 年。

出示 PPT，如图 4 所示。

**图 4 “牵马人”**

师：没错，你们找得真准确。这幅作品是法国尼埃普斯创作的“牵马人”，他在 1826 年又拍摄了“窗外”。

出示 PPT，如图 5 所示。

设计意图：初步了解摄影相关知识。

(2) 赏析大师作品。

① “我要上学”解海龙。

出示 PPT，如图 6 所示。

师：从这幅作品中你感受到了什么？

图 5 “窗外”

图 6 “我要上学”

生:我感受到了她对上学的渴望。

师:摄影师是通过抓住了哪一部分来表现的?

生:人物的眼神。

师:对的,小女孩炯炯有神的大眼睛直视着观众,充分显示了一种渴求的目光,刻画了她想要读书的真实心态。

② “买啤酒归来的孩子”布列松。

出示 PPT,如图 7 所示。

师:从这幅摄影作品中你又感受到了什么呢?

生:他是笑着的,嘴角上扬、昂首挺胸,我感受到了他很开心,很得意。

师:你观察得真仔细,你能模仿一下他的神情和姿态吗?

学生模仿。

师:谢谢你,你的分析和表演让教师也感受到了他的得意与喜悦。

设计意图:感受大师摄影作品的艺术美感,了解人物表情在摄影中的重要性。

图 7 “买啤酒归来的孩子”

(3) 揭示、板书课题。

师:今天我们就来上一节不一样的美术课,一起来“给小伙伴拍张照”,而且是拍一张好照片。

设计意图：揭示课题，激发学生的学习兴趣。

**2. 授新**

(1) 学生用 iPad 自由体验摄影(4 分钟)。

师：同学们，你们会拍照吗？

生：会！

师：随着科技的发展以及智能数码设备的普及，我们身边的拍照设备随手可得，咱们今天使用的 iPad 上也有一个拍照的功能，大家都会使用吧？

生：会！

师：那咱们现在就来试试吧，请你们拿起 iPad，两人一组，分别给小伙伴拍张照，看谁拍得好。限时 3 分钟，开始吧……

学生自由拍摄 3 分钟。

师：你们觉得这张照片拍得怎么样？

教师选一个同学拍的照片投影到大屏幕。

生：表情很好就是头拍得太大了、构图不合适……

师：噢，原来摄影和我们的美术一样，都讲求画面的布局，力求给人视觉的美感。

设计意图：初步体验，感受摄影。

(2) 小组探究与实践：布置探究任务，分组进行探究(6 分钟)。

师：刚刚的照片拍得好不好都没有关系，咱们今天以小组为单位来进行探究学习、完成任务。今天教师给每个小组都准备了一张任务卡，想知道你们的任务是什么吗？

生：想！

师：那现在就打开它们吧，我们有四个任务，限时 6 分钟，开始执行你们的任务吧！

出示 PPT，如图 8 所示。

A 请合理构图，互相为小伙伴拍张照。

B 请你分别拍摄小伙伴动态和静态的照片。

C 请为小伙伴从不同角度拍一张表情丰富的照片。

D 请试试，在场景拍摄中如何使人物更突出？

**图 8　四个任务**

任务 A：请合理构图，互相为小伙伴拍张照。

设计意图：探究如何构图。

任务 B：请分别为小伙伴拍一张静态和动态的照片。

设计意图：体验摆拍和抓拍的区别。

任务 C：请为小伙伴从不同角度拍一张表情丰富的照片。

设计意图：感受人物摄影中表情的重要性。

任务 D：请试试，在场景拍摄中如何使人物更突出？

设计意图：探究如何突出主题。

(3) 各小组学生探究实践成果汇总(10 分钟)。

① 师：请完成任务 A 的小组举手。

选一张学生现场拍摄的照片，投影到大屏幕。

师：你觉得自己这张构图怎么样？构图时你注意到了哪些？

小组学生代表自我总结回答。

师：你说得非常好，我们摄影时通常把人物放置在画面中心偏左或偏右的位置使照片内容更有空间感，或者使人物在画面中形成一条对角线，让主体更突出。

出示 PPT，如图 9 所示。

**图 9　突出主体的照片**

设计意图：初步了解摄影构图方法，如中心构图法、对角线构图法等。

② 师：请完成任务 B 的小组举手。你是用什么方法完成这两幅作品的？

选两张学生现场拍摄的照片，投影到大屏幕。

生：一张是他摆动作我来拍，一张是他在动的时候我抓拍的。

师：你觉得摆拍和抓拍有什么不同呢？

生：抓拍更自然更生动。

设计意图：探究两种不同的拍摄方法，感受它们的区别。

③ 师：请完成任务 C 的小组举手……

选几张学生现场拍摄的照片，投影到大屏幕。

你们从这些照片中的表情感受到了什么？

生：有的很开心、有的很伤感……

师：你觉得人物的表情在拍摄中重要吗？

生：重要。因为表情可以体现被拍摄者的内心情感。

④ 师：请完成任务 D 的小组举手……

选三张学生现场拍摄的照片，投影到大屏幕。

师：你觉得这两幅作品哪幅更好？为什么？

生：我更喜欢第二幅，第一幅背景太杂乱，我看不出他拍的主题是什么。第二幅虽然背景也有很多人，但是他的背景虚化了，只有主要人物是清晰的，所以很明显是拍这个同学在弹钢琴。第三张背景很干净，主题也很突出。

设计意图：了解突出主题与人物的方法。

⑤ 学生探究、总结。

师：通过探究、实践与分享，你认为拍摄一张成功的人物照片要注意些什么？

生：构图合理、人物表情生动自然、背景不杂乱、主题表达明确。

师：哇，刚好和老师想的一样，同学们真是太棒了，一下子就发现了这么多摄影的奥秘。

设计意图：合作交流，学习汇总，多方面掌握本课的知识。

(4) 学生作业(10 分钟)。

师:学习摄影是一个复杂而漫长的过程,现在我们要提高难度,老师要给大家布置一个终极任务,你们有信心吗?

生:有!

师:请看大屏幕。

PPT 出示终极任务——作业要求。

作业要求:① 为小伙伴拍摄一张主题明确的照片。② 借助教室现场环境自由发挥。

(5) 学生作品展评(2 分钟)。

① 投影两三张学生现场拍摄的作品。

② 说说作品想表达什么?

③ 你是如何去拍这张照片的?

④ 你认为和之前的照片相比,自己有哪些进步?

(6) 拓展(3 分钟)。

师:感谢大家今天分享了这么多精彩的照片,老师刚刚也通过摄影把大家认真学习的场景记录了下来。你们想看吗?

生:想!

师:请同学们看大屏幕。

教师展示 iMovie 课堂实录。

师:通过今天的学习,你觉得摄影在生活中有哪些作用?

生:摄影可以让我们把生活中的每一个快乐的瞬间都记录下来,永久保存。

师:说得很好,谢谢你的发言。

(7) 课堂小结(2 分钟)。

师:有人说过这么一句话——摄影家的能力是把日常生活中稍纵即逝的平凡事物转化为不朽的视觉图像。希望同学们也能和摄影师们一样,继续寻找生活中的美,并把它记录下来。

摄影作品视频播放。

**3. 板书设计**

给小伙伴拍张照

拍摄要点:构图合理
人物表情生动自然
背景不杂乱
主题表达明确

**【教学反思】**

本课程的教学内容属于 2011 课标版小学美术教材四年级上册的新编内容,同时也是小学义务教育教科书摄影系列课程的第一课,属于美术教学四大领域中的“综合·探索”领域。iPad 运用已十分广泛,孩子们对其也相对熟悉,比较容易掌握和操作,在课堂运用起来十分便捷。学生也十分喜欢运用 iPad,学生的学习兴趣较浓厚。

本课程时长为一课时,由于教材中涉及的摄影知识信息量较大,其中包括摄影史、构图、取景、正面照和侧面照、全身像和半身像、摆拍和抓拍等。为了使学生在有限的时间内能够收获更多,教师采用合作式探究实践学习的方法,并结合学生的实际需要将教材知识设置成四个任务分发到各个小组进行探究学习，最后将各小组的任务成果在全班进行分享。这种学习方式有效解决了时间紧、内容多的问题，也使学生更加乐于学习其他小组的探究成果。

本课程的教学设计以学生为主体，教师引导学生在探究实践中学习摄影，让学生从不会到会，从无意识地拍摄到有意识地创作，并能够自行总结人物摄影的基本要点及技巧。

（本课获教育部“一师一优课，一课一名师”活动“优课”）

# 巧妙记录数据，帮助学生突破难点

——“哪种材料硬”教学设计

华中科技大学附属小学　王苓

**【设计说明】** 教科版科学三年级上册第三单元“我们周围的材料”主要引导学生从材料的角度认识和描述物体，学习运用简单的测量方法比较材料之间的异同，认识常见材料的物理特性，并提高对材料特征的描述水平。“哪种材料硬”是本单元的第二课。本课从材料的基本物理性质——硬度入手，引导学生用科学的方法，根据实验结果，分析、判断四种材料的硬度大小，并通过简单的实验和观察，丰富学生对金属材料特性的认识。本课主要包括三个部分。

第一部分：比较硬度。这一部分是让学生用科学的方法比较木条、卡纸、铁钉、塑料尺的硬度大小。这一部分的重点是让学生运用刻划法进行实验并分析，从而准确地判断四种材料的硬度大小。由于三年级的学生刚刚接触科学课，其思维的严谨性、记录的有效性还不强，因此，在实验前，教师要教给学生正确的刻划方法，如何判断划痕以及记录单的使用方法，从而引导学生的思维逐步向科学、严谨的方向迈进。在实验后，让学生分析思考，引导学生运用数据，科学地对材料的硬度进行比较、排序和描述。

第二部分：认识金属。金属相对于普通的木头、纸和塑料而言是比较坚硬的，学生对金属的认识也基本集中在硬度上。为了丰富学生对金属的认识，开展一些简单的实验和观察活动，让学生通过直观的现象和感觉来了解金属更多的物理特性。

第三部分：金属材料的应用。这部分的内容涉及金属材料在生活中的广泛应用，通过饮料罐的制作过程让学生增强节约资源和保护环境的意识，即渗透德育教育。

其中，让学生利用“生活科学百事通”调查、了解金属的特性在生活中的运用，是为了让学生将科学与生活联系在一起，学以致用。

**【教学设计】**

**1. 教学内容**

教科版科学三年级上册第三单元“我们周围的材料”的第二课“哪种材料硬”。

**2. 教学目标**

**1）科学概念**

(1) 硬度较大的材料，能在硬度较小的材料表面留下划痕。

(2) 金属有金属光泽、较坚硬、有延展性、易传热、能导电。

**2）过程与方法**

(1) 用刻划的方法比较四种材料的硬度。

(2) 根据观察到的现象，对材料的特征进行比较和描述。

(3) 用打磨、锤打、传热等实验观察并发现金属的外部特性。

**3）情感、态度、价值观**

(1) 认同材料的硬度是可以被观察和测量的。

(2) 增强循环利用材料、节约资源的保护环境的意识。

**3. 教学重点**

(1) 运用刻划的方法比较材料的硬度。

(2) 运用寻找相同点的方法认识金属的特性。

**4. 教学难点**

整理分析"划痕"记录单上的数据,比较材料的硬度。

**5. 教学准备**

演示实验材料:木棒、铁丝、塑料尺、木条、卡纸、铁钉、金属片、金属丝、砂纸、锤子、烧杯、热水、易拉罐。

分组实验材料:木条、卡纸、铁钉、塑料尺、金属片、金属丝、砂纸、烧杯、热水、锤子、实验记录单。

**【教学过程】**

**1. 聚焦**

(1) 教师提问:铁和木头,哪个硬?

(2) 教师出示铁丝和木棒。

(3) 让学生用自己认为可行的方法比较铁丝和木棒的硬度。(弯折的方法并不科学)

(4) 教师引出科学的比较硬度的方法——刻划法。

设计意图:通过制造由于认识方法不科学而产生的矛盾,快速地把学生的注意力迁移到与教学活动有关的内容上来。

**2. 探究**

**1) 比较木条、卡纸、铁钉、塑料尺的硬度**

(1) 教师指导学生掌握各种科学的判断方法。刻划划痕的同时在记录单上做简要记录,并根据记录数据比较材料的硬度。

① 正确的刻划方法。用刻划法检验木条、卡纸、铁钉、塑料尺相互留下的划痕。

设计意图:让学生明白要想科学地认识事物必须借助科学的方法。

② 划痕的判断。

③ 记录单的使用。

(2) 学生分组进行实验。

(3) 分析实验结果,并得出结论。

设计意图:让学生尝试运用画符号的方法来记录实验数据,并运用数据回答研究的问题,通过对数据进行分析,科学地对材料的硬度进行比较、排序。这实质上是在培养学生运用科学的方法和态度解决问题的能力。

(4) 教师简单介绍硬度计。

**2) 认识金属特性**

(1) 师:关于金属的特性,你们知道什么呢?

(教师出示金属特性气泡图。)

(2) 教师指导学生通过如下小实验认识金属的特性。

(教师完善金属特性气泡图。)

打磨实验:有金属光泽。

锤打实验:能被砸扁,易变形。

传热实验:容易传热。

**3. 反思与应用**

（1）师：在我们的生活中，哪些地方运用了金属的这些特性？

（2）易拉罐的故事。

**4. 拓展**

让学生回家调查，观察生活中哪些地方用到了金属，主要用到了金属的什么特性？

设计意图：把科学与生活联系在一起，使学生在科学课上所学习到的东西有了生命的根基。学以致用，让学生在生活中继续发现更多值得探究的问题，使得科学课的学习没有因下课而画上句号。

**5. 板书设计**

哪种材料硬

刻划法：划痕

硬度从大到小

铁钉、塑料尺、木条、卡纸

**【教学反思】**

本课程经过多次的琢磨和总结，其成功之处主要有如下几点。

**1. 当学生的生活经验和事实产生矛盾时，学生就有了探究的欲望**

教学一开始，教师先让学生根据自己的生活经验，比较铁和木头的硬度，学生都认为铁硬，这时，教师将准备好的细的铁丝和粗的木棒拿出来，让学生用自己认为可行的方法比较它们之间的硬度，学生很容易用弯折的方法去检验，得出与他们的生活经验矛盾的结果——铁丝很容易被弯折，而木棒却不会，由此引出最为科学的刻划法。这样的过渡，可以让学生很容易明白，科学实验要讲究科学的方法，这样才能得出科学的结论。

**2. 利用课件很容易突破难点**

记录单的使用在本课中尤为重要，如何让学生正确运用记录单是这个环节的难点，学生掌握得好，下面的教学就很顺利，学生掌握得不好，就谈不上后续对记录单的分析，因此，在讲解如何使用记录单时，可以利用多媒体课件，用箭头的指向帮助学生认识，例如，木条刻划铁钉，箭头就从木条指向铁钉，并要求学生们在相应的方框处做上记号。通过这样的讲解和演示，学生很容易就明白使用记录单的方法，这也就使学生在分析记录单的时候能真正地看懂记录单。横排为被刻划的材料，竖排为刻划的材料，如果横着看记录单，“√”最多的材料硬度最大（说明这种材料能在其他的材料上留下划痕），竖着看记录单，“√”最多的材料硬度最小（说明其他的材料都能在这种材料上留下划痕）。

本课的教学内容较多，在这一节课中，后面还有一点内容是一笔带过。所以如何在 40 分钟的课堂中做到高效率，并在有效的时间内完成所有的教学内容是本课程教学的最大挑战。

# 注重发展学生的思维能力

## ——“运动起来会怎样(一)”教学设计

华中科技大学附属小学　何玲

**【设计说明】** 根据布鲁姆的目标分类,认知目标由低到高分为识记、理解、应用、分析、评价、创造等六个维度,其中前三个维度对应低层次的思维能力,后三个维度对应高层次的思维能力。

为了培养学生的高层次思维能力,本课的探究围绕两个问题进行了设计。一是人体有哪些呼吸器官。首先让学生用图画出猜想,然后以分析口腔是否是呼吸器官,总结判断呼吸器官的标准,让学生理解标准后,自主分析、评价还有哪些器官是呼吸器官及理由。二是吸进气体与呼出气体有什么不同。除了通过做实验对比观察吸进和呼出气体的不同,还列出了科学家的精确数据,通过数据发现吸进与呼出气体的巧妙的比例关系,甚至发现了对比哪几组数据就可以最快地发现气体间相互转换的规律。

**【教学设计】**

**1. 教学内容**

本课是教科版科学四年级上册“我们的身体”单元中的第三课,是在学习身体结构、骨骼和肌肉后展开的,是学生认识呼吸系统和循环系统的开始。本课的重点是认识呼吸器官,探究发现人体呼吸过程的实质,并为下一节学习血液循环系统做好准备。

本课从认识呼吸器官,到探究吸进气体与呼出气体的不同,层层递进,突破探索人体呼吸本质的教学难点。

**2. 教学目标**

**1) 科学概念**

(1) 了解人体的呼吸器官,人的呼吸过程是在肺部进行气体交换,吸收氧气,排出二氧化碳。

(2) 人运动起来,呼吸会加快,消耗的氧气越多,就需要肺加快呼吸,以吸进更多的氧气。

**2) 过程与方法**

(1) 用图画出人体的呼吸器官,观察呼吸模拟器,发现横膈膜的作用。

(2) 结合实验现象,探究吸进与呼出气体的不同,通过数据分析出人体呼吸过程的实质。

**3) 情感态度与价值观**

(1) 培养学生之间相互交流和倾听的习惯。

(2) 培养学生对探究人体奥秘的兴趣。

**3. 教学重点**

辨析人体的呼吸器官。

**4. 教学难点**

探究吸进与呼出气体的不同,发现呼吸过程的本质。

**5. 教学准备**

人体呼吸模拟器、集气瓶、玻璃片、木条、打火机。

**【教学过程】**

**1. 导入**

师:同学们,今天有好多老师来听课,还要给我们录像,老师感觉很紧张,有没有什么方法可以缓解紧张？

生：做深呼吸。

师：那什么是深呼吸？呼吸包括吸进气体和呼出气体两个过程。我们今天这节课就来学习呼吸。（教师板书。）

师：请同学们将双手放在胸口，一起来感受一下呼吸，预备，吸气，呼气，吸气，呼气。

**2. 活动**

（1）认识呼吸器官。

教师分别做以下四步提问。

① 想一想，人体有哪些呼吸器官？独立思考一分钟，要给出这样认为的理由。

② 说一说，人体有哪些呼吸器官？小组交流 2 分钟。相同的有哪些，有分歧的又是什么？

③ 画一画，人体有哪些呼吸器官？有分歧的用问号标出。

④ 辩一辩，人体有哪些呼吸器官？

教师邀请一个小组进行汇报，其他小组补充可能还有哪些呼吸器官。

以“口腔”为例，学生展开辩论。

师（总结）：判断呼吸器官的标准，一是看主要功能，二是看是否参与了呼吸过程。以这个标准，请同学们辩论其他器官是否是呼吸器官。

学生自由发言，发现还有鼻腔、咽喉、气管、支气管、肺。

师（拿出呼吸模拟器）：请同学们观察人体呼吸模拟器，说一说横膈膜的功能。学生经过观察讨论之后，教师总结人体呼吸器官有：鼻腔、咽喉、气管、支气管、肺、横膈膜。

设计意图：通过师生对话，生生对话，得出判断呼吸器官的标准，然后学生自主学习还有哪些是呼吸器官，然后通过展示呼吸模拟器，让学生自主建构模拟器与人体呼吸的联系，并发现横膈膜的功能的确与呼吸有关，从而将横膈膜也列入呼吸器官。

（2）探究吸进与呼出气体的不同。

① 师：吸进气体与呼出气体有什么不同？

② 实验探究：吸进与呼出气体的不同。

实验注意事项有以下三点。

① 收集吸进的气体和呼出的气体。（教师播放微视频）

② 将点燃的木条深入集气瓶中。（教师播放微视频）

③ 展示记录单，要求记录木条的燃烧现象，并思考这些现象说明了气体有什么不同？

（3）汇报实验现象，分析实验现象说明了什么。教师可以进行如下引导式提问（见表 1）。

**表 1　木条燃烧的实验现象**

| | 吸进的气体 | 呼出的气体 |
|---|---|---|
| 木条燃烧的现象 | 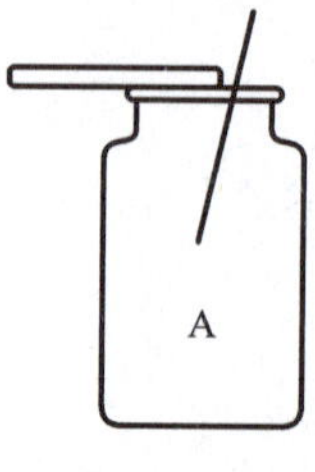 A | 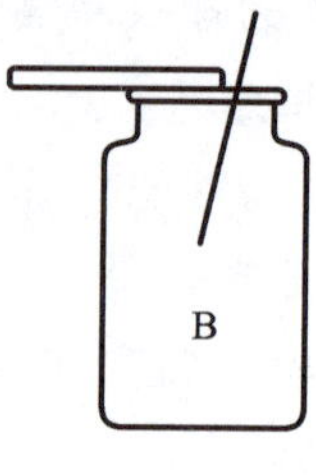 B |
| 思考：这些现象说明了，这两瓶气体有什么不同？ | | |

① 观察到的现象是什么?

一个是木条继续燃烧,另一个是木条立刻熄灭。

② 这些现象能说明这两瓶气体有什么不同?

说明 A 瓶中的气体能够使木条继续燃烧,B 瓶中的气体不能使木条继续燃烧。

③ 教师介绍氧气的性质——支持燃烧。

A 瓶:含有氧气,氧气充足,所以木条能够继续燃烧。

B 瓶:氧气含量很少,所以木条很快熄灭。

④ 每一种气体都有它独有的性质,我们只是用点燃木条的方法检验了氧气,其他气体并没有检验。但是我们的科学家们经过多次实验得出了吸进与呼出气体成分的精确数据,如表 2 所示。

**表 2　吸进与呼出气体成分**

| 气　　体 | 氮气 | 氧气 | 二氧化碳 | 其他气体 |
|---|---|---|---|---|
| 吸进的气体 | 78% | 21% | 0.03% | 0.97% |
| 呼出的气体 | 78% | 16% | 4% | 2% |

(4) 展示吸进与呼出气体成分表格,教师进行引导式提问。

① 表 2 显示氮气、氧气、二氧化碳在吸进和呼出的气体中所占的比例。通过数据可发现吸进与呼出气体有什么不同?

氮气前后不变,氧气减少了,二氧化碳增加了。

② 吸进与呼出气体所占比例不变、减少、增加分别说明了什么?

不变说明人体不需要氮气,减少说明人体需要氧气,增加说明人体不需要二氧化碳。

③ 除了这些,你们还能发现什么? 可以算一算吗? 减少的和增加的有什么数学上的联系?

氧气减少了 5%,二氧化碳和其他气体刚好一共增加了 5%,这个过程叫作气体交换,人的呼吸过程就是一个气体交换的过程。

师(总结):人体呼吸过程实际是在肺部进行气体交换,是吸收氧气、呼出二氧化碳的过程。

**3. 应用**

请同学们课下思考如下两个问题。

(1) 人运动起来,呼吸会怎样?

学生可能回答:呼吸加快。

(2) 为什么会加快呢?

学生可能回答:人运动时,需要消耗大量氧气,只有加快呼吸,才能使肺吸进更多的氧气。

**4. 板书设计**

呼吸

| 吸进气体 | 呼出气体 |
|---|---|
| 氧气【多】 | 氧气 |
| 二氧化碳 | 二氧化碳【多】 |

**【教学反思】**

首先,本课是"运动起来会怎样"的第一课时,传统教学一般是展示人体呼吸器官图,这样学生是在识记、理解的低层次思维能力上进行学习的。而本课中,用画图的方式挖掘学生的前概念,通过教师示范分析口腔,总结出判断呼吸器官的标准,这样的理解学习更深刻,同时为后面运用判断标准来分析哪些器官是呼吸器官奠定基础，在分析、评价的过程中，学生的高阶思维能力得到了锻炼。

其次，探究吸进与呼出气体不同的实验操作有很多技巧和注意事项，本课采用微视频的方式进行指导，学生的关注度高、操作正确率也高，这充分展示了微视频教学的高效性。

最后，列出科学家测量到的每种气体成分的精确数据，让学生对比发现吸进与呼出气体的数学关系，对比几组数据，很快发现气体相互转换的规律。

# 合理安排，提高效率

——“时间巧安排”教学设计

华中科技大学附属小学 方婷婷　许燕

【设计说明】 本课教学内容选取的是首都师大版“综合实践活动”三年级上册“时间巧安排”一课，教材以著名数学家华罗庚提出的“如何泡茶”问题为范例，旨在引导学生分析并得出“巧妙安排时间才能提高效率”的道理。

三年级的学生在实际生活中有过安排时间的体验，但对通过合理、巧妙地安排时间来提高做事效率的体会并不深。

因此本课教学设计引入了本班同学“小彬彬”在生活中的真实情境，让学生以熟悉的同龄人的生活中，去发现问题，并借用自主设计游园计划去解决问题，得到巧妙安排时间的秘诀。

【教学设计】

**1. 教学内容**

合理、巧妙安排时间。

**2. 教学目标**

(1) 学生能初步根据实际情况及各事项的时间和地点巧妙安排时间。

(2) 学生能小组合作，制定游动物园计划。

(3) 学生能感受到巧妙安排时间的重要性。

**3. 教学重点**

(1) 小组合作，制定游园计划。

(2) 让学生感受到合理安排时间就是珍惜时间。

**4. 教学难点**

学生可以根据实际情况及各事项的时间和地点巧妙安排时间。

**5. 教学准备**

16 台 iPad(每组 1 台)、相应多媒体设备。

【教学过程】

**1. 走近“小彬彬”的假期生活**

(1) 教师播放班级同学“小彬彬”的假期生活视频。

视频内容分为两部分，第一部分是小彬彬在假期里毫无计划，过于浪费时间；第二部分是小彬彬通过制定作息时间表并执行，高效利用了时间。

(2) 学生分享观看视频的感受。

预设：合理安排时间应该让生活有计划；要合理规划时间，才可以做到珍惜时间。

(3) 揭示课题：“时间巧安排”。

**2. 我们一起去游园**

(1) 教师通过讲话导入任务。

师：咱们学校附近新开了一个动物园，老师和爸爸妈妈们商量好了，在保证安全的前提下，让咱们班的同学能自主在这个动物园里游玩一天。

(2) 教师带学生一起来看地图。

重点介绍动物园的大门、三个表演场馆、两个餐饮中心的位置。

(3) 让学生了解各项表演及场馆开放的时间表。

动物园的开放时间为 9:30～18:00。

① 表演时间。

海洋馆：10:30～11:00，　　14:30～15:00；

驯兽：11:30～12:00，　　14:30～15:00；

飞禽大观：13:00～13:30，　　16:00～16:30。

② 场馆开放时间。

动物与地震科普馆：10:00～17:00；

游乐园：10:00～17:00；

科普馆：10:00～17:00；

餐饮：11:00～14:00。

**3. 游园计划我来定**

(1) 教师出示任务：4 人一组，制定游园计划。

(2) 教师出示活动要求。

① 在游园开放时间内，每个小组尽量多地游玩场馆，多看动物。

② 至少要满足小组里每位同学的一个要求。

③ 动物园不允许带入食物，请各组注意餐饮时间。

④ 各小组可根据需要选择 iPad 中的日历、提醒事项和画板等软件书写计划。

⑤ 书写计划时需注明所看动物的区域或表演的名称及到达该区域的时间。

(3) 小组活动——制作计划。

(4) 小组分享与展示。

分享要求如下。

① 简洁、清晰地汇报小组制定的各项设计及设计意图。

② 认真倾听，并尝试向他人提出合理的意见或建议。

**4. 总结与拓展活动安排**

(1) 教师总结。

师：只要合理安排时间、善于利用零星时间、科学健康地生活，就能够高效利用时间、提高做事效率。

(2) 出示拓展活动。

师：请同学们按照小组设计的游动物园计划，本周末和小伙伴或爸爸妈妈一起去游园，检验自己计划的可行性与合理性。

**5. 板书设计**

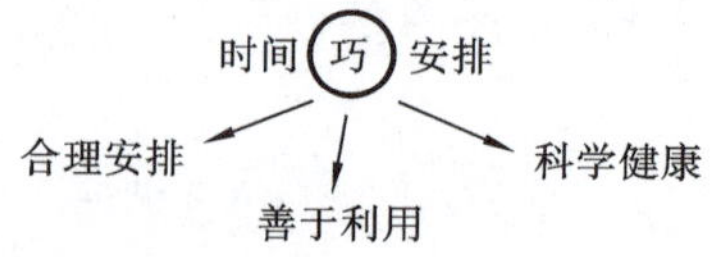

【教学反思】

**1. 设计贴近学生生活的教学情境，引导学生迅速融入学习任务，快乐完成任务**

在本课导入环节，教师首先播放本班同学“小彬彬”的假期生活视频，通过熟悉的同伴的生活情境，带给孩子们真实的“问题感”，从而轻而易举地吸引孩子们的视线、引起他们的思考、打开他们的话匣子，并巧妙地完成课题的揭示。

在本课的游园计划教学设计环节，教师建立学生熟悉且喜欢的生活情境，把平常真实的游玩动物园的体验在课堂上派上用场，并且引导学生去主动思考——如何和小组同学在动物园开放的时间内，尽可能多地游玩动物园场馆，从而在小组制作计划环节共同出谋划策。

**2. 利用合适的信息技术，为小组提供多样化的作品设计和展示方式**

利用新媒体辅助教学时，常常让教师们感到头疼的莫过于教师和学生都需要在课堂上花些时间学习技术，遇到低年级的学生，学习技术的时间还会增加。本课教学设计中，教师巧妙地减少了学生需要学习技术的时间，选择了三年级学生较为熟悉的 iPad 上的日历、提醒事项、几何画板等合适的软件，这既为小组提供了多样化的作品设计和展示方式，又保证了作品设计和展示的时间不至于过长。

**3. 合理预设，期待生成**

综合实践活动课程的课堂和其他课程的课堂相比，孩子们的思维会更加多样、独特，同一个学习任务，学生会有各种各样的想法和表现。本课的学习任务的设计，尽可能地依据孩子的年龄特征进行了合理的预设。当然真实的课堂并不能完全按照预设的教学设计按部就班地进行，课堂中教师需要认真倾听学生的发言，关注每一个孩子，呈现原生态、精彩的课堂。

（本节课获湖北省“一师一优课，一课一名师”活动“优课”）

# 随机数在 Scratch 摇奖程序中的应用

## ——"趣味摇奖"教学设计

华中科技大学附属小学　毛爱萍

**【设计说明】**

**1. 教材分析**

附小基于 Scratch 平台，开发了一套校本儿童数字文化创作课程——"Scratch 与创意设计"，学生通过编码学习各种新技术。其中，"趣味摇奖"一课是学习自由创作的。本课设置的着力点是把信息技术教学与学生的生活体验相联系，把信息技术问题与生活情境相结合，让信息技术教学做到兴趣化、生活化，让学生乐于观察生活、主动创新。

**2. 学情分析**

学习对象是六年级的学生，他们已经学习了一学期的 Scratch 课程，通过学习动画、音乐、艺术以及游戏等二十多个不同类型的作品创作，接触和应用大多数模块，学生头脑中已经构建了顺序结构、循环结构以及分支结构等计算思维的认知结构。他们也掌握了一些程序设计的学习方法，可以经过不断尝试完成一个项目的设计，能运用程序设计思维去创造性地表达自己。

Scratch 中有一个 在 1 到 10 间随机选一个数 随机数模块，可以生成一个任意范围内的随机整数。学生在进行创作时曾经也接触过该模块，对随机数已有了初步了解，如将随机数插入平滑移动模块 在 1 秒内，平滑移动到 x: 在 50 到 -100 间随机选一个数 y: 在 100 到 -100 间随机选一个数 中，控制角色在舞台的一定范围内随机移动；将随机数插入等待模块 等待 在 1 到 3 间随机选一个数 秒 中，控制角色的等待时间为 1～3 s；用随机数和逻辑运算模块搭建条件 在 1 到 5 间随机选一个数 = 1 来实现对一些问题的解决。

**【教学设计】**

**1. 教学内容**

利用随机数设计一个摇奖程序。

**2. 教学目标**

(1) 会用随机数解决具有随机模拟现象的问题。

(2) 了解和应用随机切换造型、给变量设定随机数这两种算法产生摇奖号码。

(3) 能够自己选择一个创作主题，设计一个趣味摇奖程序。

**3. 教学重点**

摇奖中随机号码产生的算法。

**4. 教学难点**

让学生乐于观察生活、主动创新。

**5. 教学课时**

1 课时

**6. 教学准备**

范例、摇奖大转盘等实物。

【教学过程】

**1. 情景创设，激趣导入**

教师打开趣味摇奖作品。

师：毕业典礼上有一个摇奖环节，老师为大家设计了一个趣味摇奖程序。下面请同学们来试一试。

教师请学生到电脑前亲自体验、细细品味，学生对摇奖作品的好奇之心表露无遗。这激发了学生"我也来尝试"的欲望，从而引出活动的主题——趣味摇奖。

**2. 算法学习，感悟新知**

摇奖程序设计中，摇奖号码的生成算法是本节课的重点。在这一环节中，教师采用直观的演示和生动的讲授，将设计思路告诉学生，学生通过观察、思考获得新知。

（1）随机切换造型（见图1），产生随机数据（见图2）。

**图1　随机切换造型**

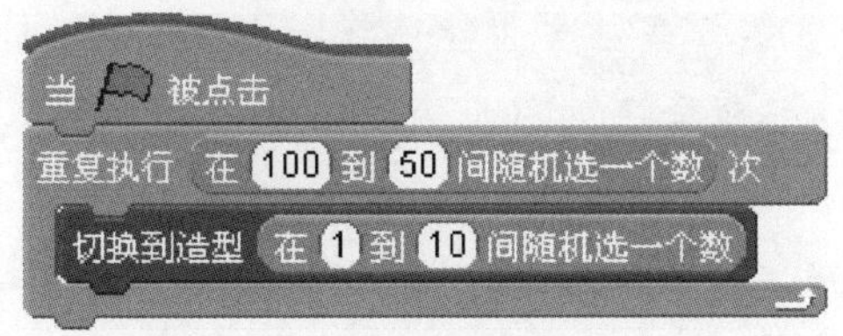


**图2　产生随机数据（一）**

（2）给变量设定随机数，产生随机数据（见图3）。

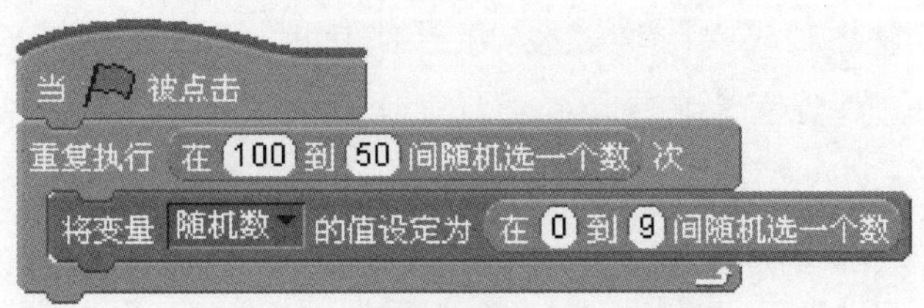


**图3　产生随机数据（二）**

学生学习核心算法之后，教师演示几个不同风格的作品，拓宽学生的视野，激发学生的创作欲望。随后，教师将作品设计的大致思路用表格呈现出来（见表1）。

**3. 自由创作，让创意翱翔**

课堂上，教师把时间和空间交给学生，学生有的自主学习，有的互帮互助，教师主要为他们答疑解惑，帮助他们越过一个个障碍，一步步接近成功，学生在知识的天空中实践着、创造着、快乐着，把课堂推向了高潮。

**表 1　作品设计的大致思路**

| 步骤 | 活　动 |
|---|---|
| 1 | 提出摇奖活动主题 |
| 2 | 设计各种角色，完成摇奖界面的设计 |
| 3 | 给每个角色设计脚本，完成摇奖程序的设计 |

**4. 分享作品，体验快乐**

学生展示作品，一件件作品伴随着教师的欣赏和赞赏呈现在学生视野里，学生情不自禁地发出各种感叹。学生作品如图 4 所示，作品链接地址：http://scratch.mit.edu/studios/244435/。

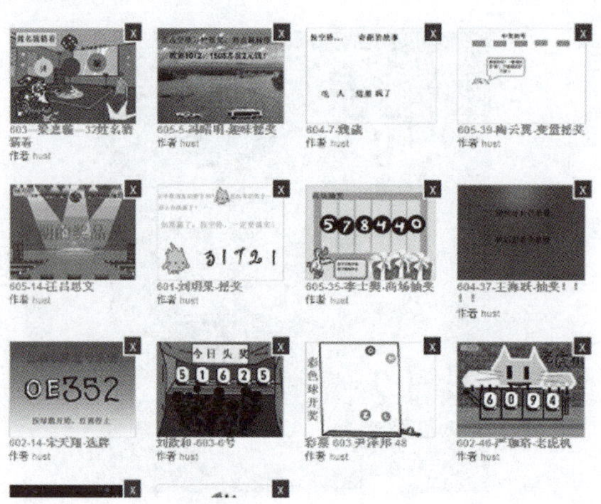

**图 4　学生作品**

短短的四十分钟时间里，不仅绝大多数学生能创作出作品，而且他们的学习兴趣得到了充分的激发。同时，通过编码的学习，学生还学会了观察生活、主动创新。

**【教学反思】**

算法与程序设计是信息技术课程的内容之一，是义务教育领域信息技术教育的传统科目，有着较长的发展历史和经验积淀，既有过辉煌历史，也曾饱受非议。随着信息技术学科的发展，小学程序设计模块的教学重点不再是以代码编写训练为要义，而是让学生通过学习编码在个人生活中表达思想和情感。Scratch 是一种面向对象的程序设计语言，学生只需通过拖拽色彩鲜艳的模块就可以编写程序，操作简单直观，无须记忆各种代码，学生很容易上手，同时，学习内容涉及动画、游戏、艺术、故事、音乐等多个领域，Scratch 创作课程为培养学生创新思维提供了一个很好的学习环境。本节课突出了以下三点。

**1. 让学生乐于观察生活、主动创新**

生活中有很多随机取数的场景：各大商场门前摆放抽奖大转盘、中国福利彩票和中国体育彩票的中奖等。学生在生活中能接触到这些五花八门的抽奖活动，教师让学生创作一个摇奖程序，让学生把自己观察到的各种有趣现象，用数字作品表达出来，激发了学生的创意思维。

**2. 加强对常用算法的学习与对创新思维的训练**

在 Scratch 创作课中，对案例的核心算法的学习是课堂教学的核心。在教学中，教师要在最短的时间内，结合一些情景，用言简意明的语言帮助学生理清算法要点、把握脉络、掌握方法，促使学生更准确、牢固地理解和掌握重点算法，提高课堂教学质量和学习效果。

首先，教师通过范例演示和让学生试玩，引出问题，告诉学生解决问题的核心算法；然后，通过演示和讲述，教师把随机切换造型产生随机数据和给变量设定随机数产生随机数据的两种算法告诉学生，让学生对重点知识的学习和把握更加清晰、明了，在此基础之上，学生再根据自己头脑中已有的算法思维，结合活动内容，发挥自己的想象，用代码去表达自己内心的想法，实现更多创意，在创作中训练学生的创新思维。

**3. 通过学习编程，学生可以习得更多东西**

通过学习编程，学生可以得到机会学到更多东西。在创作摇奖作品时，学生创作出各种各样的作品，编写不同代码描述着自己的设计，可以看出学生能熟练应用新技术，自由表达自己的思想。

学生在创作作品的过程中，学到了变量的概念，知道用变量存储数据、用随机数给变量赋值产生一组随机数、用变量来统计。学生在有意义的环境中学习了概念，明白了学习变量的意义。

当学生为趣味摇奖设计脚本时，他们会学习和应用各种模块，思考如何进行设计，如何将一个小的想法变成一个完整的能够运行的作品，如何尝试新的想法，如何与他人合作完成作品，出错时如何发现并纠正错误，如何坚持，如何在失败时面对挫折。

# 尊老敬老过重阳

## ——“九九重阳节”教学设计

华中科技大学附属小学　贺佳

**【设计说明】** 本课是“快乐周末”活动课程“我们一起过节吧”中的重阳节系列的第一课，适用年级为一、二年级。

一、二年级的学生对重阳节仅有最基本的认识，对传统节日的内涵、节庆活动的形式等方面所知甚少。

为了改善这一现象，本节活动课程将传统文化，以视频解密、DIY 重阳香囊等活动形式进行展示，让孩子们深入了解、认同并最终喜欢上重阳节。

**【教学设计】**

**1. 教学内容**

九九重阳节的传统文化。

**2. 教学目标**

(1) 学生能从不同角度看待汉字“九”。

(2) 学生能了解重阳节的由来及风俗。

(3) 学生能自制重阳香囊。

**3. 教学重点**

学生能了解重阳节背后的文化内涵。

**4. 教学难点**

学生能根据家中老人的实际情况制作合适的手工香囊。

**5. 教学准备**

课件、制作香囊需要的材料(茱萸、丁香、薄荷、藿香若干克，蓝色碎布头 35 块，丝线 35 条，针线若干，彩笔 5 盒，小彩珠 1 盒)。

**【教学过程】**

**1. 脑力热身操**

(1) 师：看到黑板上的汉字“九”，你想到了什么？

(2) 任务要求有以下三点。

① 2 分钟内在本子上写出尽可能多的答案。

② 发言时要声音洪亮、语言简洁、条理清晰，不重复别人的回答。

③ 认真倾听，找出自己和别人不一样的答案，予以补充。

(3) 教师揭示课题：九九重阳节。

**2. 走进重阳节**

(1) 教师播放视频“重阳节的由来”。

(2) 思考下面三个问题。

① 视频中桓景靠什么驱赶了瘟魔？

② 2000 年前的重阳节有哪些节日习俗?

③ 我们在哪些诗歌中能找到这些节日习俗?

教师引导学生朗诵《九月九日忆山东兄弟》。

(3) 教师在课堂上展示实物——茱萸,并做口头简介。

师:茱萸是一种常绿的、带香的植物,具备杀虫消毒、逐寒祛风的功能。在重阳节这一天,按照中国民间风俗,人们会通过身插茱萸或佩戴茱萸香囊来避难消灾。

(4) 教师请学生回答以下两个问题。

① 重阳节又叫什么节?

② 为什么重阳节又叫老人节?

(5) 教师播放第二个视频"重阳节为何又叫老人节"。

(6) 教师请学生回答:为什么有老人节?

**3. DIY 重阳香囊**

(1) 教师请学生回答下面两个问题。

① 这是什么呢?(教师现场佩戴香囊并询问学生。)

② 香囊里面会装些什么呢?(教师引起学生对香囊外观、作用等方面的关注,激发学生制作香囊的强烈愿望。)

(2) PPT 呈现香囊的制作步骤,了解几味中草药的功效:丁香能够提高抵抗力;薄荷能够驱虫;藿香可以预防感冒。

(3) 任务:制作一个重阳香囊。

(4) 制作要求有以下三方面。

① 点缀蓝色布头使其美观且富有特点。

② 针对爷爷奶奶的实际情况,选择合适的材料制作一个重阳香囊。

③ 独立完成。

(5) 制作材料:茱萸、丁香、薄荷、藿香若干克,蓝色碎布头 35 块,丝线 35 条,针线若干,彩笔 5 盒,小彩珠 1 盒。

(6) 全班展示作品,合影留念。

**4. 板书设计**

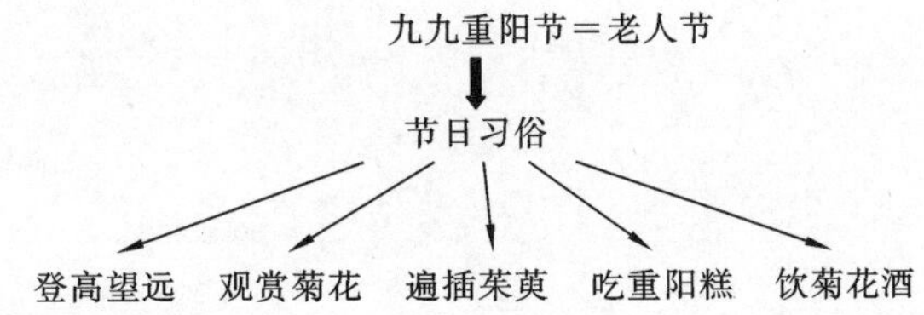


**【教学反思】**

**1. 设计与教学内容密切相关的开放性问题,引导学生思考和猜测**

低年级学生年龄小、想象力丰富,创新思维的提升空间大,而发散思维是创新思维最主要的特点。教师让学生看到汉字"九"后想出与之相关且尽可能多的答案。在课堂上,教师的指导、频繁的练习会有效地提高学生思维的流畅性、敏锐性和发散性,培养学生的倾听习惯和回答习惯(不重复同学的发言)。

在"走进重阳节"的教学环节,教师设计重阳节为何又叫老人节这一问题引导学生大胆猜测,鼓励学生从不同方面陈述理由。

**2. 利用合适的视频、实物等资源，渗透中华传统文化**

学生对重阳节的了解非常有限，单纯地进行口头讲解对低年级学生而言会很枯燥。教师针对学生的年龄特点，选择有趣的动画视频引发学生对重阳节由来的关注，视频设计让学生思考登高望远、遍插茱萸、饮菊花酒的作用，最终让学生明白传统风俗的意义。现如今重阳节的节日氛围较淡，这些拥有着两千多年历史的节日习俗离学生生活较远。教师让学生在诗歌中找一找重阳节风俗历史悠久的依据，让学生将新旧知识建立联系，加深对重阳节风俗的理解。

中草药是中医预防治疗疾病所使用的独特药物，也是中医区别于其他医学的重要标志。学生在生活中很少接触中草药，教师将茱萸、丁香、薄荷、藿香等实物带进课堂，让学生通过看、摸、闻、识等环节对中国历史悠久的几味中草药有初步的了解。

**3. 提供材料、教授方法，给予学生一个动手、动脑的机会**

低年级学生的动手能力普遍较弱，常规课堂上教师为每个班准备几十份材料也不现实，活动课上正好得以改善。教师用 PPT 呈现制作香囊的方法，为学生提供自主学习的机会。学生可创造性地组合材料来装饰布头，结合对老人的了解，选择合适的中草药，制作出一个独一无二的重阳香囊。

# 勇敢怀疑，拥抱真理

——“谬误”教学设计

华中科技大学附属小学　薛浩然

【设计说明】 本课是快乐周末“小学生批判性思维”系列课程中模块三“清晰的思考”的第一课。小学生对生活中常见的问题缺乏客观理性的认识，对缺少前提条件的问题缺少质疑，所以小学生往往无法清晰地认识事物，同时，在生活中，谬误与真理往往相伴而行，学习批判性思维的目的之一就是要更好地去寻求真理，从而清晰地认识事物。“谬误”一课将为学生揭开谬误的面纱。

本课阐释了该如何区别真理与谬误，该怎样认识谬误，同时结合生活，充分展示学生的观点，在学习中免去枯燥乏味的理论学习，让学生不断促成真理意识，学会与谬误抗争。

【教学设计】

**1. 教学内容**

快乐周末“小学生批判性思维”系列课程中模块三“清晰的思考”的“谬误”。

**2. 教学目标**

(1) 学生能简单理解真理与谬误的含义，以及它们之间的联系。

(2) 学生能学习有理有据地阐述观点，逐渐掌握辨别谬误的方法。

(3) 学生能关注生活，树立自己的个人观点。

**3. 教学重点**

学生认识到谬误是普遍存在的，与真理往往只有一线之隔。

**4. 教学难点**

学生能运用一些方法，比较清晰地认识事物，识别谬误。

**5. 教学准备**

水性笔、冰棒签(轻巧方便地记录真理、谬误，在实际操作环节中带给学生更多的兴趣)、乔尔丹诺·布鲁诺与日心说视频、记事贴、奖励卡。

【教学过程】

**1. 活动一：评一评**

(1) PPT 出示以下四句话。

① 苹果树上，熟透了的苹果必然会落到地上。

② 从比萨斜塔上落下来的两个质量不一样的球会同时落地。

③ 太阳是太阳系的中心，地球始终围绕着太阳转。

④ 手术刀一般而言是用来做手术的。

师：以上四句话，你认为哪句话的描述是有问题的，请说明理由！

(2) PPT 出示：针对你认为有问题的话，尝试将其修改成没有问题的话。

学生分析问题，更改谬误。

师(小结)：无论是一种观点，还是理论、学说，经过验证后，证明其是真实的或者是事实，则称之为真理，反之就是谬误（谬论），真理往往是有很多条件限制的，而谬误往往是模糊的、不具体的。

**2. 活动二：真理冰棒签**

（1）师：请同学们用水性笔在冰棒签一面的开头写一句自认为的“真理”。

学生思考并书写冰棒签。

（2）教师将书写完的冰棒签放入抽签的桶中，摇晃桶中的冰棒签，在桶的上面盖上黑布，并留一个洞。

（3）每位同学抽取一个冰棒签，察看冰棒签上的“真理”，然后将不正确的地方调整一下，使其成为真理。

**3. 活动三：艰难的追求者**

视频播放乔尔丹诺·布鲁诺与日心说（地动说）。

（1）PPT 出示：针对视频中的内容，谈谈你的想法！

学生针对视频，谈自己的想法。

（2）PPT 出示：地球围绕太阳转，是真理吗？

师（小结）：我们看到的是布鲁诺的坚持不懈，与谬误的勇敢抗争是那样的艰辛，但是这又是时代发展所必需的，真理在与谬误的抗争中，将不断发展。

**4. 活动四：尿不湿证明方案**

PPT 出示：妈妈为 3 个月大的弟弟选取了两款同等价格、不同品牌的尿不湿，但是却不知道哪个更好用，你有什么方法帮一下妈妈吗？（可从说明书中的舒适度、吸水量等考虑）请将方案写在纸上。

学生提出设想，思考实验方法，验证结果。

师（小结）：给弟弟选取尿不湿的过程，就是论证的过程，而得出的结果就是当前的“真理”，反复论证就是真理产生的过程，如果你证明了自己的观点，恭喜你，你摒弃了谬误，验证了真理。（根据周末课程的时间来决定要不要做实验。）

**5. 课外延伸——“为谬误抗争”小作业**

寻找生活中的假真理，请在广告牌、电视、谚语等各种媒介中寻找别人都认同但实际却是谬误的“真理”，如“不干不净，吃了没病”等。

师（小结）：为了判明真理，人们必须拿谬误作比较，有比较才有鉴别。只要善于比较，善于从错误中吸取经验，就能发现真理。

**6. 板书设计**

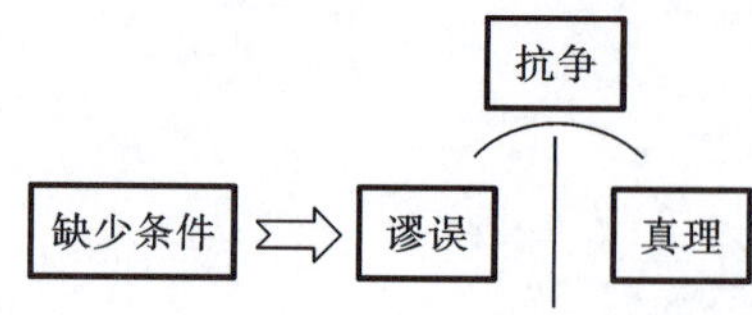


**【教学反思】**

**1. 生活中处处存在真理与谬误的抗争，学生要有识别谬误的眼睛**

“苹果树上，熟透了的苹果必然会落到地上。”这句话看上去是没有问题的，但是细细思量，这句话是一句不完整的话、没有前提的话，生活中处处可以找到看上去是真理，但是却存在问题的话。学生查阅资料后看本课的四个例句，它们看上去都没问题，从这一点来看，学生缺乏严谨的态度，缺乏识别谬误的眼睛。通过举反例、仔细思考，学生能找到每句话中存在的漏洞，学生能更加严谨地学习和生活。活动中，学生对常识性的问题进行判断，这可引发学生浓厚的学习兴趣，从而促进学生思考，由此让学生认识谬误与真理的关系——谬误是缺少条件的，真理往往是有条件的、清晰的。

**2. 识别谬误，在真实情境下更改谬误，趋向真理**

学生能够在教师的带领下识别谬误，是远远不够的，学生能够在实际中更改谬误，趋向真理更加重要。为了让更多的学生能在实践中更改谬误，在第二个环节，教师设计了“真理冰棒签”的活动。学生根据之前的认识，去纠正条件不完整的冰棒签“真理”，学生全员参与、思考，切实体会谬误和真理是如何转换的。

在历史上，真理和谬误的转换却不是那么轻松的。活动三的视频让学生认识到人们在追求真理的过程中，经历了各种磨难与艰辛，才让整个世界有所进步，让身边的事物更科学地展现在面前。看完视频，学生对乔尔丹诺·布鲁诺执着真理的行为感到敬佩，这时学生更容易感受到真理的来之不易，从而树立真理意识。最后，为了落实小学批判性思维要与生活中的实际问题相结合的观点，课程设计了“尿不湿的证明方案”的活动，让学生体验追求真理的过程，探索两片小小的尿不湿谁更能吸水，由假设到验证，学生以自己的方式来探索，寻求方法，或许获得的结果仍需验证，但实践加深了学生的印象，学生可了解如何寻求真理，从而学会解决实际生活中的问题。

总体而言，要注重问题与实践相结合，让学生通过有趣的方式理解批判性思维，让学生渐渐树立起怀疑精神，在实际生活中学会摒弃谬误，拥抱真理。

# 好好说话，以理服人

## ——“三的原则”教学设计

华中科技大学附属小学　许燕

**【设计说明】** 本课是快乐周末“小学生批判性思维”活动课程中“辩证地思考”模块的第二课，适用年级为四、五年级。

本课教学设计定位于引导学生了解每一个论证都必须多面，即论证可以正面论证一个立场，也可以反驳一个立场。单面的论证是有偏见的论证，好的论证必须是多面论证——既正面论证自己的立场，又要反驳对方的立场；反驳也应该是双向的，既要批评对方的正面论证，又要回答对方对自己论证的批评。

一个好的论证必须包括辩证的层次，即它是通过对立双方的竞争和对话来达到最后结论的，即使没有对立，也要造成假象的对立，来形成对话，多方合作找到共同可以接受的结论或者行动方案。所以本课选取亨特提出的“三的原则”进行教学。

对一个问题，寻找三种不同的视角来看待；对一个目标，找出三种行动方案；定义一个观念，找出三个例子；对一个论证，寻找三个反驳等。对于大多数人来说，思考出一个、两个观点相对容易，思考出第三个观点就比较难，尤其是对于知识与生活经验都较为贫乏的小学生，更是困难。小学阶段，学生的目标意识较弱，尤其是缺少为了达成既定目标而设想行动方案的习惯，常常是随心确定一个目标，随性定下行动方案。因此本课设计，依据学生的生活实际，设计了“和爸爸妈妈去旅游”的活动，把主动权交给渴望自己掌握旅游权的学生，引导他们围绕目标找出三种行动方案。

对一个论证，寻找三个反驳。平时的生活中，小学生的行为、要求常受家长和教师的控制，因受自身年龄的限制，虽然学生心中有诸多不满、不服，可是仍然要选择服从。本课教学设计，结合学生的真实需求——想自己饲养小动物，可总是被爸爸妈妈拒绝，设计了“宠物计划”活动。学生联系平时的生活，写出家长可能反对自己饲养宠物的理由，并针对家长的理由，寻找三个“反驳”，即寻找三个理由去说服家长，以完成自己饲养宠物的计划。

**【教学设计】**

**1. 教学内容**

快乐周末“小学生批判性思维”活动课程中“辩证地思考”模块的第二课。

**2. 教学目标**

(1) 学生能了解“三的原则”——对一个问题，寻找三种不同的视角来看待；对一个目标，找出三种行动方案；定义一个观念，找出三个例子；对一个论证，寻找三个反驳等。

(2) 让学生能逐步突破个人思考的局限性，养成对事物进行多维性思考的习惯。

(3) 学生能根据事实和证据来构造、考察和评判各种替代的论证。

**3. 教学重点**

学生对“三的原则”概念的理解与掌握。

**4. 教学难点**

学生能运用“三的原则”完成“和爸爸妈妈去旅游”“宠物计划”的课堂任务。

**5. 教学准备**

(1) 课前，指导学生按上节课课后作业的观点分组就座。

(2) 网上下载“神农架风光”视频。

(3) 完成“和爸爸妈妈去旅游”方案设计表(电子版、纸质版)。

(4) 拍摄花鸟市场小宠物的视频。

(5) 完成饲养宠物计划表(电子版、纸质版)。

(6) 完成“凭什么我要听你的”作业表(电子版、纸质版)。

**【教学过程】**

**1. 活动一：上节课家庭作业反馈**

(1) PPT 呈现作业反馈要求：将作业记录单按观点(好与不好)回收，并让学生按观点重新就座。

(2) 教师引导双方交换记录单，然后小组传阅对方的记录单，并找出小组成员认可的、对方最有说服力的观点，至少找出三条。

(3) 教师评价、小结，并引出本节课学习内容“三的原则”。

师：经过前面的学习(打开思考关系图的 PPT)我们知道了解决问题的思维是……(结合 PPT 讲解)

师：批判性思维中最难又最关键的要求是什么呢？今天我们一起来了解它。

师：同学们，你们认为什么是“三的原则”呢？

学生围绕什么是“三的原则”各抒己见，畅所欲言。

教师利用 PPT 展示“三的原则”的内容，请学生读一读。

学生针对“三的原则”的内容，提出疑问，教师进行答疑。

**2. 活动二：“和爸爸妈妈去旅游”设计活动**

师：马上进入今天的第一次演练，演练之前请同学们按原来的分组安静、迅速地坐好。

师：同学们，你们喜欢旅游吗？我这儿有一小段“神农架风光”的视频，我们一起来看看吧！

教师播放“神农架风光”视频，师生一起观看。

师：多么美的风光啊，下面我们一起来做个小小的规划师，完成“和爸爸妈妈去旅游”的设计任务吧。

PPT 呈现设计任务的要求：每个小组设计一种出行方案，并阐述三条这样设计的理由，填入表格中。

教师给每个小组发放任务单。

任务单相关内容如下。

如果你和父母假期准备去神农架旅游，由你来设计出行交通方案，你会如何设计？每个小组设计出三种出行方案，按选择的出行方案排出顺序，并阐述理由。

参考信息如下。

武汉——宜昌，乘火车，用时 2.5 小时，票价约 90 元。

宜昌——神农架，乘长途汽车，用时 4.5 小时，票价为 25～60 元。武汉至神农架约 470 千米，汽车在高速公路上的行驶速度约为 90 千米/时。

根据参考信息，填写如表 1 所示的出行方案。

**表 1　出行方案**

| 出行的交通方案 | 理　　由 |
| --- | --- |
| | |

全班交流后，教师随机抽签决定上台顺序，每组代表上台展示方案并阐述理由。

师：同学们刚才运用"三的原则"小试牛刀了一把，现在让我们再次运用"三的原则"，大显一番身手。同学们行动前，再一起重温一遍"三的原则"吧。

教师将 PPT 返回到"三的原则"内容。

**3. 活动三：宠物计划**

师：我在花鸟市场拍摄了一些小宠物，我们一起来看看吧！

教师播放拍摄的花鸟市场小宠物视频。

师：多么可爱的小宠物呀，如果你也很想饲养一只，可是家长不同意，你认为家长会有哪些反对的理由呢？你又准备怎么说服家长呢？同学们，让我们运用"三的原则"完成自己饲养宠物的计划吧！

学生在教师发放的表格上完成自己说服家长饲养宠物的计划，并写出三个关键的理由。我与家长的沟通表如表 2 所示。

**表 2　我与家长的沟通表**

| 家长可能反对的理由 | 我说服家长的理由 |
| --- | --- |
| | |

教师向学生说明"交互阅读法"的操作步骤，小组采用"交互阅读法"完成组内交流。

"交互阅读法"的操作步骤：按 A—B—C—D—E 的规律进行，A、B、C、D、E 这 5 个字母分别代表小组里的 5 个同学，A 同学阅读 B 同学完成的表格，并记下自己的看法；B 同学阅读 C 同学完成的表格，并记下自己的看法；依此类推，完成组内交互阅读；在此基础上，再进行小组内交流，找出 5 人小组中最相似的理由、最与众不同（最独特）的理由、最合理（最有说服力）的理由。

全班交流，教师要注意引导学生找到真正三个不同角度、维度的理由。

**4. 活动四：延伸活动——家庭作业**

师：生活中常有同学对自己的父母抱怨"凭什么要我听你的？听你的去上培优班、听你的购买衣物……听你的各种安排！" 就这个现象，回家用"三的原则"和父母心平气和地交流，然后把自己和父母的交流如实地记录在表格中，我和父母的交流表如表 3 所示。

**表 3　我和父母的交流表**

| 沟通的具体事件 | 我对家长说的话 | 家长对我说的话 |
| --- | --- | --- |
| | | |

小建议:如果学生愿意,还可以尝试和家长"换位对话"。

**5. 板书设计**

三的原则{
对一个问题,寻找三种不同的视角来看待
对一个目标,找出三种行动方案
定义一个观念,找出三个例子
对一个论证,寻找三个反驳
……

**【教学反思】**

**1. 从"微小"处着手,潜移默化地渗透批判性思维品质**

在批判性思维课堂上,孩子们第一节课就采用抽签的方式,完成了小组人员的分配,按照这样的组合,各小组成员已经在一起学习了一段时间。本次学习也是如此,孩子们一进课堂就习惯性地坐到了原来的伙伴身边,看到 PPT 上呈现的作业反馈要求时,学生赶紧重新调整位置,找到和自己观点一致的伙伴。此教学设计既可让学生感受"惯性思维"的可怕,又能让学生尝试运用观察与思考去解决问题——按作业观点调整好位置。

再如在"三的原则"概念教学的设计环节,因为学习对象是小学生,教师如果直接给出概念,学生肯定会不理解,因此在教学设计中,教师先让学生依据自己的理解各抒己见,在此基础上,再出示概念,让学生阅读与理解,对仍不理解的地方,教师有针对性地进行答疑。这种让学生主动地去思考、去理解的方式,正是批判性思维品质的渗透。

**2. 借助学生身边的、熟悉的情境事例,感受批判性思维的力量**

平时的生活中,小学生的行为、要求常受家长和教师的控制,因受自身年龄的限制,虽然学生心中有诸多不满、不服,可是仍然要选择服从。本课教学设计,结合孩子们的真实需求,如喜欢小动物,想自己饲养小动物,可总是被爸爸妈妈拒绝,设计了"宠物计划"的活动,引导学生联系平时的生活写出家长可能反对自己饲养宠物的理由,针对家长的理由,寻找三个"反驳",即三个理由去说服家长,完成自己养宠物的计划。另一个活动来源于孩子们的真实生活情境:每次出去旅游,都是爸爸妈妈说了算,自己根本没有一点自主权。根据这一现象设计了"和爸爸妈妈去旅游"活动,把主动权交给渴望自己掌握旅游主动权的孩子,引导他们围绕目标,能主动地找出至少三种行动方案。

教学设计中,针对平时学生找理由时的状况——一股脑儿地尽可能地多写,不考虑主次和轻重,设计了"交互阅读法"的学习方法,让每一位学生先从自己的视角去理解"三的原则",然后再小组合作,寻找、讨论出大家都认可的、三个最关键的、最合理的理由,借此让学生体会"三的原则"的本质、精髓,即不在于理由的数量,而在于理由的关键性、合理性,要从不同的角度、维度去思考和衡量,进而真正领会"三的原则",培养批判性思维。

# 第三部分

# 教 学 案 例

# 从积累到运用，玩转“内外圈”

## ——“秦兵马俑”教学案例

华中科技大学附属小学　赵亮

**【背景导读】**“秦兵马俑”是一篇传统经典课文。这篇课文围绕秦兵马俑规模宏大、类型众多、个性鲜明的特点展开描写。它和本单元其他课文，以及口语交际部分共同组成“热爱祖国灿烂的历史文化”专题，是一篇能发展学生语言能力、思维能力和启迪学生心智的好例文。

本篇课文较长，但脉络清晰。第八自然段尤为精彩——既有说明性、描述性的文字，也有作者丰富的联想与想象，使读者仿佛目睹了大秦帝国的无敌军团。本单元的训练重点是想象文章描绘的情境，学习作者表达的方法。

在全国第二届合作学习年会上，教师执教这篇课文。根据年会主题要求，课堂必须使用“内外圈”的合作策略。如何运用“内外圈”的方式，引导学生积累精妙的语言，再有效地牵引到习作上呢？

**【课堂实录】**

**1. 低阶“内外圈”，游戏中积累**

师：请大家仔细观察第八自然段，看看发现了什么？

第八自然段内容如下。

每个兵马俑都是极为精美的艺术珍品。仔细端详，神态各异：有的颔首低眉，若有所思，好像在考虑如何相互配合，战胜敌人；有的目光炯炯，神态庄重，好像在暗下决心，誓为秦国统一天下作殊死拼搏；有的紧握双拳，好像在听候号角，待命出征；有的凝视远方，好像在思念家乡的亲人……走近它们的身旁，似乎能感受到轻微的呼吸声。

生：我发现这一段里面有排比句。

生：我发现排比句里面的每一句都有“有的……好像……”。

师：你们一下就发现了段落结构的特点，真棒！还有别的发现吗？

生：……（一时语塞）

PPT 显示重新排列的语段。

有的颔首低眉，若有所思，好像在考虑如何相互配合，战胜敌人；

有的目光炯炯，神态庄重，好像在暗下决心，誓为秦国统一天下作殊死拼搏；

有的紧握双拳，好像在听候号角，待命出征；

有的凝视远方，好像在思念家乡的亲人……

师：从内容的角度想一想，前半句是什么？后半句是什么？

生：“有的”后面是兵马俑的神态，“好像”后面是作者根据神态想象的兵马俑的内心活动。

师：作者连用四个“有的……”来展现兵马俑的神态细节，让人仿佛身临其境。又紧接着连用四个“好像……”使兵马俑的形象变得有血、有肉、有情感！这么精彩的文字，值得我们把它印在脑海里。排比句特别容易背诵，再长的段落，一会儿就背下来了。

师：咱们现在就来用“内外圈”的方法玩一个背书的游戏吧！

（1）全班一半成员组成内圈，面朝外圈，一半成员组成外圈，面对内圈。外圈中的每个人都应面对内圈中的一个人。

(2) 内圈的同学随意说出上半句,外圈的同学背出相应的下半句。

(3) 外圈的人轮换位置,面对内圈中的另外一个人。

(4) 面对面继续交流问答。

活动时注意以下事项。

① 背诵者看天花板。

② 背诵正确,赠送积分卡。

③ 听铃声移动位置和结束游戏。

**2. 高阶"内外圈",交流中运用**

PPT 出示填空,如下所示。

有的______好像______;

有的______好像______;

有的______好像______。

PPT 展示各种姿态的功夫熊猫。

师:功夫熊猫阿宝,集笨拙与灵巧于一身,这个形象是否能引发你的灵感呢?

师:模仿课文的第八自然段,自由创作排比句,写出三个"有的……好像在……"。

师:写的时候要注意两个要求。

(1) 基本要求:前半句写看到的,后半句写想象的。

(2) 高级要求:用词长短统一,用上四字词语更好。

学生独立写作。

运用"小内外圈"交流。

(1) 两个四人小组组合成一个内外圈,内圈、外圈各四人,活动时注意以下事项。

① 必须面对面。

② 用手势给满意的作品点赞。

③ 根据伙伴的建议,对语句进行修改。

(2) 外圈同学把自己的作品念给内圈同学听,寻求反馈。

(3) 内圈同学给予反馈。

(4) 内外圈交换角色,重复。

(5) 移动位置,重复。

(6) 回座位修改。

师:经过内外圈的交流,你的作品一定比之前更棒了,你想跟我们分享一下你的作品吗?

生:我原来写的是"有的双手抱怀,好像在思考着什么",感谢其他同学给我的建议,后半句改成了"好像在思考明天吃什么"。

师:好在哪里呢?

生:这样更符合功夫熊猫的性格特点。

师:也更幽默了,对吗?

师:再采访一位同学。

生:我原来写的是"有的大鹏展翅,好像在准备上天入地",其他同学觉得"入地"不太恰当,建议我把"上天入地"改成"展翅高飞"。

师:不可能入地,对吧?

**【案例评析】**

跑步是体育考核的经典项目。有的孩子喜欢跑步，因为他跑得快，是这个项目中的特长生。有的孩子就不喜欢跑步，因为他跑不快。

"丢手绢"这个游戏，就是"狡猾"的体育教师用来"对付"跑不快的学生的。每次歌声响起"丢，丢，丢手绢"，学生必须打起十二万分精神，关注敌情，还没被丢到的时候，学生思绪万千，思考逃跑的角度、路线、应在哪里拐弯、在哪里可以虚晃一枪迷惑敌人，如果此时教师按个秒表，估计跑得慢的孩子就及格啦。类似的游戏还有"贴鼻子""小马过河""小兔赛跑"等。同样是跑步，比起在赛道上单调地往前跑，游戏还是更有乐趣些。

语文教学也是一样，语文课堂上的"内外圈"合作学习就相当于体育课堂上的游戏规则。只要规则制定得好，就可以促使每个孩子投入到学习中去。

今天的课堂使用了两次"内外圈"。

第一次"内外圈"活动，对应的是背诵第八自然段的学习目标。背诵是积累语言、内化语言所必需的过程。没有哪个语文教师会认为背诵不重要，没有哪个语文教师不把背诵作为平时训练学生的重要手段。但是，在公开课的课堂上，几乎看不到学生现场背诵课文，可能是教师害怕枯燥、冗长的背诵过程冲淡了课堂的精彩。"内外圈"的合作策略就非常好地解决了这个问题。学生在好似"找朋友"的游戏中，交换伙伴、互问互答，让学生通过有趣而又紧凑的合作学习，实现了对语段的背诵。

第二次"内外圈"活动，对应的是仿写练笔的学习目标。学生们在这次"内外圈"的合作中，展示自己的作品，欣赏他人的佳句，赞美同伴的智慧，推敲用语的分寸，交换彼此的建议。这种深度的参与、思维火花的碰撞、利人和利己的愉悦感和成就感，是单个教师示范和个别学生展示无法达到的。

第一次"内外圈"完成背诵任务，属于低阶思维中的记忆。第二次"内外圈"中，学生们围成小的"内外圈"，互相欣赏、评价、提建议，这属于高阶思维训练。

"合作学习"一共有 35 种合作策略，"内外圈"只是其中的一种。如果教师们深入研究、灵活运用，势必会让课堂对话更加高效，让课堂焕发新的光彩。

# 批判性思维下的阅读

## ——《夏洛的网》教学案例

华中科技大学附属小学　陈红　赵刚

**【背景导读】**

语言是思维的外壳。语文阅读教学，归根结底，其实就是思维的教学。要提升学生的核心素养，就要让学生学会思考，因此，发展学生思维，特别是批判性思维能力尤为重要。学生对某种事物、现象和主张发现问题所在，同时，根据自身的考量，有主张地做出逻辑思考。让学生学会自主阅读、创造性地阅读，理应成为语文阅读的教学着力点之一。

批判性思维下的阅读包括理解和评价两个层次：第一个层次是对文本的理解，了解作者想要表达的意思；第二个层次是对文本所传递的观点、态度等进行评价，表达读者自己的观点和态度。阅读力就是学习力，是学生提高语文素养的基石与动力。课堂上，教师既是学生平等的对话者之一，又是课堂阅读活动的组织者、学生阅读的促进者，教师要依据自己既有的文化视野、认知水平对作品做出自己的领悟和解读，作为平等的阅读主体介入学生的阅读中，以激发学生的阅读兴趣，激活学生的阅读思维，提高学生的阅读水平。

本课之所以选择《夏洛的网》这本书，是因为这是一本经典的童话，大量的语言材料鲜明地传递出了作者的人生价值观，并带给读者一次又一次的心灵震撼，给读者无穷的启迪，引发读者不同的思考。

**1. 学情简介**

四年级是小学生知识、能力、情感价值观形成的关键时期，他们对自我、他人、社会有了一些浅显的认识，人生观、价值观正在形成，一本好书，能传递给孩子们浓浓的人文情怀。

**2. 阅读意义**

本课例实践，将著名作家 E. B. 怀特的经典童话《夏洛的网》整本书请进课堂，用批判性思维阅读的方法进行论证，学习运用对比、勾连等阅读策略，感悟夏洛的形象，并分析出“网”的含义，探究作者 E. B. 怀特的写作目的，形成情感共鸣，从而让学生感受到阅读童话的乐趣，提高学生的思维能力。

**3. 学习目标**

(1) 以夏洛四次织网为线索，畅所欲言，说出自己的阅读感受，通过比较、分析、论证，体悟夏洛的人物形象。

(2) 初步运用“审视情节”“品读形象”“感悟思想”的读书方法，对书中“网”的主题进行提升，揣摩作者写这本书想表达的主题，形成情感共鸣。

**4. 教学策略**

本书有两处明显的横纵向对比，一是夏洛和其他朋友在各个时期对待、帮助威尔伯这只小猪的不同细节和特点；二是威尔伯在夏洛的帮助和引领下，自身的处境和心境有了翻天覆地的变化，甚至洗礼。教师先引导学生了解人物的特点，再指导学生分组合作，结合具体的故事情节或细节揣摩人物的动作、语言、神态、心理等，体悟出人物特点。

教学侧重于一本书内人物形象的比较，让学生在比较中发现人物形象的特点，学会有理有据地、明确地、清楚地陈述自己的观点。

**【课堂实录】**

**1. 课前交流，回顾主要内容**

师：最近一个月，我们都在读《夏洛的网》这本书，今天这节公开课，老师想要跟你们交流一下，读了这本书，哪些情节给你们留下了比较深刻的印象？能不能简单说一说？

生1：我觉得夏洛为了救威尔伯而织网的情节让我印象深刻。

生2：我看到夏洛最后死了，死在大街上，孤零零的，好可怜。

生3：我为威尔伯最后获得比赛胜利而活下来感到高兴。

师：这本书有二十二章，谁能用简单的话把这个故事的主要内容讲出来，让今天在座的同学都能迅速听懂。

生：这本书主要讲夏洛为了救好朋友小猪，吐出一根根丝，在猪栏上织出了被人类视为奇迹的网上文字，小猪得救了，而夏洛却死了，生命轮回，新的蜘蛛出现。

师：贯穿章节，围绕主要人物，抓住重要情节，你找到了概括整本书内容的方法，了不起！

师：说到重要章节和人物命运，就不得不说夏洛在网上织字的这个重要情节了。夏洛一共织了几次网？

生：四次。

师：你们想过没有，作者为什么要安排夏洛织四次网，而不是一次？每一次织网，你都发现了什么，感受到了什么？

PPT出示：这是一个(　　　　)的夏洛，这是一张(　　　　　　)的网！

**2. 聚焦情节，品读形象，品悟“网”的含义**

(1) 小组同学自主、独立完成夏洛织网的相关章节的解读，完成学习表(见表1)。

(2) 小组用发言卡的方式相互交流自己的想法，鼓励学生积极发表自己的意见，可点评、补充和质疑。

(3) 共同完善学习表，组织好语言，准备发言。

**表1　学习表**

| 情　　节 | 威尔伯的表现及变化 | 夏洛的生命状态 | 夏洛的形象 | 网的神奇之处 |
|---|---|---|---|---|
| 第一次织网“王牌猪” | | | | |
| 第二次织网“了不起” | | | | |
| 第三次织网“光彩照人” | | | | |
| 第四次织网“谦卑” | | | | |

学生运用合作学习的方式，进行自学、讨论。

**3. 小组合作交流**

(1) 依据学生的汇报情况，梳理四次织网的重要情节，预设如下。

第一次

它爬下来来到网中央，在那里开始咬断几根丝。它缓慢却又不停地结网，这个时候其他动物都打盹了。没有一个，甚至包括母鹅，注意到它在工作……

第二次

夏洛干得那么起劲，它开始自言自语，像是在给自己打气。如果那天晚上你碰巧静静地坐在仓底这儿，你就会听到这样的话："现在轮到织'起'字了！一横！下来！一竖！哔(bì)！接上！很好！再一横！下去！一横！哔！好样的！现在稳着点！爬过去！接上！一撇下去！现在上来点！到右边！一直过去！停止！现在向右边翘起一点！好！现在回上去！一横！一竖！现在到左边！再一横！爬过去！好了！别急，保持那些线连在一起！现在织出'起'字最后一笔！下来！哔！横过去！翘上去一点！整个字再来一次！好样的！"

第三次

夏洛则在为自己担心，但却没对别人表露这一点。一天早上威尔伯问她有关展览会的事。

……

夏洛拉了拉她的网，忧郁地看着这些丝线轻轻晃动的样子。"恐怕不那么有趣，"她说道，"你不了解产卵的重要性，威尔伯。我不能不顾我的家庭，跟你去展览会。当我准备产卵时，我就得产卵，不管有没有展览会。无论如何，我不想你担心——你会因此变瘦的。让我们这么约定吧：如果有可能，我就去和你参加展览会。"

……

第四次

"你一直是我的朋友，"夏洛回答说，"这件事本身就是一件了不起的事。我为你结网，因为我喜欢你。再说，生命到底是什么啊？我们出生，我们活上一阵子，我们死去。一只蜘蛛，一生只忙着捕捉和吃苍蝇是毫无意义的，通过帮助你，也许可以提升一点我生命的价值。谁都知道人活着该做一点有意义的事情。"

(2) 师生讨论如下。

师：时间到！孩子们，你们认为这是一个怎样的夏洛？为什么这样认为？请在文中找到依据，理由是否充分呢？

生：我认为这是一个善良的夏洛。

师：你为什么这么说呢？什么叫善良？难道其他动物不善良吗？请在文中找到依据。其他同学赞成吗？能否也说出你的想法，要有理有据哦。

生：善良是一种好心肠，而且发自内心，并用行动证明自己的诺言。请大家看到这里"它爬下来来到网中央，在那里开始咬断几根丝。它缓慢却又不停地结网，这个时候其他动物都打盹了。没有一个，甚至包括母鹅，注意到它在工作……"同学们，你们注意到了吗？威尔伯即将变成熏肉火腿，他着急慌张，虽然说他的朋友们都在帮忙，可真正愿意想办法又花时间帮助威尔伯的人却太少了。而此时此刻的夏洛，正废寝忘食，这是真正的善良！我通过对比不同的动物，感受到了夏洛的善良。所以这是一张充满友情的网！

师：说得有理有据，太好了。善良的夏洛在比较分析中跳到了我们的面前。还有其他小组有自己的想法吗？

生：我认为这是一个舍己为人的夏洛。

师：你为什么这么觉得？夏洛舍弃了什么，又为了什么？你从哪些情节感受到的？其他同学同意吗？为什么？

生：夏洛自始至终都在为威尔伯考虑，从来没有想过自己。夏洛为了救威尔伯的命，舍弃了自己的休息时间，舍弃了自己的健康，为了不断鼓励威尔伯，想尽各种办法激励威尔伯，大家说这样的夏洛难道不是一个舍己为人的夏洛么？所以这是一张充满温情的网！

掌声响起。

师:刚才这位同学说到了夏洛舍弃了自己的健康,不知道大家注意到这件事没有?威尔伯即将去集市参加比赛,而夏洛越来越虚弱了,大家知道,夏洛要产卵了,但在这件事情上,夏洛选择了和威尔伯去集市,你赞成夏洛的这种做法吗?为什么?其他同学能否也说出自己的观点?

展开辩论。

生(赞同):是朋友,就要坚持到底,事关威尔伯的生死,当然要陪同……

生(不赞成):现在是夏洛即将产卵的时间,繁殖后代对蜘蛛来说多重要啊,一不小心连命都没有了……

师(小结):不论大家是否赞成这样的选择,夏洛都选择了陪伴威尔伯。在这样重大的事件面前,夏洛毅然选择了陪伴和鼓励,冒着生命危险为朋友出谋划策,这才是真正的友情!

师:刚才许多同学都对夏洛最后一次织网时与威尔伯的对话印象深刻。同学们,夏洛临死前还在感谢威尔伯!一只蜘蛛,为了救一头小猪,竭尽全力直到生命尽头,你觉得这件事情有意义吗?如果没有夏洛,威尔伯会怎样?如果没有威尔伯,夏洛又会怎样呢?请在文中找到依据。

生:如果没有夏洛,威尔伯就变成了熏肉火腿。

师:夏洛挽救了威尔伯的生命。同学们,看看这张学习表,你们觉得威尔伯仅仅是生命得到了挽救吗?他还有什么变化?

生:我还发现了威尔伯的许多变化。我发现最开始的威尔伯胆小懦弱,没有主见,非常自卑,后来威尔伯渐渐变得成熟、自信,正如夏洛网上的字一样"光彩照人""谦卑",这不就是夏洛带给他的人生洗礼吗?所以我认为这还是一张能激发潜力的网!

掌声响起。

师:夏洛带给威尔伯的太多了,那如果没有威尔伯,夏洛又会怎样呢?

生:正如夏洛自己说的,没有威尔伯,它这一生只忙着吃虫子、织网,碌碌无为。

师:真正的友情,是互相帮助和互相成就。所以这是一张互相成就的网!

**4. 联接统整,验证体会**

(1) 联接梳理,质疑。

师:夏洛织了四次网,能发现什么吗?再看看你们的学习表,在文中找到依据哦。

师(小结):相同的是每一次威尔伯都转危为安,夏洛每一次虽苦却甜,为朋友的一颗心至死不变。

(2) 统整对话,进一步与文本对话。

师:再次回想一下这本书的情节内容,想一想夏洛为了朋友,最后献出了自己的生命,值得吗?

**5. 联系生活实际,审视作者观点**

(1) 师:刚才我们审视情节、品读出人物形象,还悟出了道理。那么"网"在整个故事中起到了什么神奇的作用呢?作者写这本书想表达什么呢?

(2) PPT 出示如下内容。

《夏洛的网》的创作灵感源于农场中发生的事件。有一次 E. B. 怀特养的一头猪病了,为了救治这头猪,他费尽心血,寻医问药,与猪共度了十分焦虑的日子,最后这头猪还是死了。E. B. 怀特对此颇有感触,随即写下了《猪之死》,表达了他前所未有的感悟。猪喂肥后被宰杀,从来就没有人对此行为有过任何疑问,而 E. B. 怀特不仅对此存有疑问,而且他决心要拯救一头小猪的性命,于是便有了《夏洛的网》的故事。

**6. 总结学法,课外延伸**

(1) 师(总结):读这本书,我们审视了夏洛四次织网的相关情节,品读出了一个善良、舍己为人、忠诚的夏洛，悟出了这是一张关于生命、友情、信念的网。在我们身边，这样的小故事还有很多，可能是父母、亲人、老师、朋友……只要你细细体会，每件小事都足以柔软我们的内心。生活中，你是谁呢？是夏洛？还是威尔伯？

(2) 学生交流收获，总结学法。

**【案例评析】**

在课前交流，回顾主要内容这个环节，教师通过轻松的聊天，引发学生已有的阅读体验，交流阅读体验，激发学生对学习内容的兴趣，同时带着学生直奔情节，通过指导，教会学生概括整本书主要内容的方法，紧扣"抓住重要情节"这一线索串起整本书。接下来过渡到本课核心——审视夏洛织网这个过程中的情节，进行聚焦阅读，从一个大问题贯穿下来，引导学生精读整本书，这样学生的思路会比较清晰、集中。学生在自主阅读中，提升提取信息、形成解释、合理使用信息并做出评价的阅读能力。

在聚焦情节，品读形象，品悟"网"的含义环节，利用学习表，以小组合作的形式，引导学生对故事情节进行质疑、比较、推断、验证，进行批判性思维的培养。在种种情节中，通过横向、纵向的对比和对细节的品读，让学生与文本对话、与同伴对话、与作者对话，让学生在对话、合作探究中，体会到夏洛的形象、"网"的含义的丰富，为学生深层次阅读打下基础。

在小组合作交流环节，教师始终起着思维主导作用。① 抓住核心，聚焦四次织网的情节，以问题"你们认为这是一个怎样的夏洛？为什么这样认为？请在文中找到依据。"引导阅读。对关键问题不轻易下结论，追问能激发学生深层次思考的问题，找到人物之间、事件之间的内在联系，同时引导学生明白对比的方法是阅读常用的好方法。② 设置开放性的问题，以"你赞成夏洛这种做法吗?"为话题引导学生去辩论，让学生带着审辩的眼光看待问题，并聚焦重要情节，与文本对话，来推论验证自己的想法。这个过程中，学生既学习到了推论的阅读方法，又初步感受到运用典型情节表现人物形象的写作方法。③ 在重难点问题的处理上，教师通过逆向思维的提问方式，运用假设，推动学生去思考、去拓展，如提问"如果没有夏洛，威尔伯会怎样？如果没有威尔伯，夏洛又会怎样?"，让学生在纵向和横向的对比中，在一轮轮的对话中，对文本进行反刍，慢慢地品读文本，从而体会夏洛的努力及生命的价值。让学生的思维慢下来，在论证的过程中，慢慢觉醒。

在联接统整，验证体会环节，教师让学生用批判性阅读方法对人物的行为做出自我的价值判断、个性评价。此处再一次统整四次织网的情节，与夏洛对话，上挂下联，辐射全局，让学生既了解了故事情节，又能体会情节之间的内在联系，从而一步步深入体会夏洛这一人物的形象。学生在感受人物形象的同时，又学会了发散思维，学会对勾连这一阅读方法的使用。批判性阅读要求读者关注作者所传递出来的观点和态度，并进行评价，表达出自己的观点和态度。

在联系生活实际，审视作者观点环节，学生将与文本、同伴、教师对话转为与作者对话，学生对文本有了某种观点和思想后，会加以文本的验证，看作者的解释是否合理、依据是否充分、分析是否全面，学生自然而然学会了批判性思维的阅读方法，这是一种更深层次的思辨对话。

学完整本书后，让学生联系生活实际谈自己的体会，紧接着教师出示相关背景。对于对文本的解读，学生常犯通病，要么浅尝辄止，要么以偏概全，要么过度诠释，应指导学生阅读文本、提倡多元解读。文本的基本解读就是读者们对文本描述的基本内容、抒发的基本情感、表达的基本方法的共识。换句话说，基本解读就是众多读者(教师、学生、作者)对一篇作品认知结果的重合部分。

从总结学法，课外延伸这个环节，可以看出教师鲜明的语文观。① 语文是工具性和人文性的统一。阅读的最高境界是读着读着，让生活也变成了书：诗意的生活，浓浓的人文关怀。将课堂延伸到现实中、延展到课外，体现了教学的开放性及现实意义，激发学生在阅读后沉淀、思考，用欣赏、赞美的眼光看待周围的人和物，并将优秀品格内化为自己的品质。② 学生从人文品读再次回归到理性思考，明白原来人物形象是这样一步步论证出来的，作者想要表达的观点是这样一步步向读者阐明的。

批判性思维下的阅读，培养了学生审视、思辨、字斟句酌的阅读习惯，鼓励学生用独特的眼光读出文本的价值，既让学生充分体验经典读本的深刻内涵，又让学生提升了阅读水平、习得了阅读技巧。学生只有养成良好的阅读思维习惯，使用了正确的阅读方法，并持之以恒，将阅读和生活融通，才能切实有效地提高自身的语文阅读能力。

# 懂“法”明“理”，培养学生运算能力

## ——“多位数乘一位数笔算乘法”教学案例

华中科技大学附属小学　王少娟

**【背景导读】**

《孙子兵法》中有一句名句：“知己知彼，百战百胜。”其意思是说，在战场上，既要了解对方的情况，也要了解我方的情况，方能百战百胜。而在教育教学中，这句话又何尝不适用呢？

华中科技大学附属小学曾开展过研究课活动，研究基于以“变教为学”为理念的小学数学课堂教学学习过程。对于三年级上册的“多位数乘一位数笔算乘法”(60页例1)一课，上课前教师对学生进行了前测，题目为“如何笔算13×2”，被测的50个学生中有48人都会正确书写笔算竖式，在学生已经“有所知”的课堂中，教师的教学重点该放在哪里呢？

**【课堂实录】**

**1. 充分了解学生，做到“知彼”**

师：为什么这样书写乘法竖式？

生1：昨天我们学习了13×2的口算，知道等于26，那就在横线下写26呗。

师：你是怎样算的？

生2：我以前见过乘法的笔算竖式就是这样写的，我模仿了一下。

生3：2乘3得6，6写在个位，2乘1得2，2写在十位。

师：为什么2要写在十位啊？

生(摸摸脑袋)：……

学生的表现有的是支支吾吾，有的是干脆回答不知道。原来他们不是真的会了啊！

教师在课前布置的与新知有关的知识点，让学生在原生态的状态下尝试练习，其目的是想充分了解学生会了什么，会到什么程度。教师只有知道学生会了什么，才能进一步思考该教什么。

**2. 认真备课，做到“知己”**

“多位数乘一位数笔算”这个知识点，教师通过前测清楚地了解到，学生对乘法笔算只是会书写笔算竖式，而不是真的知道为什么要这样写，会结果而不知过程，其实就是知道算法而不知道算理。于是备课就成了为了学生的“需要”而备课，教师备课时把重点放在让学生弄清算理、明白为什么可以这样笔算。学生只有在理解算理、理解算法各部分意义的基础上，才能真正地掌握计算的技能，减少计算中的错误。

课前学生已有多位数乘一位数的口算的思维过程，也有笔算连加竖式的经验。

例如，计算12×3，先算2×3=6，再算10×3=30，最后算6+30=36。

笔算加法竖式(见图1)的过程就是把口算思维过程和笔算连加思维过程转化成一种竖式计算思维的过程。这个过程中学生明白了口算和笔算的算理是一样的，只是形式不同而已，从而让学生对算理有初步的理解和对算法有切实的把握。

**3. 知己知彼，方能“百战百胜”**

下面呈现课堂中探究算法的课堂实录。

$$
\begin{array}{r}
12 \\
12 \\
+\ 12 \\
\hline
36
\end{array}
$$

**图 1　加法竖式**

师:为什么要用乘法计算?

生:求 3 个 12 相加的和是多少,所以用乘法计算。

师:你是怎么算的呢? 能与大家分享一下吗?

生 1:我用的是口算,先算 2×3=6,再算 10×3=30,最后算 30+6=36。

生 2:我用加法竖式计算。

师:老师将你们的算法记录在黑板上。

师:除了口算和连加,你们还有其他的计算方法吗?

生:我们学过加法和减法可以用竖式计算,那乘法同样也可以列竖式计算。

师:乘法竖式该怎样写呢? 大家在草稿本上试着写一写竖式,想一想在列竖式时,应注意什么?

生:相同数位对齐。

师:同学们,在这里如何用竖式计算 3 个 12 呢? 先不动笔,想一想先算什么,再算什么,最后算什么? 想好了后可以和同桌交流。

师:谁能详细地把自己的思路说一说? 其他同学说的时候请认真倾听,说得不够清楚的地方,你们可以补充。

生 1:先算个位上的 2×3=6,把 6 写在个位。

生 2:再算 3×1=3,这里的 1 表示 1 个 10,也就是 3×10=30。

师:好的,教师记录下来。

生 3:最后就是 30+6=36。

师:教师详细地记录了你们的思维过程(见图 2),其他同学也是这样思考的吗?

$$
\begin{array}{rl}
12 & \\
\times\ \ 3 & \\
\hline
6 & \cdots\cdots 3\times 2 \\
30 & \cdots\cdots 3\times 10 \\
\hline
36 & \cdots\cdots 30+6
\end{array}
$$

**图 2　乘法竖式(一)**

师(指口算):对比上面的竖式,你们发现了什么?

生 1:我发现乘法竖式的计算思路和口算思路是一样的。

生 2:我发现乘法竖式的计算思路和连加竖式的思路也是一样的。

生 3:原来口算、连加、笔算的道理是一样的啊! 只是形式不同而已。

师:这个竖式详细地记录你们的思维过程,但是它看上去有点复杂,可不可以写得简化一点,写写看。

师:今天我们在解决问题时,尝试用竖式来计算,我们发现笔算和口算是一个道理,把口算的思路整理后形成这样的乘法竖式(见图 3),以后遇到多位数乘一位数也可以用竖式计算。

**【案例评析】**

作为一名数学教师,应该思考:这节课数学课的价值是什么? 想给学生留点什么? 想给学生传达什么?

$$\begin{array}{r} 12 \\ \times \quad 3 \\ \hline 36 \end{array}$$

**图 3　乘法竖式(二)**

(1) 让学生计算正确是培养学生运算能力的唯一目的和指标吗?

《义务教育数学课程标准(2011 年版)》中的十大核心词之一是“运算能力”。运算能力不仅仅体现在会算和算正确,还包括对运算本身要理解,如运算对象、运算意义、算理等。

这次前测的对象是三年级某个班的学生,让学生尝试着写两位数乘一位数的笔算竖式,统计结果发现,孩子们笔算竖式书写的正确率在 95%以上,如果本节课的价值取向定位在学生会算和算正确上,那么教师只需要讲授 5 分钟后就可以进入到练习阶段,多练习或许还能提高学生计算的正确率。

前测中教师还发现,学生说得清为什么这样算的只有不到 20%,也就是说,学生跳过了算理直接到了算法,对算理的理解是空白,于是教师把这节课的重点放在有效地落实《义务教育数学课程标准(2011 年版)》倡导的过程性目标:基本思想方法——体会、运用“转化”思想;基本活动经验——获得将旧知迁移类推到新知进行学习的活动经验。

(2) 计算教学想给学生留点什么?

利用学生对经验的迁移,沟通“口算乘法”与“笔算乘法”的联系。让学生对口算乘法与笔算乘法进行比较,发现它们的联系,然后教师结合学生的回答用板书将口算的每一步与竖式计算的相同步骤连接起来,把抽象的算理直观化、简单化,从而让学生结合已学的口算方法来理解笔算的算理,在理解的基础上来掌握笔算的方法,做到以理驭法。

学生经历算理的生成过程,在探索的过程中进一步感受到计算思维的内在魅力,感悟知识间的内在联系——转化策略。

(3) 计算教学想给学生传达什么?

在教学过程中,当黑板上呈现出 3 种不同的计算形式(见图 4)时,教师为什么没有抓住机会让学生来比较乘法算式的优越性?

$$\begin{array}{l} 2\times3=6 \\ 10\times3=30 \\ 30+6=36 \end{array} \qquad \begin{array}{r} 12 \\ 12 \\ +\ 12 \\ \hline 36 \end{array} \qquad \begin{array}{r} 12 \\ \times \quad 3 \\ \hline 36 \end{array}$$

**图 4　3 种不同的计算形式**

如果在这里引导学生比较得出笔算的优越性的话,实在是有点牵强,因为本节课中,作为笔算乘法的初始课时,对于题目 12×3,数据较小,其实口算比笔算更简单,学生不用写出计算过程,在头脑中思考后就可以说出得数,只有计算的数据越来越大,笔算的优越性才能显现出来,这需要学生经历一个内化的过程。

运算的形式和方法包括口算、笔算、估算、验算,口算能够培养学生的思维能力,估算能够培养学生的数感,验算能够培养学生的检验意识。每一种计算的形式都会在适合它的情境中显现出它的优越性。竖式笔算只是一种熟练后变得自动化的操作程序。如果一味地强调竖式计算,就会使学生的能力形成缓慢,思维单一化。

(此案例获湖北省案例评比一等奖)

# 沟通联系　建构认知

## ——"三角形三边的关系"教学案例

华中科技大学附属小学　周雁

**【背景导读】**

"三角形三边的关系"一课是教师参加"一师一优课,一课一名师"赛课的教学案例。在执教本节课之前,教师在所在学校的四年级全体学生中通过随机抽样的方式抽取了 30 名学生进行课前调查,下面是两个问题的调查情况。

**问题 1**　三根小棒能否围成三角形?(见表 1)

**表 1　三根小棒能否围成三角形的调查表**

| 三根小棒一定能围成三角形 | 三根小棒不一定能围成三角形 |
|---|---|
| 11 人 | 19 人 |

再对上述认为"三根小棒不一定能围成三角形"的 19 名学生继续追问。

**问题 2**　什么条件下三根小棒才能围成三角形?(见表 2)

**表 2　什么条件下三根小棒才能围成三角形的调查表**

| 三边的长度不能相差太大 | 两边的和要大于第三边 | 任意两边的和要大于第三边 | 较短两边的和要大于第三边 | 不清楚 |
|---|---|---|---|---|
| 4 人 | 6 人 | 2 人 | 1 人 | 6 人 |

通过前测调查,不难看出学生对三角形三边的本质关系还是了解较少。鉴于此,教师应深入思考如何合理地设计教学环节,逐步突破学生的认知难点。通过多次磨课经历,教师确定了本节课的几个关键点:① 重视生活与数学的联系,旧知与新知的顺应联系;② 鼓励学生积极动手操作;③ 重视学生的问题意识发展;④ 重视学生思维的严谨性、逻辑推理的意识。

**【课堂实录】**

教学过程如下。

**1. 创设情境,导入新课**

多媒体展示例 3:小明家到学校的路线图(见图 1)。

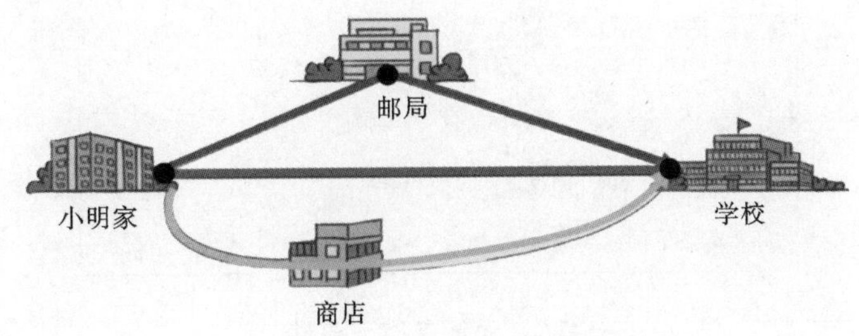


**图 1　小明家到学校的路线图**

**1) 教学例 3**

师:看! 这是小明家到学校的路线图,从小明家到学校有几条路? 哪条路最近? 为什么?

生：有 3 条路，中间的路最近，因为是直着走的。

师：我也同意，走直线最近。

**2）抽象概念**

师：小明家、学校、邮局和商店都可以看成是数学线条上的点。小明家到学校这两点间有折着连的、直着连的、弯着连的三条连线，哪条连线最短？数学上有一条公理——两点间所有连线中线段最短（简称两点之间线段最短），这条线段的长度叫作距离。

**3）活学活用**

师：同学们请再看，从小明家到邮局，哪条路最近呢？这一段长度就是从小明家到邮局的距离！

**4）小结评价**

师：同学们都很会运用两点之间线段最短的知识来找到最近的路！非常棒！

设计意图：教学例 3 时，教师要调动学生的生活实际经验，即走直线的路比走弯线的路要近，教学的落脚点要放在引导学生提炼出数学事实——两点间所有连线中线段最短，接下来，教师可以再充分利用小明上学的路线图，再进一步追问选哪条路最近的问题，以此来加深学生对两点间线段最短的理解和运用，为下一步探索三角形三边的关系做好铺垫。

**2. 联系旧知，实验探究**

**1）复习旧知**

师：把小明家、邮局、学校这三点之间用线段连接会组成一个什么图形？谁能到黑板上用磁条摆一个三角形？

教师强调摆三角形的关键是使每相邻两条线段的端点相连。

**2）提出问题**

师：这样的三条线段能围成一个三角形，那任意的三条线段能不能围成一个三角形？

生 1：能！

生 2：不一定！

生 3：有的能，有的不能！

**3）启发提问**

师：到底能不能，这个问题值得研究，我们可以用三根纸条来摆一摆。

学生根据研究问题和实验要求进行实验操作（见图 2）。

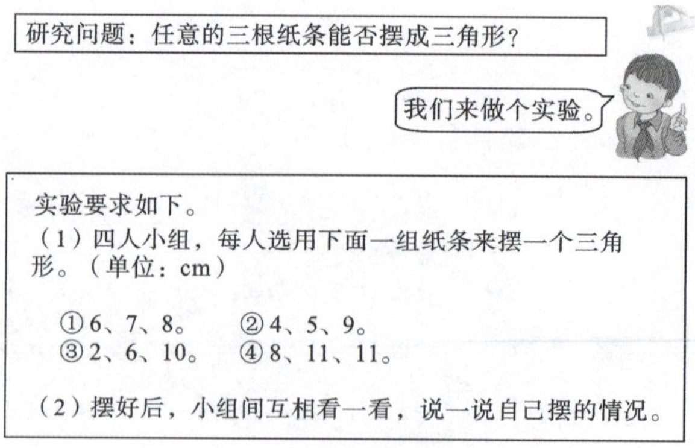

研究问题：任意的三根纸条能否摆成三角形？

我们来做个实验。

实验要求如下。

（1）四人小组，每人选用下面一组纸条来摆一个三角形。（单位：cm）

①6、7、8。　②4、5、9。

③2、6、10。　④8、11、11。

（2）摆好后，小组间互相看一看，说一说自己摆的情况。

**图 2　用纸条摆三角形**

**4）汇报交流，收集数据**

师：请各组组长把自己小组摆放的情况用实物展台投影到大屏幕上。

教师记载摆成的数据：① 6、7、8；④ 8、11、11。

教师记载摆不成的数据：② 4、5、9；③ 2、6、10。

**5）提出问题**

师：看到这四组不同的情况，你能提出什么数学问题？

生1：为什么有的能摆成三角形？有的怎么摆都摆不成呢？

生2：我想知道为什么很长的和很短的纸条就不能摆成三角形？

生3：我想知道什么样的纸条就一定能摆成三角形？

**6）引发思考**

师：同学们的问题很有价值，为我们找到了下一步研究的方向。看看第③组，为什么摆不成三角形呢？

设计意图：学生都知道围一个三角形需要三条线段，因此，学生很容易认为有三条线段就能围成一个三角形，但学生在实际摆三角形的时候，就会发现不同长度的三根纸条，有的能摆成，有的不能摆成，学生很自然就会对为什么摆不成的情况产生疑问，此时，教师就可顺着学生的疑惑，将探究摆不成的情况作为突破口，启发学生去思考摆不成的原因，通过借助学生通过实际操作获得的基本活动经验，将思考的关键点放在将两条边长度的和与第三边长度进行比较。

**3. 数形结合，深入探究**

**1）研究摆不成的情况。**

(1) 师：为什么第③组摆不成呢？

① 组织汇报。

生1：我发现10 cm纸条太长了，2 cm纸条和6 cm纸条分别连上10 cm纸条的两端后，这两个线条便怎么样都连不起来。

生2：因为2 cm纸条和6 cm纸条太短了。

生3：2 cm纸条和6 cm纸条加起来比10 cm纸条还短，当然不能摆成三角形。

② 教师板书：$2+6<10$。

③ 启发思考。

师：谁能用两点之间线段最短来解释一下为什么摆不成？

生：10 cm纸条两端最短的距离就是10 cm，但2 cm纸条和6 cm纸条就算首尾相连一共也只有8 cm，何况三角形的两边要弯起来，根本就不可能组成三角形。

学生用2 cm、6 cm和10 cm纸条摆三角形，如图3所示。

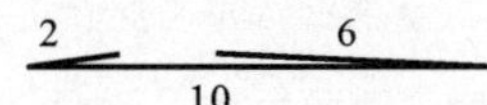


**图3　用2 cm、6 cm和10 cm纸条摆三角形**

师：你们觉得他说的有道理吗？

生：有道理！

师：我觉得这位同学太棒了！刚学过两点之间线段最短，立刻就能用它来解释这组纸条为什么摆不成三角形，掌声送给他！

设计意图：学生在探究围不成的原因时，能很直观地发现两条边的和小于第三边时，就摆不成三角形，启发学生运用例3中两点之间线段最短的原理，沟通了知识点间的联系，发展了学生的几何能力。

(2) 研究两边之和等于第三边的情况。

① 师：那“4、5、9”这组，有的同学说能摆成，你们觉得呢？

教师把用 4 cm、5 cm 和 9 cm 的纸条摆三角形的情况投影到大屏幕上，如图 4 所示。

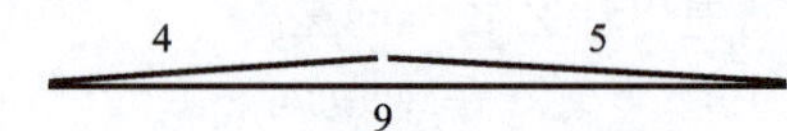


**图 4　用 4 cm、5 cm 和 9 cm 的纸条摆三角形**

② 学生观察后讨论交流。

③ 生：因为 4 和 5 加起来等于 9，4 和 5 这两边的端点碰在一起时就重合了，就变成了一条线段，不是三角形了。

④ 教师板书：4+5=9。

⑤ 生：我有补充，我还能用两点之间线段最短的知识来解释“4、5、9”摆不成的原因。

教师欣喜地请这位学生到大屏幕下解释。

生：同学们请看，这条线段是 9 cm，它两端最短的距离就是 9 cm，而上面的两边是弯着相连的，肯定要大于 9 cm，而这两边的和是等于 9 cm 的，是不可能弯着组成三角形的。

同学们自发地鼓掌。

设计意图：对于“4、5、9”这组纸条，由于学生的操作误差，造成了“摆得成”的假象，面对这种情况，最好的解决方法就是给学生思考的机会，通过对线段的长度进行分析，借助一些推理，启发学生根据两点之间线段最短来说明此时是摆不成的，当操作的结果有争议的时候，就需要用数据分析和推理探究的方法来帮助判断。

(3) 发现规律。

师：同学们，看！第③组中因为“2+6<10”围不成，第②组中因为“4+5=9”也围不成。你们觉得什么情况下，三条线段不能围成一个三角形？

师(小结)：两条线段的和小于或等于第三条的时候，就不能围成一个三角形。

**2) 探究摆得成的原因**

(1) 师(提问)：看看这两组摆成了的三角形，为什么摆成了呢？

生：因为这两边的和大于第三条边，就能摆成一个三角形。

板书：两边的和大于第三边。

师：这是我们通过观察对比得出的结论。

(2) 师(引发冲突)：是不是两边的和大于第三边时就一定能摆成三角形呢？

生：不是，因为在“2、6、10”这组中，2+10>6，6+10>2，也不能摆成三角形。

(3) 师：只说两边的和大于第三边，准确吗？怎样修改呢？

生 1：要第一边加第二边的和大于第三边，第一边加第三边的和大于第二边，第三边加第二边的和大于第一边。

生 2：要任意两条边的和大于第三边。

生 3：把最长的边摆在下面，要用较短的两边相加大于最长的边。

教师对生 3 提问(手指图 5)：那“8、11、11”这组数据中，有两边都是 11 呢？一定要用最长的边摆在下面吗？

生 3(摇头)：不一定，但其他几组可以用较短的两条边相加大于最长的边来判断。

师：其他同学同意吗？

生齐说：同意！

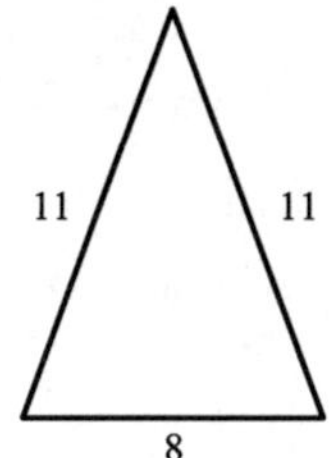


**图 5　用 8 cm、11 cm 和 11 cm 的边摆三角形**

教师鼓励并肯定生 3 的见解。

(4) 课件演示这几组围成的三角形，突出任意两条边的和都必须大于第三边。

(5) 完善板书：要在“两边的和大于第三边”前面加上“任意”。

(6) 师(小结)：只有满足任意两边的和大于第三边，才能摆成三角形。

**3) 归纳三角形三边的关系**

师：通过这些围成的三角形的例子，想一想，任意的三角形中三条边之间有什么关系？

学生有些迟疑，眼神不够肯定，教师指着板书提示后大多学生恍然大悟。

板书：三角形任意两边的和大于第三边。

师：想想为什么三角形中任意两边的和大于第三边呢？

生：这是因为两点之间线段最短，因此，三角形中任意两边的和就会大于第三边。

揭示课题：这就是三角形三边的关系。

**4) 回到情境，首尾呼应**

师：再看这幅路线图(指着图 1)，抽象出三角形，这个三角形中，三边之间有什么关系呢？

课件演示：任意两边的和大于第三边。

**5) 回顾研究过程、梳理研究方法**

师：这节课中，通过实验探究，我们发现只有三条边中任意两边的和大于第三边时才能围成一个三角形，从而发现了三角形的三边关系是任意两边的和大于第三边。

设计意图：通过研究围不成三角形的情况，很容易发现两边的和大于第三边时才能围成三角形，但还需要突破“任意”这个难点，这就需要学生进行逆向思考“是不是两边的和大于第三边时就一定能围成三角形呢？”学生面对这个问题时，就会对比“6+10>2 还是围不成的”这个反例，就能发现目前的结论还有漏洞，仍需完善，教师再通过多媒体课件进行演示，让学生发现围成的三角形都是做到了任意两边的和都大于第三边，最后，学生就能自然地理解“任意”的含义，并对结论加以完善，教学环节层层推进，帮助学生的逐步完善认知。

**【案例评析】**

**1. 从“两点”到“三边”，沟通联系**

本节课，教师从小明上学的情境出发，以“从小明家到学校有几条路？哪条路最近？”的问题切入教学，从生活中“走直线最近”的经验抽象出“两点间所有连线中线段最短”，并建立两点间距离的概念，实现了从“生活化”到“数学化”的学习过程。两个点能连成线段，三个点两两相连能组成三角形，加深学生对两点之间线段最短的理解和运用，沟通“两点”到“三边”的联系，就能为下一步探索“三角形三边的关系”做好铺垫。教学实践也充分证明，学生通过两点间的线段公理，能非常清晰地理解用三根纸条摆三角形，围不成和围得成的理论依据。尤其是“4、5、9”这组线段，假如学生还停留在操作层面，那无论借助多么精细的教具和动画，都可能会使少数学生产生“再压低一些就能连上”的假象。学生只有合理地运用数据分析才能完美地解释清问题。

**2. 从“感知”到“感悟”，建构认知**

“三角形三边的关系”教学的第一个层次就是通过实验探究出什么样的三条线段能够围成三角形。学生在操作中初步感知了“两边的和与第三边的比较”是能否围成三角形的关键，再通过对比分析就能够发现围成三角形的三边的特点。教师再通过多媒体课件进行演示，让学生发现围成的三角形都是做到了“任意两边的和都大于第三边”，突破“任意”这个难点。第二个层次就是启发学生运用“两点之间线段最短”的原理，对能否围成三角形做出进一步的解释，从而深刻揭示出数学知识的本质性联系。

学生经历了“从操作中感知，从分析中感悟”的螺旋上升，以及层层深入建构认知的学习过程，很好地发展了自身的几何能力。

教学是艺术。好的教学就是要让教师和学生共同成长。教学的精彩就是教师要能引领学生探究并获取知识的本质，并让教与学的过程充满智慧碰撞的火花，绽放思维的多彩之光！

（本课获东湖新技术开发区“一师一优课，一课一名师”一等奖；<br>本案例获得湖北省教育学会案例评比一等奖；<br>本案例发表于《中小学数学》2017 年 12 月刊）

# “以境促学”训练学生语言运用能力

## ——“The Sofa”教学案例

华中科技大学附属小学　薛洁

**【背景导读】**

在小学英语学习中，“讲故事”一直都是深受学生喜爱的阅读方式。情节生动、曲折的故事，能充分调动小学生的思维能力及创造性，在语言学习的同时，丰富情感体验。故事中所蕴含的寓意可让学生在思想品质及道德意识方面受到潜移默化的熏陶。运用故事进行教学符合学生的学习兴趣、认知水平和生活经验。

华中科技大学附属小学现阶段所用的 *JOIN IN* 英语教材中，几乎每个单元都有一个图文并茂的绘本故事。故事人物性格鲜明，故事情节生动、贴近生活又充满悬念，能抓住学生的关注点，唤起他们的求知欲，让他们在品读故事中习得语言，为他们的语言表达和思维拓展提供机会和空间。故事内容一般都会涉及本单元的重难点单词和句型，同时也有一些拓展的知识穿插其中，绘本故事是对整个单元知识点的巩固、提炼和升华。但在故事教学的实践过程中，教师发现中、高年级学生对阅读的兴趣明显不如低年级学生那样浓厚。

经过反思，教师得出这样的结论：在教学中，教师通常会重点培养学生对词、句的理解，以及对语法知识的掌握，而忽略了学生对故事情节的整体把握和情感参与，使学生只熟悉了语言知识和教材内容，难以真正体验到阅读故事的趣味。那么，如何让学生通过学习故事，既掌握新的语言知识，又能享受到阅读故事的快乐，同时在阅读过程中锻炼他们的思维能力和探究能力呢？教师将借所执教的一个具体课例阐释对故事教学的理解。

*JOIN IN* 英语四年级下册第四单元的“The Sofa”是一个原汁原味的英文故事读本。故事讲述在一个魔法商店里，小巫师 Pat 和 Pit 买回了一个沙发，神奇的是在他们把沙发搬回家后的三天里，放在沙发上的学具都离奇地消失了。他们意识到不能再把这个神奇的沙发留在家中。在他们把沙发抬回魔法商店后，又发生了不可思议的故事。整个故事情节紧凑、充满悬念，能充分调动学生的好奇心和求知欲。同时，故事中配有生动诙谐的图片和语音，在一定程度上有助于学生理解故事。但故事板块都存在一定的延伸性、拓展性，随着新的知识点的增加，阅读理解难度的提升，部分学生在故事阅读中会伴随焦虑、紧张的情绪，参与度随之下降。教师在本故事教学中注重巧妙地设计故事的切入点和引导环节，通过精心设置悬念将各环节贯穿起来，同时把握故事中的重难点词汇、关键句型，各个击破、循序渐进，让学生在情感体验中保持高昂的学习热情。

**【课堂实录】**

(1) 创设丰富多彩的情景活动，在故事导入中，让学生在真实语境下掌握对关键词句的运用。

① 看插图，了解文本背景。

片段 1(语篇教学)。

T：Look! It's a room belongs to Pit and Pat. Is it beautiful?

Ss：No. / Not really.

T：Why?

S1:Because it's empty.

T:So let's buy something to decorate the room, OK?

② 通过有效互动,促进学生的语言建构。

片段 2(故事导入)。

T:Here we go! Look, It's a magic shop. I'm a shopkeeper. If you want, just buy it. Hello, Can I help you?

S1:How much is the mirror?

T:10 gold coins.

S1:Here you are.

T:Thank you. Goodbye.

S1:Bye-bye.

T:Oh, I'm tired. Now I need an assistant to help me.

(Ask S2 to be a volunteer.)

S2:Good morning. Can I help you?

S3:How much is the chair?

S2:20 gold coins.

S3:Here you are. How much is the sofa?

S2:Sorry, I don't know.

(S2 didn't find the price.)

T:Oh, I don't know, either. Let's ask the boss.

Boss:Sorry, I can't give it to you.

S3:Why?

T:It's strange. Let's read the story and find out the reason.

(2) 用悬念推进情节发展,学生通过自主学习提出疑问,充分地发表自己的见解,使语言运用及自主探究的能力得以提升。

① 初读故事,整体感知。

整体听读故事,通过插图、语音、语调和背景声音想象故事中正在发生的情节,初步了解语篇的大意。

② 分段阅读,交换见解。

为了提高课堂效率,培养学生的合作意识及分析、解决问题的能力,教师在学生自主阅读时,对学生进行了分组。学生四人一组,每组学生分为 A、B、C、D,他们分别阅读不同的材料,回答相同的问题。A、C 同学阅读图 1～图 5,B、D 同学阅读图 6～图 11,每组的任务是回答问题:Do they like the sofa? How do you know?

片段 3(分段理解)。

T:Do they like the sofa? How can you see?

Member A: Yes. Pat says here's a bag of gold coins.

T: Good! Look, here's a bag of gold coins (Show students a bag of gold coins). So "a bag of gold coins" means a lot of money. We can see they really want it from here. Any other opinions?

Member D: I think they don't like the sofa.

T: Why?

Member D: Their school things disappear everyday. They said "Let's take it back."

T: I also agree with you. So at first, they like the sofa, but 3 days later, they…

Ss: They don't like it.

③ 自主阅读,思维碰撞。

教师抛出一个颇具争议性的问题,学生带着问题自主阅读图 12～图 18,划出关键句,并在小组交流中阐述自己的观点。

片段 4(阅读思考)。

T: Do they get their gold back? How do you know?

S1: Yes. Pat says "Can we have our gold back?" The boss says "Of course. Here you are."

T: You've got sharp eyes. So the boss give the gold back to them, right?

Ss: Yes.

T: Any other opinions?

S2: I think no. They don't get the gold back. Because they put it on the sofa, and they say "Oh, no! Our gold!" The gold coins disappear. So finally, they don't get the gold back.

T: I think you both are reasonable.

(3) 让想象力在故事中流淌,让学生成为故事的建构者。

故事在 Pit 和 Pat 发现钱袋在沙发上消失时戛然而止,给读者留下了自由的想象空间。教师利用提问引导学生预测故事的后续发展,展开大胆的想象。

片段 5(思维拓展)。

T: If you were Pit and Pat, what would you do?

S1: I would go to the magic school and ask the teacher to help us.

S2: I would put the trash on the sofa, so the trash would be disappeared.

S3: I would put my homework on the sofa.

S4: I would open the sofa to see what's inside.

**【案例评析】**

故事教学不仅是落实语言教学的重要方式,更是提升情感体验、加强理解分析能力和思维拓展能力的重要途径。教师以"The Sofa"故事为例,通过运用不同的教学策略实现故事阅读的有效教学,分析如下。

**1. 创设情境,导入故事**

教师通过多媒体呈现插图,让学生初步了解语篇的背景并运用 PPT、实物教具及角色扮演,创设真实语境,展开师生、学生之间的对话,引导学生复习本单元"买卖商品"的重点知识,引出本节课关键的单词和句型。活动的最后设疑引思,留下悬念,让学生推测故事的发展,激发学生的好奇心和求知欲。

**2. 合作学习,分析文本**

在主体呈现部分,根据故事的发展变化,教师主要通过引导学生抓住故事的悬念和问题的争议,促使他们深入地钻研文本。学生在组内进行合作学习,交换自己对文本内容的理解。经过组内热烈的讨论交流后,学生纷纷抓住关键词句,表达自己的看法。综合同学们各自的观点和依据,很自然地推进情节的发展,在问题的探讨中不仅有效地落实了语言点,也让学生们的分析理解能力得以提升。

**3. 结尾创编,思维拓展**

在本课的拓展部分,学生在深入理解、体验角色情感的基础上,通过思考故事细节、创编故事结尾，不断地激活创造性思维，生成了丰富多样的创意，充分地展现了自己的情感、态度、价值观及在生活中解决问题的方式。

总之，在"The Sofa"一课的教学中，教师立足于教学实际，运用有效的教学手段，把更多的学习时间和思维空间留给学生，让学生通过感知故事、体验情感、理解文本、分析问题和运用语言，获得了综合运用语言及拓展思维的能力，为以后的英语学习奠定了基础。

**【参考文献】**

[1] 朱晓媛. 英语故事教学的三大抓手——故事 Poppet 教学设计有感[J]. 英语学习，2014，(01).

[2] 何荣娟. 初探故事在小学英语教学中的应用[J]. 现代阅读，2012，(11).

[3] 丁辉. 通过阅读促进小学生的英语阅读能力[J]. 中小学外语教学(小学篇)，2006，(10).

[4] 刘峰. 浅谈小学英语故事教学的实践与检视[J]. 英语教师，2009，(5).

（本文获区论文比赛一等奖）

# 以“智慧课堂”引领学生自主探究

## ——“Toby's Dream”教学案例

华中科技大学附属小学　王婧

**【背景导读】**

信息技术走进课堂已经成为势不可挡的趋势，在智慧课堂的环境下，传统的教师灌输式课堂已经全面转为学生在教师的指导下进行高效、自主探究的“无死角”课堂。通过实践发现，结合了信息技术与英语故事的课堂更容易培养学生的高阶思维能力，尤其是批判性思维能力。本课就是在智慧课堂条件下实施的对英语故事课堂探索的一节课。基于本实施和探索成果，教师对将英语故事与信息技术整合的课堂有了新的发现。

本课为 *JOIN IN* 英语五年级上册第六单元的第三课。单元目标主要是让学生学会如何描述自己的梦。本课主要是让学生学会用一些动词短语来表达自己的梦，完整生动地向他人展示自己的梦。在本课之前的教学中，学生已经掌握了单元的重要句型 I often /sometimes /never dream … /of …和 He often /sometimes /never dreams … /of…。

**【课堂实录】**

步骤 1：Lead in(导入)。

(1) 教师宣布本节课的学习方式。

T：Today we are going to have a group competition. There are 8 groups. In this class, you should try to say correctly, say emotionally and say creatively. Are you ready for the class?

Ss：Yes!

设计意图：让学生在课的一开始就明确本节课的评价标准，激励他们产生与组员的相互依赖。

(2) 以旧带新。

T：What does Toby often dream about?

S1：He often dreams he can fly.

S2：He often dreams about Pat.

S3：He often dreams he can swim.

T：Yes, maybe. Now, let's find out what is Toby dreaming about.

Toby 的梦如图 1 所示。

设计意图：引领学生回顾旧知，让学生建立旧知和新知的关联，自然过渡到今天课堂的主题，同时发布任务，让学生通过学习来回答问题。

步骤 2：Learn by yourself(自学)。

T：Please learn by yourself. You can use the iBook. When you learn the story, you can listen to it and check the words you don't know. Here we go!

Ss：OK.

自主学习界面如图 2 所示。

设计意图：学生自主学习动词短语及句型。学生通过自由点击相应的图片，观看图片、听音频、看

图 1　Toby 的梦

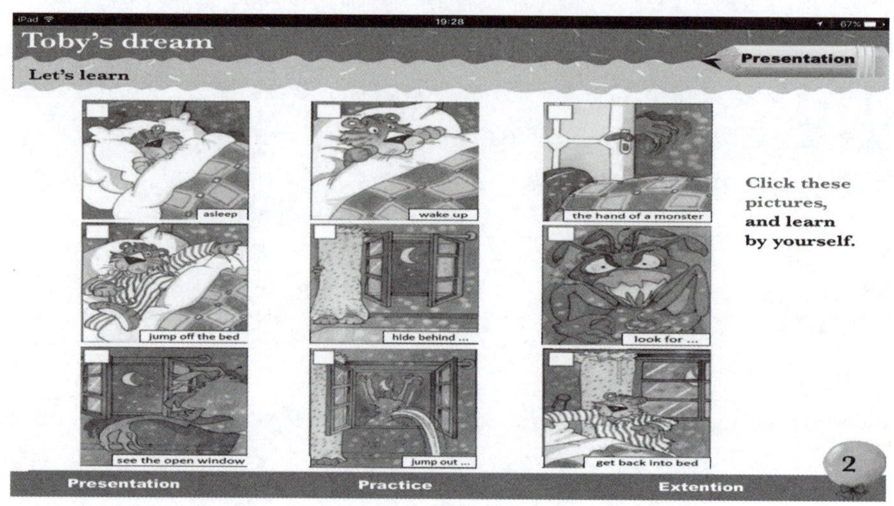


图 2　自主学习界面

词汇和短语解释等进行有针对性的自主学习。

步骤 3：Exercises。

(1) Exercise 1(练习 1)。

T：Please listen and match. You can check your answers in iBook.

Ss：OK.

听力训练界面如图 3 所示。

设计意图：教师利用电子媒介，让学生检查刚才的自学结果，有意识地查漏补缺。

(2) Exercise 2(练习 2)。

T：Now let's match the pictures with the sentences.

Ss：OK.

T：(Check the data on "Questionnaire") I can see you have finished the exercises. Most of you did a good job. But pay attention to Picture 7, can you read Picture 7 together?

Ss：You open the window and hide behind the curtains.

问卷星界面如图 4 所示。

设计意图：利用问卷星，教师及时掌握每个学生的作答情况和整体学生的作答情况，并以直观图

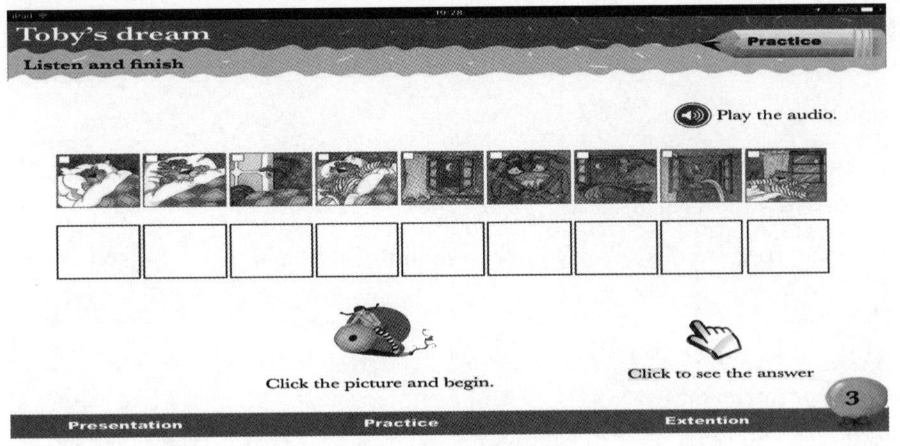


图 3　听力训练界面

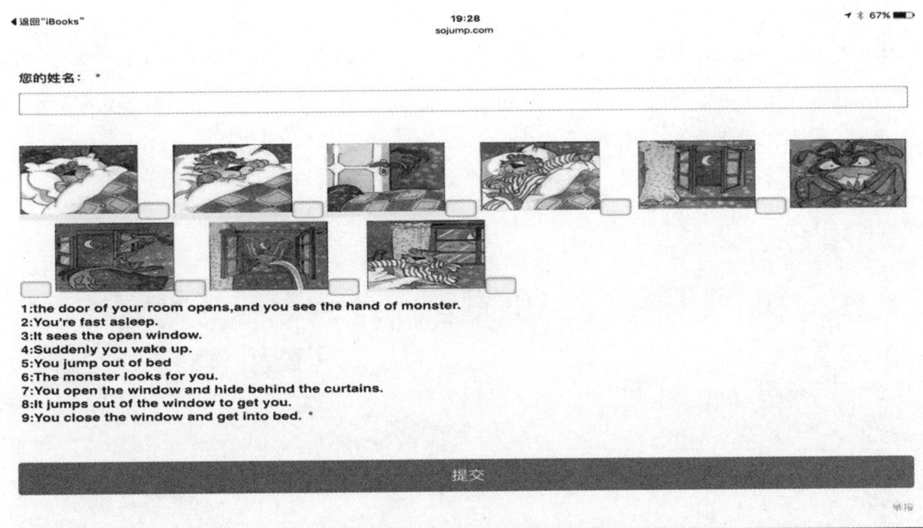


图 4　问卷星界面

示的方式呈现。

(3) Exercise 3(练习 3)。

T:Great. Now let's go back to the story again. So why did Toby wake up?

Ss: Because there is a monster.

T: Wonderful. And why did the monster jump out?

Ss: Because the monster thinks Toby jump out of the window.

T: Excellent, the monster thinks Toby jumps out of the window.

设计意图:在前两项练习的基础上,教师提出两个总体性问题,这样既可以使学生重新审视整个文章,检验自己的理解,同时还可以激励学生使用文章中的语句来回答问题,使学生进一步应用这些新的词和句子。

(4) Exercise 4(练习 4)。

T:Now let's act the story out. Please try to say emotionally.

Ss: OK.

T: Let's begin!

Ss: You're fast asleep.

T：Great! But can you add some voice?

Ss：(Snore…)

T：Yes，you can snore. Now let's start again!

Ss：You're fast asleep. (Snore…)

Suddenly you wake up. (En?)

The door of your room opens，and you see a hand of a monster. (The sound of a ghost…)

…

You close the window and go back to bed. (Phew…)

T：I love your performance.

设计意图：教师可以全面地、综合地检验学生对知识的掌握情况，让学生感知如何才能用声音让一个故事变得生动起来，为后面制作自己的视频做进一步的准备。

步骤4：Extension(拓展)。

T：Now there are two tasks. Task one：You can change this story by using the words and sentences bank in iBook. Task two：You can create a new story. You can choose one task and make an iMovie. Then you can upload your iMovie on padlet. Try to be creatively，OK?

Ss：OK.

选故事界面如图5所示。

图5 选故事界面

使用iMovie制作影片的界面如图6所示。

T：Have you finished? Now you can choose the movie you like and vote for them through padlet.

Ss：OK.

投票界面如图7所示。

教师展示得票最高的两组同学的视频，并引导其他组一起效仿表演。

设计意图：通过学习文中有关梦的动词短语及前期学习过的句型，教师引导学生来创编有关梦的故事。教师引领学生由浅层次的习得向深层次的创新应用转化，引导学生进行深度学习。同时，在本部分教学中，教师基于同伴的评价，促进学生进行反思，促进其高阶思维能力的生成。在此环节中，教师也应根据学生的不同层次，分级设立任务，让学生通过制作视频，展开想象，感受做梦的美好。

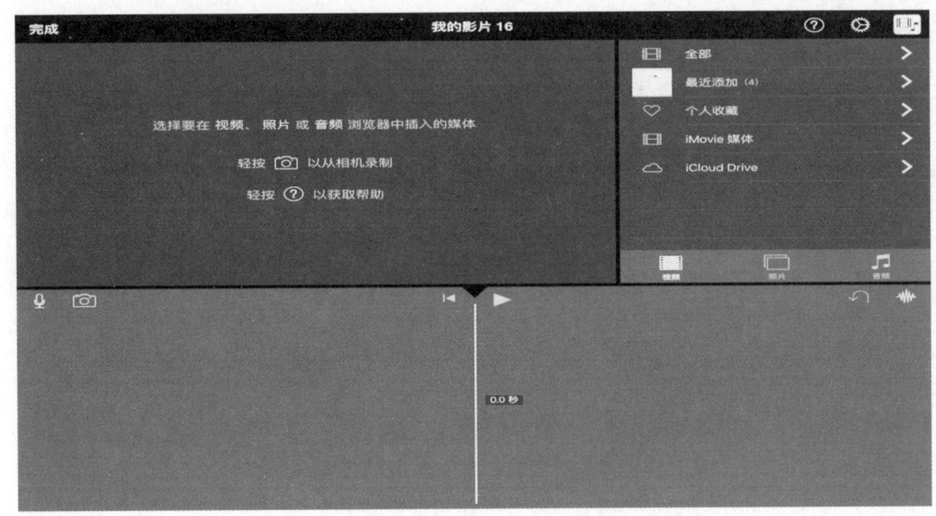


图 6 使用 iMovie 制作影片的界面

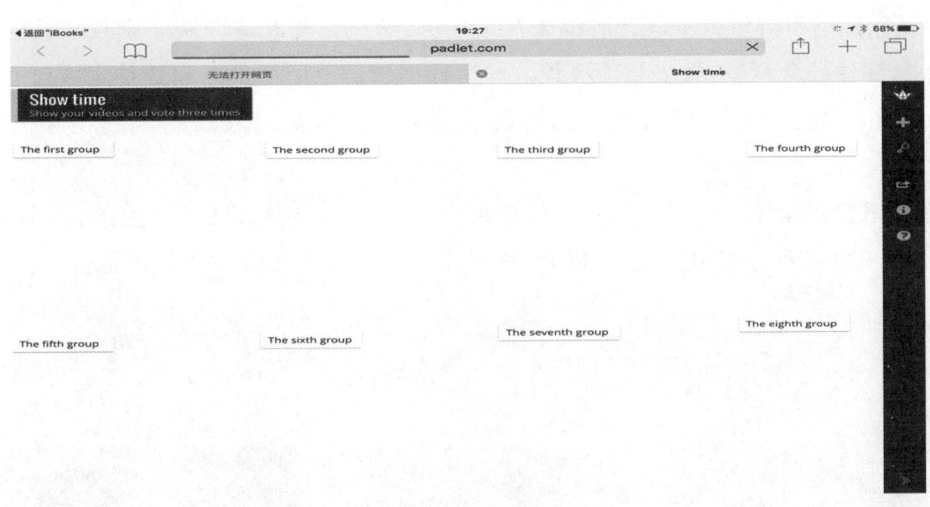


图 7 投票界面

**【案例评析】**

本课的主要设计理念是让学生在智慧课堂环境下，基于 iPad 电子资源和多种 App 应用，开展移动式探究、协作学习、自主学习。学生通过各种任务，及时地反馈自己的学习情况，而同伴的评价，又促使学生反思能力的生成。

(1) 本课设计以学习认知加工的过程为内在引导层层递进，以学生的思维活动带动课堂活动，让教学活动衔接自然，让课堂有坡度地前进。教学活动培养了学生的批判性思维技能。思维活动和课堂环节如图 8 所示。

(2) 本课是学生基于任务探究的协作学习，可以实时反馈同伴的评价。本课的设计中没有进行完全的任务法教学，但是在最后一个环节让学生以小组为单位完成一个视频短片。通过这一任务，孩子们在自己喜欢的任务下调动各种语言资源进行有意义的构建。教师引导学生用批判性思维解决问题的五个基本步骤(即 IDEAS)来完成本课中的任务。第一步，I＝Identify，发现问题。根据教师布置的课前任务——与搭档一起画一组以“梦”为主题的连环画，学生要经过探讨才能决定任务的主题是画出一幅有情节的梦境。第二步，D＝Determine，决定相关信息，加深了解。通过课上课文的学习进一步掌握完成本任务所需的语言储备，同时课文也可作为范例进一步帮助完善故事。第三步，E＝Enumerate，列出备选方案，预测后果。本课是在教师未解决语言的基础上让学生画出漫画的，所以会

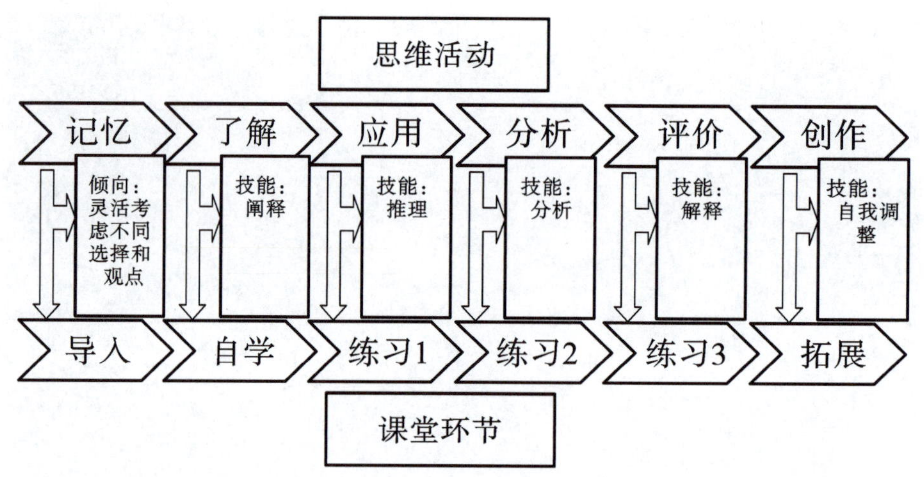


**图 8　思维活动和课堂环节**

出现学生准备的漫画无法用英语表达的情况，为此，教师让学生们做出了备选方案，即可以放弃准备好的漫画，根据教师的引导对课本进行改编来完成任务，而是否要改编取决于学生自己的预设。第四步，A＝Assess，评估场合背景，做出初步决策。学生根据课堂中所学的内容试着完成自己的视频。第五步，S＝Scrutinize，审查整个过程，进行必要的自我纠正。教师对最后生成的视频进行小组集体修正。

（3）在智慧教室环境下，学生以 iPad 为教学媒介，基于电子教材，进行自主的、主动的探究学习。本课中的所有课堂环节都依赖 iPad 这一媒介，将学生的自主学习和合作学习相结合，如图 9 所示。

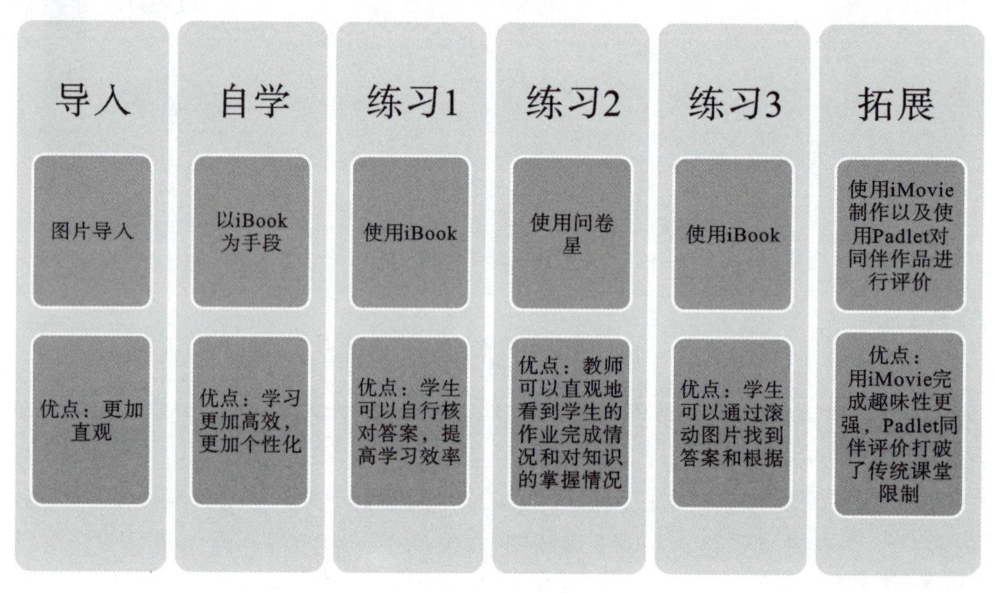


**图 9　课堂环节**

（本课获 2016 年教育部“一师一优课，一课一名师”活动“优课”）

# 聚焦体育课堂中的自主观察

## ——“原地低运球”教学案例

华中科技大学附属小学　李光华

**【背景导读】**

三年级篮球教材中介绍的是一些简单的运球、投篮的基本方法。教学目的是让学生掌握简单的运球、投篮的方法，培养学生对篮球的兴趣、爱好和让学生掌握正确的运球姿势，为下一步学习奠定良好的基础。

教师对教材的设计如下。

(1) 全课以球性练习、运球练习为主，以带球练习和游戏活动的方式进行激趣设计，其中拍球练习密度占全课的45%左右。多种练习形式和游戏，让学生在寓教于乐中掌握正确的运球姿势，体现教学的有效性。

(2) 课程设计思路立足面、关注点，点面结合。在每个教学环节中，教师既重视为全体学生解决共性问题，同时又关注个体，辅导个性问题，力争让每个孩子在原有的基础上有所提高和发展，让关注和辅导最大限度地落实到每个孩子身上。

本课的设计思路都是一个目的，让学生在观察后，学会自主练习，并在此基础上学会篮球的基本技术动作，激发学生学习篮球的兴趣。

**【课堂实录】**

**1. 球性练习导入课堂**

教师各种方式的球性示范。

师：同学们，教师动作怎么样，你们会吗？

生：教师做得好快，这个动作我会。

师：同学们找空位练习，教师来看看你们的动作怎么样。

学生自主练习。

教师把球举过头顶让球自由落下。

师：怎样使球不断地弹起来，不停下？

学生运球，并做给教师看，学生自练之后展示。

教师边示范篮球原地运球的步型和动作，边讲解动作要领。

师：一低（重心低，做到双膝弯曲），二直（腰要竖直），三看（眼睛要向四周看），四粘（迎送球时手要和手腕、肘、肩等关节协调用力）。

学生观察后，学生分组练习。

师：运球的重点是什么？

生：一低、二看。

教师做手势，学生抬头说出教师所做的手势。

师：同学们，你们的动作与教师的动作有什么不一样吗？

教师示范，学生观察。

学生再练习，教师巡视指导纠错。

学生带着疑问，自主练习。

师：同学们，你们能一起给教师表演吗？

学生集体展示。

师生一起运球如图 1 所示。

**图 1　师生一起运球**

**2. 原地运球的拓展练习**

师：原地运球的方法是什么？

生：原地运球时，球动人不动。

教师请学生示范，集体观摩。

教师示范，学生再观察，加深印象。

师：还有吗？

生：原地左右交替运球。

师：请两个同学比试，看谁又快又稳！

学生比试，集体评价。

师：同学们，你们能像他们一样做吗？

集体再练习，教师巡视评价。

**3. 合作练习，进一步激发学生的学习兴趣**

师：篮球是一个合作的项目，你们能做好吗？ 两人一组练习。

学生两人一组，分成若干组。

教师讲解方法，学生观察后，按照教师的方法练习。

师：大家准备好比赛了吗？

生：准备好了！

听到口令，学生积极投入比赛，教师不断用语言激励。

教学过程如图 2 所示。

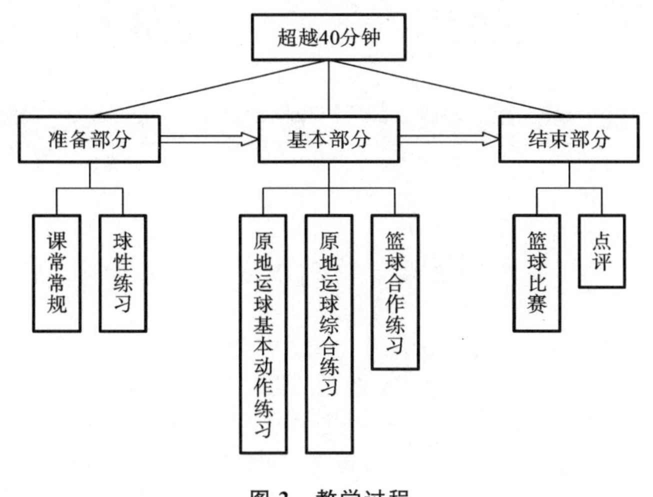


图 2　教学过程

【案例评析】

本节课的教学内容为篮球的低运球，主要是让学生掌握一些简单的原地运球和行进间运球的技术与方法，提高学生的控球能力和支配球的能力，让学生在掌握知识技能的基础上，进行自主创新练习，提高自己的运球水平。

课前深入钻研教材，了解学情后创造性地使用教程，采用多种有趣、有效的教学手段进行练习。在激发学生兴趣后，让学生自主练习。学生在观摩教师的示范后，自主练习、互相学习、互相交流，更好地熟悉了球性。掌握技巧后，学生互相合作、探究、竞争，学生的运球方法有了很大的提高。教师放手让学生亲自体验，不断总结、及时评价，将技能穿插在练习中。练习方法满足不同学生的需求，发挥学生自主学习的积极性，既做到了以玩促学、以趣带学，也提高了教学效率。学生在玩中练、玩中表现、玩中指导、玩中提高，在宽松和谐的教学氛围中，真正体验到了篮球运动带来的快乐，达到了预设的教学目标。

从整堂课来说，教师在教学中采用多讲解、多提问、多提示、多练习、情景教学和举行比赛的手段来激发学生的学习兴趣。整堂课采用由浅入深、循序渐进、分层递进的教学方法，符合高效课堂的教学模式，设计中以学生现有的知识和技术经验为辅，在课堂上进行自主学习、合作学习、探究学习和自我展示。教师适当做讲解示范、技术引导，让学生在练习中体验技术动作的要领，充分发挥学生在课堂中的主导地位。

总之，紧紧结合该年龄段学生的认知水平和身心发展规律，多以游戏比赛的方式进行教学，避免枯燥的技术性学习带给孩子们的疲惫，让学生学会观察、自主学习、主动学习，让学生真正地学会思考，在思考中学习，慢慢地爱上篮球，爱上体育运动。

# 让"古典与爵士"激起心灵的涟漪

## ——"快乐的农夫"教学案例

华中科技大学附属小学　刘玉琦

**【背景导读】**

这节五年级的音乐欣赏课给学生留下了深刻的印象，执教教师经过了长期的构思、多次的试教，收获了一些宝贵的经验，该案例还被评为湖北省黄鹤美育节音乐教学案例一等奖。

这堂课完全改变了欣赏教学的"讲乐曲，听乐曲"的旧模式，从音乐的基本要素入手，把"节奏"作为欣赏教学的主线，贯穿整个课堂。为了拉近学生与爵士乐的距离，教师把"非洲鼓"作为课堂打击乐器，把古典风格和爵士风格最具代表性的节奏提取出来，让学生在聆听乐曲的同时用"非洲鼓"为不同风格的乐曲伴奏，随着音乐风格的变化，伴奏的节奏也在不断变化。

在整个教学过程中，教师设计了"感受节奏——表现节奏（古典）——表现节奏（爵士）——创造节奏"的学习过程，在这层层递进的学习过程中，乐曲的旋律总在学生耳边不断地回响，达到了让学生记住乐曲主题旋律的目的。

教师力求让学生通过本节课的学习，能够初步认识"古典音乐"和"爵士音乐"的风格特点，开拓音乐文化视野。

**【课堂实录】**

**1. 教学片段一——感受节奏**

师：同学们，你们听，是什么乐器在演奏？

课件播放非洲鼓演奏的音乐。

生：是鼓！

师：对，你们看，这个乐器叫非洲鼓，上节课老师教过你们怎样用桶来制作鼓，请你们把做好的"鼓"展示给大家看看吧！

学生拿出了自己制作的各式各样、五颜六色的鼓，相互展示。

师：大家做的鼓很有特色。

非洲鼓源自美国黑人部落，它轻快活泼的节奏，让人听了很是舒服，除了用于音乐外，还可以用鼓点传递各种信息，即"会说话的鼓"。让我们一起去看看非洲鼓表演的精彩片段吧！

课件放非洲鼓表演的视频。

学生看得入神，听得认真，有的学生还随着鼓点摇摆身体。

师：同学们，他们的敲鼓方式是怎样的？谁能模仿一下？

生1：他们把鼓夹在两腿之间，双手拍打。

学生边说边模仿非洲人演奏非洲鼓的动作。

生2：他们用双手拍打鼓的不同部位发出了不同的声音。

学生模仿打鼓的动作。

生3：他们除了用双手拍打外，还加上了身体自由的摆动，很放松。

学生模仿身体的摆动。

师：大家观察得真仔细，动作也模仿得很像。接下来，让我们也加入他们的队伍中，和他们一起表演，将快乐、放松的心情投入到鼓点中！

教师和学生随着非洲鼓的音乐一起演奏，全身已陶醉在欢快的鼓点中。

教学反馈：开课的导入，从学生的个性出发，抓住学生的好奇心，结合恰当的音乐背景片段，为学生创造了一个良好的课堂氛围，唤起了学生的学习兴趣，引导学生从音乐体验入手，拉近学生与爵士乐的距离，为后面的音乐教学做好了铺垫，以学生为本，为学生创设和谐、宽松的学习情境，使学生不知不觉地进入了新知学习。

**2. 教学片段二——表现节奏（古典）**

师：从同学们演奏的鼓点中，老师感受到了快乐，你们想听老师演奏吗？

生：想！

师：好，那就安静地聆听老师演奏一首乐曲。

教师用钢琴演奏古典钢琴曲“快乐的农夫”。

学生安静地聆听教师演奏钢琴曲。

师：这首钢琴曲“快乐的农夫”带给你们怎样的感受？

生1：这首乐曲使我感受到快乐……

生2：我听了后感觉心情愉快、舒畅……

师：同学们听得真投入！让我们再次回到乐曲中，感受乐曲的旋律，给你印象最深刻的是哪一段？

学生安静、完整地聆听乐曲后，哼唱乐曲的主旋律。

师：同学们刚才哼唱的乐曲就是这首乐曲的主题旋律。

教师出示主旋律的简谱。

师：让我们跟着钢琴来唱唱歌谱。

学生随着钢琴伴奏，轻声哼唱乐曲旋律。

师：乐曲除了主旋律外，伴奏节奏又是怎样的呢？

教师出示如图1所示的伴奏节奏谱。

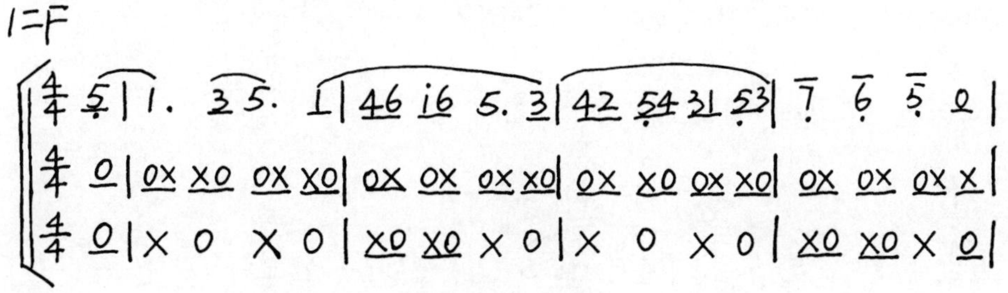

1=F

**图1　伴奏节奏谱**

师：请同学们自己试着来读节奏，同桌之间互相练习。

同学之间，两两合作，读准节奏。

师：同学们节奏练熟了吗？咱们一起来读节奏。

全班同学整齐地朗读节奏，教师用钢琴伴奏。

师：真棒！请同学们想一想如何用“鼓”来演奏这两小节的节奏，思考怎样用鼓发出两种不同的声音来演奏这条节奏？

学生拍击鼓的不同部位，发出不同的声音。

生1：我找到了！可以拍打鼓面和鼓边。

生 2:我也找到了,可以握空心拳拍打鼓面,还可以用手掌拍打鼓面。

师:你们真善于思考,大家用这两个方法来试一试,第二组的同学拍打鼓面,第一组的同学敲鼓边。

学生用鼓练习敲击节奏。

师:老师用钢琴来演奏主旋律,同学们用鼓为乐曲伴奏,好吗?

教师弹奏乐曲的主旋律,学生用鼓伴奏。

师:真好听呀!同学们的伴奏使乐曲更加欢快了,请大家分为四组,为“快乐的农夫”伴奏,每组敲击一遍主旋律,敲击一遍节奏。

教学反馈:这个环节是聆听具有古典风格的“快乐的农夫”,学生自己探索乐器,用不同的方法敲击鼓的不同部位发出不同的声音,并用固定节奏为乐曲伴奏,通过探索乐器的声音,激发学生强烈的兴趣,学生通过直接参与,强化了对节奏的认识,发现多声部节奏伴奏可以使原本严肃的古典音乐,变得更加生动。

**3. 教学片段三——表现节奏(爵士乐)**

教师和学生安静聆听爵士风格的“快乐的农夫”。

师:课前老师请同学们分小组查找、收集了关于爵士乐的起源、节奏特点、即兴演奏、演奏乐器四个方面的内容,大家还办了爵士乐小报,现在咱们分组说说你了解的爵士乐。

生 1:我们小组了解的是爵士乐的起源,爵士乐起源于美国新奥尔良城市,黑人部落……

生 2:我们小组了解的是爵士乐的节奏特点,爵士乐有很多连续附点节奏的运用……

生 3:我们小组了解到即兴演奏是爵士乐最大的特点,即兴发挥主旋律的变奏,既好听又自由……

生 4:我们小组了解了爵士乐的演奏乐器有钢琴、贝司、爵士鼓……

师:大家的自学能力真不错!查找了这么多关于爵士乐的资料,老师也找了一段经典的爵士乐表演的片段,我们一起来看看吧!

课件播放爵士乐表演的精彩视频片段。

师:刚才大家看到的爵士乐表演很精彩,听——

教师用非洲鼓演奏爵士乐的基本节奏。

师:这就是刚才老师演奏的节奏谱。

教师出示节奏谱,如图 2 所示。

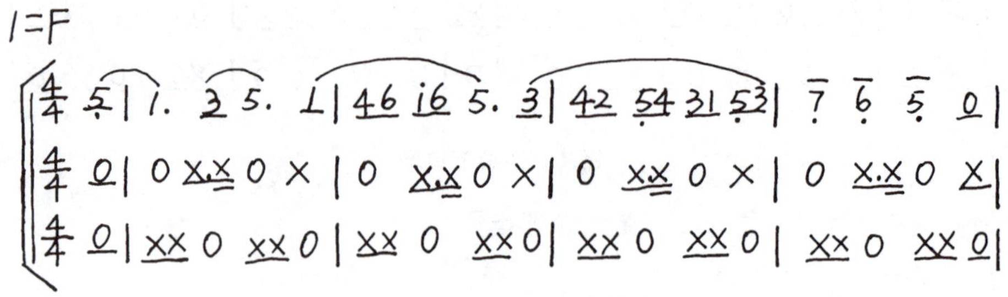

1=F

4/4 5 | 1. 3 5. 1 | 46 i6 5. 3 | 42 54 31 53 | 7 6 5 0 |
4/4 0 | 0 X.X 0 X | 0 X.X 0 X | 0 XX 0 X | 0 X.X 0 X |
4/4 0 | XX 0 XX 0 | XX 0 XX 0 | XX 0 XX 0 | XX 0 XX 0 |

**图 2 节奏谱**

师:请同学们看着节奏谱,自己试着用鼓来演奏。

学生高兴地自由地练习节奏。

师:现在咱们班分成两大组,男生演奏第一行节奏谱,女生演奏第二行节奏谱。

教师用手指节奏谱,学生合作练习演奏。

师:大家配合得真有默契,你们能用刚学的爵士乐的基本节奏为爵士乐“快乐的农夫”伴奏吗?

生：能！

教师和学生边听乐曲边用鼓伴奏。

教学反馈：这一环节的设计体现了教师不再是学生获取知识的唯一途径，教师要求学生在课前通过各种渠道寻找、收集爵士乐的相关文化资料，让学生自己主动学习爵士乐的风格特点、了解相关文化背景，帮助学生以开放的形式正确认识和理解爵士乐的风格特点，达到了开拓学生文化视野、提高学生人文修养的教育目的。

**4. 教学片段四——创造节奏**

师：同学们聆听了用两种不同风格演奏的"快乐的农夫"，这两者在节奏和旋律上有什么不同？

生1：古典音乐的节奏有规律，爵士乐的节奏自由些。

生2：古典音乐听起来较严肃，而爵士乐听起来很轻松。

生3：爵士乐有一段找不到旋律，但过一会儿又听见旋律了。

师：中间的即兴演奏乐段几乎听不到原来的旋律，是否有不和谐之感？

生：没有。

师：这就是爵士乐最大的特点——即兴演奏。让我们来欣赏美国艺术家用桶即兴表演节奏的视频片段吧！

教师播放"破铜烂铁打着玩"片段。

学生边看边发出赞叹的声音。

生1：他们的即兴表演太精彩了！

生2：他们拍打桶的不同部位发出不同的声音，还有变化丰富的节奏，让人心情激动！

师：其实同学们也可以像他们那样自己即兴创作节奏表演。让我们分成四小组，每小组即兴创编二小节的节奏，分小组即兴表演练习，等一会儿把即兴创编成果展示出来。

学生很来劲，有的小组拿起鼓，兴趣盎然地创编起了节奏，有的小组满怀激情地讨论节奏，有的小组把节奏写在了黑板上，集体讨论。

教学反馈：这一环节的设计体现了《义务教育音乐课程标准（2011版）》倡导的"引导学生进行音乐探究与创造活动，倡导开放式和开创性的学习方法，以发展学生的创造性思维能力"，通过即兴创作节奏表演活动，让每一个学生参与创编活动，给学生提供了充分展示自己、张扬自己个性的机会；学生们无拘无束地表达自己的感受，用欢快的鼓点表达自己轻松愉快的心情。

**【案例评析】**

一节音乐欣赏课的成功与否，很大程度上取决于教师能不能找到合适的教学方法。本节课的教学方法不仅适合学生学习，还能够吸引学生全身心地参与到教学中，收到了良好的教学效果。

**1. "非洲鼓"打击乐成为课堂的亮点**

"快乐的农夫"曲调活泼欢快，很容易吸引学生，但如果单纯让学生听乐曲，学生的兴趣很容易丧失，而且学生对爵士乐的"快乐的农夫"比较陌生，因此，用"非洲鼓"作为打击乐器为乐曲伴奏是一个很好的设计，因为"非洲鼓"的声音动听，很适合为乐曲伴奏。教师让学生自己制作非洲鼓，为本课的教学重点——认识非洲鼓，找到了突破口。教师为两首不同风格的乐曲设计了不同的伴奏形式，让学生用"非洲鼓"为乐曲伴奏。通过学生亲身实践，学生在反复实践中体验音乐节奏带来的快乐。

**2. "节奏"成为欣赏教学的主线**

节奏是学习音乐的重要元素，不同的音乐类型都有各自独特的节奏音型。在欣赏古典和爵士两种风格的"快乐的农夫"环节，教师不满足于仅仅让学生听，而是把音乐中最具代表性的节奏型提炼出来，选择的伴奏节奏音型既能充分展现音乐的风格特点，也非常简单易学，学生容易掌握。随着音乐的变化，伴奏节奏也在不断变化，学生必须充分集中注意力才能和音乐同步。在这个过程中，学生仿佛真的参与到了乐曲的演奏中，这样的学习方式既能调动学生的积极性，又能加深学生对乐曲的印象，让学生产生强烈的情感共鸣。

**3. "学生"成为欣赏教学的主体**

本课在"爵士乐小报"收集展示、交流环节，突出了学生自主学习的主体地位，实现了教师与学生角色的转换。学生自选代表进行展示和介绍，根据自己的理解各抒己见，从爵士乐的起源、节奏特点、即兴演奏、演奏乐器等诸多方面，运用不同的形式进行交流。这不仅体现了学生对知识的掌握与理解，而且充分发掘了学生的各种潜能。教师成为与学生共同探讨的学习伙伴，极大地激发了学生学习的积极性和创造性，更重要的是让学生从中掌握了学习方法，开拓了学生的文化视野。

**4. "即兴创作"成为欣赏教学的闪光点**

本课的创作结合了爵士乐即兴演奏的特点，教师让学生欣赏了美国艺术家即兴创作的"破铜烂铁打着玩"视频短片，启发学生进行即兴创作，鼓励学生尝试即兴创作，让学生掌握一种简单的、超越乐谱的、满足自我的方式进行即兴创作和表演活动，享受表现音乐和创作音乐带来的愉悦感与成功感，使学生的潜能得以发掘和展示。师生互动、生生互动最终使教学进入高潮，师生均获得了成就感。

（本课获湖北省黄鹤美育节音乐教学案例一等奖）

# 品味家乡文化，感受合作乐趣

## ——"家乡的小吃"教学案例

华中科技大学附属小学　汪琳红　王露

**【背景导读】**

小学美术个性化教学的目的是满足不同学生的个性化发展要求。目前，单纯的物质生活已经远远不能满足人们的需要，越来越多的人崇尚追求精神、追求艺术化的生活、注重生活的品位。不同地域、不同年代的人具有不同的精神追求，针对学生的美育培养也需要具有地域性、层次性，满足不同个体的需要。小学美术教学应凸显个性化、发挥创造性、体现趣味性，使小学生从小了解美术、应用美术，从而热爱美术。教师希望把特色美术教育落实到常规教学之中，而不是只在少数的美术小组中开展，让孩子们能够自主、主动、合作、探究地学习，创新不是意味要完全摒弃传统，而是应该在认识中国传统、传承民族文化的同时加进新的理念、新的方法。教师设计"家乡的小吃"这课的教学案例就是让孩子们用视觉、嗅觉、味觉去感受，在合作学习中去体验小吃文化，从而达到学习的目的。

**【课堂实录】**

材料准备：iBooks 课件、小吃零食、iPad 若干、油性彩色笔、超轻黏土、泥塑刀等。

**1. 游戏导入，激发学生学习兴趣**

教师出示带来的三个神秘的盒子，请学生上来闻一闻、猜一猜、画一画。

师：你闻到了什么味道？猜出来里面是啥好吃的了吗？在黑板上画下来，让其他同学猜猜你画的是什么。

**2. 观察感受，了解中国及家乡(武汉)的特色小吃文化**

(1) 教师用图片欣赏(见图 1)与视频介绍(见图 2)增加信息量，带领孩子们感受中国不同地区的特色小吃，了解武汉特色小吃的代表食品，开阔眼界。

**图 1　图片欣赏**

(2) 从武汉的历史、文化、地理位置上让学生感受对这座城市的印象。

(3) 通过"尝一尝"，从色、香、味三方面总结美食的特点，感受武汉小吃的"多样化"。

师：刚才那么多美食，我们通过"看"，看到了它的形态和颜色。前面三个同学通过"闻"，闻到了他们不同风格的香味。现在我们再来"尝一尝"，感受一下他们是不是色香味俱全的呢？

师：先来尝尝咱们武汉最有名的热干面……哇，芝麻酱很香，吃起来面条很有劲道，好吃！

图 2 视频介绍

学生从色、香、味三方面总结小吃的特点，感受武汉小吃的“色香味”以及“多样化”。

**3. 深入生活，感受现代人的消费模式，宣传家乡的小吃**

师：网上购买小吃已经成为当下消费者的新模式，如何更好地展示和宣传咱们家乡的小吃呢？PPT 展示两家网购小吃的宣传图片。

师：你们会选择购买哪一家的小吃？为什么？

教师总结小吃宣传单：造型美、装饰美、色彩美。

**4. 探究讨论，集体创作，培养学习能力，发挥主体创造性**

教师布置任务：为 8 个特色小吃店设计宣传单，小组成员分工合作完成小吃宣传单(见图 3)。

图 3 小组成员分工合作完成小吃宣传单

教师出示具体要求，用 PPT 进行展示。

**5. 学生课堂实践，小组成员分工合作，完成任务**

任务要求如下。

(1)用美术字设计小吃(主题突出)。

(2)写一句宣传语(突出小吃文化故事，利用 iPad 自主学习)。

(3)配上图案和装饰(注意色彩搭配和构图)。

(4)用黏土制作小吃实物并展示(要求造型美观)。

**6. 课堂评价,共享创作快乐**

师:请各个小组展示自己创作的宣传单和食品模型,谁愿意上来介绍一下自己家乡的特色小吃,给它做做宣传?

小组展示作品,学生作品如图 4 所示。

图 4　学生作品

学生根据评价标准,评价宣传单。

学生自评与互评,教师点评。

**7. 拓展总结,情感渗透,弘扬家乡美食**

师:老师为今天的学习内容改编了一首歌“家乡的小吃(小苹果版)”,我们一起来回顾一下、总结一下。

歌曲互动,教师小结。

歌词如下。

家乡的小吃(小苹果版)

我写下一首曲子,谈谈家乡的小吃,全部都是武汉美食。

下一碗面送给你,蒸笼包子送给你,大家每天都是笑呵呵。

漫步光谷放眼望去都是好吃的,

户部巷里铺天盖地个个有特色。

黄鹤楼下吉庆街上加上晴川阁，
小吃文化历史悠久迎四方客。
家乡的小吃真呀真不错，
怎么爱你都不嫌多。
香喷喷的热干面呀温暖我的心窝，
点亮我生命的火火火火火。
汤包加豆皮、油饼和面窝，
我最爱的还是那精武的鸭脖。
舌尖上的大武汉它誉满全国，
热爱家乡幸福会更多！

师：我们生活在一个和平的年代，有着充足的食物。这些食物都是家乡给我们最好的礼物，所以同学们要节约粮食。更要把家乡的美食弘扬至国外。

**【案例评析】**

**1. 感受与体验**

“家乡的小吃”属于“综合·探索”领域，本课的重点是让学生了解有关家乡小吃的历史文化，加深对本地传统饮食文化的理解。在本节课中，教师更注重美术的本真、更注重学生在课堂上的视觉因素、更注重学生自主学习与探究，教学更追求课堂的时效性。

**2. 课的简单介绍**

学生使用 iPad，自己探索、找寻资料。iPad 进课堂，真正达到了学科数字化，实行了合作探究的学习模式，以学生为主体，学生自己领任务，小组齐心合力动脑动手完成任务，教师退到幕后只起引领与辅导作用。创新思维的学习与思考方式得到体现，学生利用不同的工具、材料表现了丰富的创意。

**3. 课堂中传递的信息**

在以往的教学中，总是想让学生通过视觉以外的嗅觉、听觉、触觉甚至第六感观让学生有更多的感受，花架子很多，课堂上是热热闹闹，但往往带来的结果是事倍功半。本节课以任务驱动孩子利用 iPad 自主学习与探究，教师围绕着教学主题，利用 iBooks 中丰富的图片，对学生进行更多的视觉刺激和感受，对视觉因素的强调更加突出。开放网络更是给孩子们一个广阔的学习天地。教师在讲课的时候，直接分享给学生最喜欢的武汉小吃，以及改编当时最火的歌曲“小苹果”来了解武汉小吃的多样化。

（本课获“一师一优课，一课一名师”全国部级“优课”；本案例获湖北省案例设计一等奖）

# 融入“STEM 教育”理念，让学生成为探究的主人

——“摆的研究”教学案例

华中科技大学附属小学　熊曳

**【背景导读】**

“摆的研究”是教科版科学五年级下册“时间的测量”单元的第六课，主要研究摆的摆动快慢与什么因素有关，通过实验以及数据分析得到科学的概念：摆的摆动快慢与摆绳的长度有关，与摆锤的重量无关；同一个摆，摆绳越长摆动越慢，摆绳越短摆动越快。

针对本课的教学目标，借鉴“做中学”以及“STEM 教育”理念，本节课创设一个情境（未来工程师挑战赛），设置一个挑战性任务（根据材料，小组合作制作一个 10 秒钟摆动 20 次的摆）来展开本节课的探究。学生在不断调试摆的过程中记录下自己的探究过程和相关数据，通过整理、研究数据，能够认识到摆的快慢与摆绳长度有关、与摆锤的重量无关。同时，学生能够在整个探究活动中体验科学家的探究方法和探究过程。

相对于原来一步一步地引导学生来完成探究过程的教学方式，本课教学设计的优势表现为：问题对学生更具有挑战性，学生能在更为真实的情境中展开探究，学生参与探究的积极性更高，因此，学生的收获也更丰富。

**【课堂实录】**

**1. 聚焦**

教师给 8 个小组的每个小组的桌上摆好一个事先调整好了摆动次数的摆，让学生进行 10 秒钟摆的摆动次数的测量。

师：现在从第一组开始分享你们测量的数据。

1～8 组学生依次分享测量数据：17 次；23 次；15 次；16 次；27 次；26 次；18 次；25 次。

师：我们现在来观察一下黑板上各个组的测量数据，各个组的测量数据是一样的吗？

生：不是！

师：不一样！根据刚刚大家完成任务的情况，现在熊老师要给大家提一个关于制作摆的挑战性任务——未来工程师挑战，这个挑战任务就是要让大家做 10 秒钟内摆动次数一定的摆，大家有没有兴趣参加呢？

生：有！

师：从大家洪亮的声音中，可以感受到大家对这个挑战很有热情。那我们现在就一起来看看这个挑战是要大家做什么。大家根据桌上的材料，小组合作制作一个 10 秒钟摆动 20 次的摆。（指着黑板上的数据）我们可以看到，刚刚大家测量的数据有没有 20 次的？

生：没有。

师：没有 20 次的。那大家想一想，你们要如何根据你们现在桌上的摆，以及刚才测量的数据，去调整你们桌上的摆呢？请大家用一些时间独立思考一下，你打算怎么做呢？

学生独立思考。

**2. 探究**

（全班交流如何根据黑板上的数据以及对各组摆的观察来完成挑战性任务。）

生：我们这个小组发现摆绳长度长的摆用的都是铁摆锤，摆动次数比较多的摆的摆绳长度都比较短，而且摆锤是塑料的，所以我们想先把摆锤换成塑料的，然后把摆绳调短。

师：非常好！这组同学观察得很仔细。刚刚大家的交流中，基本上很多小组都认为要达到目标任务可以利用摆的摆动快慢与摆绳长度和摆锤重量的关系去调整摆。那就是说，我们要解决这个挑战活动，要先解决摆的摆动快慢到底跟这两个因素（摆绳长度和摆锤重量）有没有关系。那你们能不能想办法知道它们有没有关系，有什么样的关系呢？我们要如何才能知道呢？

生：我觉得可以任选两种做对比试验。

师：非常好！那怎么做对比实验呢？如果我现在要研究摆的快慢和摆绳长度的关系，你要怎么做对比试验？

生：我们可以一次改变一个条件，固定其他条件。比如，改变摆绳长度时，摆锤不变，这样就能知道摆绳长度对摆的摆动快慢有没有影响。

师：很好！现在我们已经弄清楚怎么做对比实验，接下来一次只改变一个因素，再有方向地调整摆。大家现在已经做好准备制作摆了吗？

生：准备好了。

师：在大家开始制作之前，老师先给大家讲解一下今天要填写的记录单，在记录单的最上面，老师列出了使用摆时的一些注意事项，请大家在制作摆之前认真阅读。另一个重要的地方是，今天的第一个摆的数据是填刚刚大家测试过的数据，把摆绳长度测量出来，摆锤就写塑料的还是铁制的，大家的电脑上有刚刚测量的摆动次数的记录，大家可以直接抄在记录表上。从第二个摆开始，你们小组就可以进行调整了。我先给大家八分钟，如果时间不够，我再追加时间。现在请记录员上来领取记录单，大家可以开始挑战了。

记录员领记录单，各组同学开始进行挑战性任务，教师巡视指导。

**3. 反思**

挑战完毕后，每个小组将自己的摆的摆动次数最接近 20 次的实际次数报给老师写在黑板上。

师：现在我想请你们先花一点时间来整理你们的数据，再来看一看在收集了这么多数据后你们有什么发现。请把自己的发现写在记录单的下面，给大家一分钟时间整理一下。

学生整理，讨论。

师：很多小组都已经讨论好了，那我们请成功的小组来讲讲他们是怎么成功的，又有什么发现。我们先请这一组来说一下。请把你的记录单展示在投影仪上。我们来看一下这个小组的记录单。他们做了三组数据。那请你来说一下你们小组有什么发现呢？

生：我们小组发现摆锤重量和摆的摆动次数是无关的，但摆绳长度和摆的摆动次数是有关的。

师：那就是摆的摆动次数和摆绳的长度有关系，和摆锤重量没有关系。那你们有什么样的证据来说明呢？

生：我们是用三次实验的数据发现的。第一次实验用的是铁的摆锤，第二次也是用的铁的摆锤，但是摆绳长度不同，摆的摆动次数不一样。通过这个证明摆绳长度是和摆的摆动快慢是有关系的。第三次实验我们改变了摆锤，没有改变摆绳长度，摆的摆动次数没有改变，我们发现摆的摆动快慢与摆锤重量没有关系。

师：那关于摆的长度和摆的摆动快慢的关系，其他小组有什么发现，和他们一样吗？

生：我们发现摆绳的长度越长，摆动越慢，摆绳越短，摆动越快。

师：你们有证据吗？

生：我们有证据。我们第一次实验的摆的摆绳长度是 26.2 厘米，摆锤是塑料的，摆在 10 秒内摆动了 22 次;第二次实验的摆的摆绳长度是 28.2 厘米,摆锤也是塑料的,摆在 10 秒内摆动了 19 次;第三次实验的摆的摆绳长度是 28.2 厘米,摆锤是铁质的,摆在 10 秒内摆动了 19 次。所以我们发现摆的摆绳越长,摆动越慢,摆的摆动快慢与摆锤重量无关。

师:非常好! 用数据证明了你们的结论。

**4. 应用**

师:请你们根据课上的发现来解决以下两个生活中的实际问题。

(1) 你能估计一下制作一个 10 秒摆动 5 次的摆,这个摆的摆绳大概需要多长吗?

(2) 小花每次坐小区的秋千都因为秋千摆得太快而被吓哭,你可以帮帮她吗?

**【案例评析】**

在借鉴"做中学"以及"STEM 教育"理念的基础上,本课对传统教学进行了重构,教学之初,创设情境,提出一个挑战性任务——小组合作制作一个 10 秒钟摆动 20 次的摆。这个挑战性任务的终极目的并不是一定要学生去做成这样一个摆,而是在制作摆的过程中,让学生能主动去探究,通过不断尝试改变摆绳长短和摆锤重量来认识摆的规律。在这个问题的驱动下,学生探究热情空前高涨,自主设计方案,主动与同学合作,在完成挑战性任务的过程中,发现科学规律,提高探究能力和与人交往的能力。

与传统教学相比,融入"STEM 教育"理念的教学有如下突出优势。

**1. 学生的学习状态:从"要我学"到"我要学"**

在传统教学中,学生是在教师的指导下逐步向前推进的,呈现出"要我学"的状态,学生学习的主动性不够。而在融入"STEM 教育"理念的教学中,学生为完成挑战性任务,更积极主动地参与到思考和实验中,呈现出"我要学"的状态。

**2. 学生的思维发展:从线性到系统**

在传统教学中,为了顺利地形成科学概念,避免学生走弯路,教师指明了解决问题的路径,学生思维是线性发展的。而在融入"STEM 教育"理念的教学中,开放性的挑战性任务给了学生自主构建不同方法解决问题的机会,犹如走迷宫一般,多条路径都可以达到终点,尽管有迂回,但更锻炼学生,促进学生思维全面、系统地发展。

**3. 学生实验探究:从验证式到发现式**

在传统教学中,针对问题,做出假设,然后去验证假设是否正确,属于典型的验证式实验。而在融入"STEM 教育"理念的教学中,学生在为完成挑战性任务而调整摆线和摆锤时,就会发现摆的秘密,属于发现式实验。相对而言,发现式探究更接近真实、复杂的生活情境。

(本课获 2016 年武汉市新秀教师优质课竞赛一等奖)

# 引导学生深入理解性学习

## ——“做框架”教学案例

华中科技大学附属小学　程伟

**【背景导读】**

“做框架”是六年级教科版科学第二单元“形状与结构”的第五课，本课主要通过动手制作、实验活动，让学生认识和发现三角形框架是最稳定的结构、利用三角形的稳定性可以加固正方体框架。课文内容分为三个部分：认识什么是框架结构；制作研究简单框架；做一个坚固的正方体框架。

教师对原教材做了以下改编。

(1) 教学材料方面：将筷子和橡皮筋改为牙签和橡皮泥。

(2) 教学过程方面：去掉了原课文内容的“认识什么是框架结构”和“做一个坚固的正方体框架”部分，加入“动手制作框架”和“设计和制作一个更加稳定的框架”部分。给学生更广阔的发挥空间。

(3) 教学时间方面：教师讲解的时间没有超过 6 分钟，其余 35 分钟学生实验、记录、交流（这节课上了 41 分钟）。

所做的这些改编都是一个目的，为了让学生深入理解地学习，并在此基础之上运用所学，完成自己的创造。

**【课堂实录】**

**1. 用牙签和橡皮泥导入新课（2 分钟）**

教师向学生出示一根牙签。

师：看，这是什么？

生：牙签。

师：牙签有什么用处？

生：剔牙齿。

师：我们今天不用它剔牙齿。

教师拿出橡皮泥。

师：这是什么？

生：橡皮泥。

师：在哪里见过？

生：美术课上。

师：我们今天要用这两种材料来做什么呢？做框架！

**2. 动手制作框架**

**1）制作一个三角形框架和一个正方形框架（8 分钟动手取器材、制作＋2 分钟交流）**

教师向学生出示这节课所需的一袋材料：4 块橡皮泥、50 根牙签。

师：我们将会用这些器材完成一个制作。每一个人制作一个三角形和一个正方形框架。

PPT 显示三角形和正方形框架（见图 1）。

师：对于这个任务，大家有什么疑问吗？

制作一个三角形框架　　制作一个正方形框架

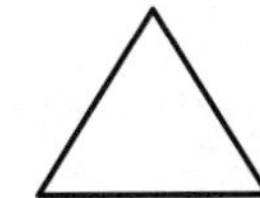

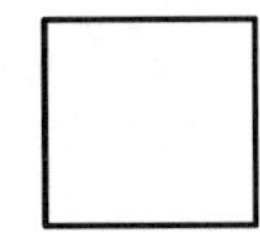

**图 1　三角形和正方形框架**

生：没有。

师：请每组派一名材料员来领取器材。

学生取器材，动手制作，完成记录单，记录单如图 2 所示。

记录单

日期：______月______日
姓名：______________

用牙签和橡皮泥做三角形和正方形框架。

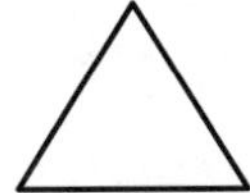

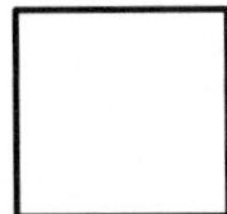

① 观察、比较哪个框架不容易变形。
② 实验结果：____________________，因为____________________。

**图 2　记录单**

师：大家都完成了制作，接下来我们全班交流一下，你的发现是什么？

生 1：我发现三角形比较稳定，而正方形很容易变形。

生 2：我发现正方形容易变形，三角形更稳定。因为三角形框架的三根牙签都相互支撑。

生 3：我们也发现三角形更稳定。

师：那我们可以得到一个共识：三角形更加稳定吗？

生：可以。

设计意图：*只有学生亲自动手做了才会理解，所以这个环节为每个学生都准备了材料，每个学生都动手制作，从学生的情况来看，学生对三角形的稳定性是已经知道的，但是学生是否真的理解这一点是值得讨论的，而动手做是促进学生理解最有效的方式。*

**2）制作三角体框架和正方体框架（3 分钟讲解＋9 分钟实验＋2 分钟交流）**

师：接下来我们将做一个三角体框架和一个正方体框架，并检测它们的稳定性。

PPT 显示用牙签和橡皮泥做三角体框架和正方体框架（见图 3）。

师：制作完成之后，我们小组还要做一个摇晃实验，来检测一下它们的稳定性。这个摇晃实验怎么做呢？

PPT 显示框架摇晃实验（见图 4），教师向学生说明分工情况和每位学生各自的工作职责。

教师请一位同学上讲台演示框架摇晃实验怎么做（见图 5），以及实验注意要点。

师：实验要注意的是，要把三角体框架和正方体框架同时放在报纸上。在摇晃过程中，可以上下摇晃，也可以左右摇晃，从各个方面来检测它们的稳定性。

师：大家还有什么疑问吗？

生：没有了。

师：那就请同学先来预测一下。

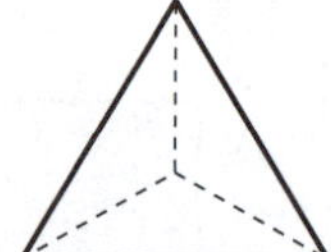
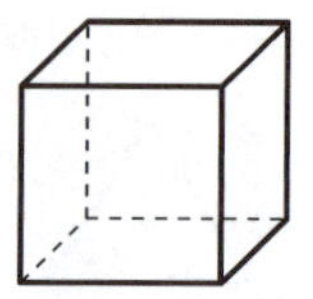

三角体框架和正方体框架。

① 预测：________更稳固，因为____________。

② 摇晃实验。

| | 第一次 | 第二次 | 第三次 |
|---|---|---|---|
| 三角体框架 | | | |
| 正方体框架 | | | |

③ 实验发现：______________________。

**图 3　用牙签和橡皮泥做三角体框架和正方体框架**

① 口令员：发出“开始”和“停”的口令，监测实验过程是否是公平。

② 实验员1：
③ 实验员2：
} 负责三角体框架和正方体框架的摇晃工作。

④ 协调员：协调小组内的所有工作，当小组内出现矛盾后，必须听协调员的安排。

**图 4　框架摇晃实验**

**图 5　演示框架摇晃实验怎么做**

生 1：我认为三角体比较稳定，因为它里面有 3 个三角形。

生 2：我也认为三角体比较稳定，因为我们刚刚做的实验中三角形比较稳定。

师：那我们开始实验。

9 分钟后，学生完成了实验。

师：我请三个小组在全班交流一下他们的实验发现。

生 1：我们发现三角体更加稳定，因为我们在做摇晃实验的时候，正方体框架很快就变形了，散了。

师：这个和你的预测一致吗？

生 1：是一致的。

师：请下一组交流。

生 2：我们的三角体框架摇了十几次还没有变形，后来我们的三角体框架掉在了地上，才有一根牙签松动了。

师：和你的预测一致吗？

生 2:一致。

师:有没有哪个小组有不同发现的?

生:没有。

师:那我们可以得出一个什么结论?

生:三角体比较稳定。

**3. 拓展:设计和制作一个更加稳定的框架(8 分钟制作+5 分钟学生展示交流)**

师:接下来我们有一个新的挑战,那就是用你们小组的所有橡皮泥和牙签,做一个更加稳定的框架。

学生先画出想法,再动手制作。

师:接下来请做好的小组上讲台来跟全班交流他们的制作成果。

生 1:我们用 4 个四边形和 6 个三角形来加固。

学生展示由 4 个四边形和 6 个三角形组成的框架(见图 6)。

**图 6 学生展示由 4 个四边形和 6 个三角形组成的框架**

学生做的这个框架结构里面有四边形也有三角形,通过在四边形里面加一根牙签来固定框架的结构,这说明学生已经有意识地在使用三角形的稳定性,说明学生已经真正地理解了所学。

生 2:我们这个是一个比较大的六边形,上面是由一个一个的三角形构成的。

六边形展示(见图 7)。

**图 7 六边形展示**

学生做的这个框架结构底部是六边形,但是六边形的中间有一块橡皮泥,然后再用 6 根牙签连接它,便出现了 6 个三角形,这一组学生也是有意识地在使用三角形的稳定性,而且这个框架的其他所有部位都是三角形。

生3:我们在三角体框架上加了很多根牙签。

三角体上加牙签展示(见图8)。

师:你们为什么这么做?

生3:因为三角形很稳定,我们就在各个部分加了更多的牙签。

师:事实是这样的吗?

生3:是的。

**图8 三角体上加牙签展示**

这一组学生的想法很简单,就是在原来三角体框架上,不断地加橡皮泥和牙签来实现更加稳固,这说明学生在运用以前学到的知识。

**4. 回顾和提出新问题(2分钟)**

师:最后,我们一起回顾一下,关于框架,你有什么新认识和新问题?

生1:这节课我知道了三角形的框架比四边形的框架更稳定。我的新问题是为什么三角形的框架比四边形的框架更稳定?

师:很好的问题,请下一位。

生2:为什么三角形的框架比四边形的框架更稳定?

生3:三角形这么稳定是为什么?

生4:除了三角形和四边形,有没有其他的形状也很稳定?比如六边形。

师:很好的问题。科学家就是跟大家一样,不断地提出新问题。

爱因斯坦说过"提出一个问题往往比解决一个问题更重要"。这是因为解决问题也许仅是一个数学上或实验室上的技能而已,而提出新的问题、新的可能性,从新的角度去看旧的问题,都需要有创造性的想象力,标志着科学的真正进步。

学生往往只是重视解决问题,对在科学领域或者其他领域提出一个新问题、提供一个新思路的重视不够,因此,教师可以在此多训练学生的创新思维。

**【案例评析】**

学习材料从生活中获取。牙签和橡皮泥是学生熟悉的物品,这样的学习材料让学生将生活和学习联系起来,使学习自然、流畅地发生。用牙签和橡皮泥做框架,更加灵活多变,给学生更大的创造空间,为后面的拓展环节——设计和制作一个更加稳定的框架做准备,为开阔学生的思维创造条件。

采用合作学习促进学生理解。对不同的学习任务,应采取不同的学习策略。做一个摇晃实验来检测两个框架的稳定性这个任务是这堂课最核心的环节,也是最能体现科学性的环节。这个任务一个人完成不了,需要小组一起合作、交流,因此就采用了合作学习的方式来完成这个环节。而且小组内各个成员合作、交流他们的想法,可促进每一个人对这个主题的学习和理解。不仅仅是对学习主题的理解，而且还是对科学本身的理解——科学需要彼此的合作。

用动手创作的方式来检测自己是否已经学会了知识。如果学生能够运用所学的知识，就说明学生已经真正理解了自己所学习的内容，而且也会让学生体会到学习的意义。从各个小组制作出来的框架结构来看，学生已经能够有意识地运用所学的知识。这说明学生已经真正理解了三角形具有稳定性。这个让学生动手创作的环节，从教师角度上说，也是用来检测学生是否真理解了所学、是否还需要做教学调整的一个环节，也是评价学生的一个环节。

重视学生产生的问题。问题至关重要，让学生提问也是监测学生是否真的理解所学内容的一种方式。如果学生理解了，他会提出一些深入探究的问题；如果学生没有理解，他也会提出问题。只要能提出问题，就是好的，问题没有好坏之分，所以要鼓励学生不断地提问。从学生提出的问题也可以知道学生学习水平到了哪个程度。

总之，不管是把更多的时间给学生，还是选择更加亲近生活的材料，不管是让学生提问，还是让学生动手创作，都是为了让学生更加深入地学习、理解性地学习，理解科学。

# 创意让生活更精彩

## ——“图形变化有创意”教学案例

华中科技大学附属小学　王薇

**【背景导读】**

“图形变化有创意”是首师大课标版综合实践活动五年级上册第一课。小学五年级学生对生活中的基本图形有了一定的认识和了解，但对多种图形进行组合变化的想象力需要通过创意思维训练来培养。在本课的学习中，借助图形的创意变化，通过探究和实践活动，学生的创意思维得到训练，并充分感受到创意给生活带来的改变。

**【课堂实录】**

**1. 认识图形，分析特点**

师：今天王老师带来了两位图形朋友，我们一起来认识他们吧！

教师出示两个图形教具。

师：一个是？

生：圆形。

师：另一个是？

生：三角形。

师：圆形和三角形都是生活中最常见、最简单的图形。我们先来聊一聊这位圆形朋友，生活中圆形的东西有哪些？

生 1：车轮、积木、眼镜、纽扣。

师：你一下子说出了 4 种圆形的东西，很棒！车轮为什么是圆的，而不是其他形状呢？

生：因为圆形能将摩擦力减到最小，它可以滚动，人一推，它就可以移动。而其他形状，人还得使劲推，圆形可以减少阻碍。

师：你说得真好！圆形可以滚动，这是圆形的一个特点。对于人来说，圆形的东西有什么好处？

生：省力。

师：圆形的东西还有哪些呢？

生 2：足球、太阳、月亮。

师：月亮什么时候是圆的？

生 3：在中秋节时，我们看到的月亮是圆的。

师：这是满月。圆形的东西还有什么呢？

生 4：汤圆也是圆的。

师：汤圆一般什么时候吃啊？

生：元宵节。

师：汤圆又有另外一个名字叫做什么？

生：元宵。

师：所以我们元宵节吃汤圆，还意味着什么？

生:团团圆圆。

师:在我们中国人心中,圆是最美的图形,它象征着团团圆圆,和我们中国的传统文化紧密相关。接下来,我们一起来看一看三角形。生活中,三角形出现在哪些地方呢?

生 1:自行车上的三角支撑架。

生 2:空调下面的支撑板。

生 3:三角屋顶。

生 4:乐器三角铁。

生 5:三脚架。

师:这些东西为什么会设计成三角形?

生:因为三角形稳定性很强。

师:三角形是所有图形中稳定性最强的,这就是三角形的特点。

师(小结):看来圆形和三角形在生活中的各个领域都被广泛应用,我们的生活离不开他们,他们是我们最亲密的好朋友。

**2. 图形创意初体验**

师:同学们以小组为单位,从以下两个选题中任选一题,并利用 iPad 合作完成。

① 给圆形或三角形添加一笔,看看有多少新创意?

② 用两个圆形、两个三角形和两条直线组合成一幅图,并为该图起一个贴切的名字。

各小组积极动脑动手,充分发挥想象力,在规定的 5 分钟时间内,选择第一题的同学将圆形、三角形变成了棒棒糖、头脑奥林匹克 OM 的新标志、串串烧、煎鸡蛋、日出地平线等创意物体;选择第二题的同学将圆形和三角形进行组合,变成了骑自行车的小人、江上渔者、日出等别出心裁的作品。同学们抓住了作品的创意点,将几个很普通的图形,用聪明的头脑和灵巧的双手把他们变成一幅幅精美的创意之作。

**3. 创意图形大挑战**

学生利用生活中的图形创编一个 3 分钟以内的小短剧,这一环节体现了"生活需要创意,创意可以改变生活"。

师:同学们运用生活中的长方形、平行四边形、圆形、三角形、心形等多种图形创编一个 3 分钟以内的小短剧,可根据剧情需要适当添加其他图形。

经过 6 分钟的商讨时间,各组都已准备好,有一个组进行了全班展示。

生 1(旁白):在图形王国里,生活着一群可爱的图形小人,他们每天生活得非常开心。突然有一天,一个难题的出现让他们美好的生活环境变成了争吵的世界。

生 2(话外音):数字王国、文具王国都有自己的国王,我们堂堂正正的图形王国怎么就没有一国之王呢? 所以,现在正在进行国王竞选大赛呢,我们一起去看看吧!

生 3(圆形):大家好! 我是圆形,这次的国王肯定是我,我是大家最喜欢的圆形,象征着团团圆圆,由我来统治国家,最合适啦!

生 4(三角形):就你还想当国王? 国王当然是由我这个"站神"来当! 大家看,我怎么站都不会倒。

生 5(平行四边形):你这个三角形脾气又爆,棱角又尖,我平行四边形会随机应变。你看,我可以这样变,还能这样变。我们做人做事要会随机应变,这样才更有智慧,你懂吗?

生 6(长方形):我也来凑热闹。看我长方形,身材多么苗条,国王肯定非我莫属,哈哈哈!

生 7(心形):我是心形。看我多有爱心,乐于助人,大家都很喜欢我。

所有图形小人齐上场。

生 4(三角形):国王是我!

生 5(平行四边形):才不是你呢! 绝对是我!

……

生 3(圆形):大家都静一静,看看这是什么?

生 2(话外音):这封信是华中科技大学附属小学的同学们写给全体图形小人的。亲爱的图形小人们,你们好! 你们不要再为竞选国王的事情争吵不休了,你们每个人都很可爱。你们都有自己的特长,我们都很喜欢你们。你们每个人都是图形王国的小主人,谁当国王不重要,你们每天都开心才是最重要的。

生 4(三角形):同学们说得对,我们每个图形都是图形王国的小主人,我们应该共同努力。

生(齐):共同进步!

这个组的精彩展示给同学们带来了欢声笑语,获得了全班同学的热烈掌声。

师:生活需要创意,创意可以改变生活。生活中的图形是多种多样的,生活也是多姿多彩的,只要同学们善于观察、勤于动脑、乐于探究,每一个人都能成为生活中的创意小达人。

**【案例评析】**

爱因斯坦说过“想象力比知识更重要”。本节课从生活入手,引导学生分析两种基本图形的特点及其在生活中的应用,并通过创意思维的训练,考验学生的观察能力和思考能力,培养学生的想象力和创造力。

**1. 联系生活,培养观察能力**

在第一环节的“认识图形,分析特点”中,通过发散思维的训练,学生快速在脑海里搜索生活中圆形和三角形的东西,充分感受到图形对人们生活的重要性。通过师生对话,学生清楚地了解圆形、三角形的特点,以及这两种图形在生活中的广泛应用,为后面的活动起到铺垫作用。

**2. 利用现代工具 iPad,合作完成创意作品**

在第二环节的“图形创意初体验”中,学生通过圆形和三角形等基本图形的组合变化,形成其他多种图形,并体验知识灵活多样的迁移过程。

在第三环节“创意图形大挑战”中,学生在活动中重温了各种图形的特点,在故事情节的创编中发挥了想象能力,在表演展示中感受到合作的快乐。

(本课获武汉市“一师一优课,一课一名师”优秀奖)

# 从玩游戏到学编程

——“冰雪奇缘”教学案例

华中科技大学附属小学　毛爱萍

**【背景导读】**

游戏化学习，又称为学习游戏化，就是采用游戏化的方式进行学习。那如何让学生经历并体验一个完整的游戏化学习过程，体验问题解决过程中的算法思维呢？本文将就一个具体的游戏项目“冰雪奇缘”的教学设计与实践为例，谈一谈游戏化学习在 Scratch 创意课程中的教学实践与体会。

Scratch 数字艺术单元主要是利用画笔模块中提供的图章和划线等功能，完成一些有趣的作品创作，如“万花筒”“神奇画笔”“同心圆”和“冰雪奇缘”等教学内容。作品设计的内容具有互动感强、生活感浓、体验感多、图形奇特等特点，是学生特别喜欢的一个学习内容。要上好这个单元的课，可以采用多种游戏化学习方式，创设不同的情境，从多角度训练学生的计算思维，培养他们的创造力，同时让学生感受数字艺术的奇特和程序设计课程的趣味性和价值。

**1. 项目简介**

本项目源于 code. org 网站提供的“冰雪奇缘”游戏（见图 1），在游戏中学生跟随安娜和艾莎创建一个冬季仙境，利用网站提供的在线编程环境，拖曳模块组件脚本，完成画图。学生逐一完成游戏中提供的 20 个谜题（见图 2），谜题完成后可以获得一份惊喜——网站提供的证书，同时还可以打印自己的成绩。

**图 1　“冰雪奇缘”游戏**

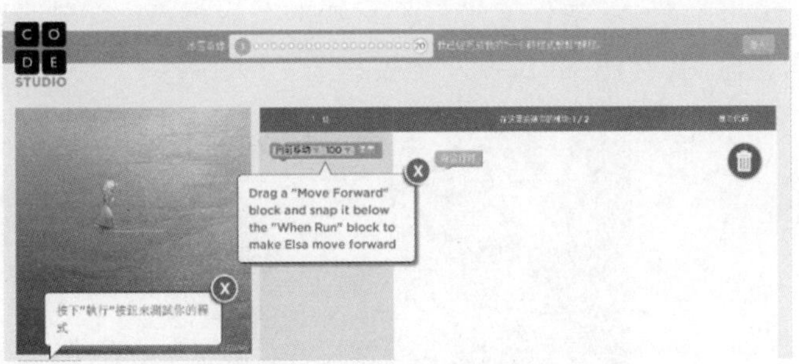


**图 2　游戏中提供的谜题**

谜题将学习知识分为小步子的进阶，为学生搭建学习和了解数学知识以及画图编程技能的阶梯，帮助学生把一个大问题分为若干小问题，由易至难，一个台阶一个台阶地渐进式学习。当学生组装的代码不太准确时，游戏会提示学生继续尝试，还有视频讲解，直到成功，方能进入下一步学习。学生在不断的挑战晋级中完成学习任务，他们可以学到什么是正多边形、画正多边形时旋转角度和多边形边数的关系等知识。通过模仿游戏中的脚本组件，学生可以画出正多边形以及由它组成的其他图形。

**2. 相关知识点**

(1) 数学知识：正多边形及其内角和外角。

(2) 正多边形角度的计算方法。

(3) 单循环、双重循环的算法结构。

**3. 教学目标**

(1) 通过游戏项目的学习，了解编写画正多边形以及由它组成的更多图形的程序设计的基本过程，建立基于计算机编程解决问题的基本逻辑。

(2) 会使用 Scratch 画笔模块中的 落笔 、停笔 、将画笔的颜色设定为 和 将画笔的大小设定为 1 等模块编程画出美丽、有趣图案，培养学生的创造能力。

(3) 体验数字艺术的奇特。

**【课堂实录】**

**1. 激趣导入**

师：同学们最喜欢玩游戏，今天，老师让你们来玩一次极具挑战的游戏——“冰雪奇缘”，看谁最快完成游戏中提供的谜题。

接下来教师演示如何进入这个游戏：打开浏览器，在地址栏中输入：www.code.org，进入网站界面（见图 3），点击“学生体验我们所有的教程”，进入“冰雪奇缘”的项目学习。

**图 3　网站界面**

**2. 学生自主学习，教师巡视指导**

学生按照教师提供的网站，进入“编程一小时与安娜和艾莎创建一个冬季仙境”的项目学习（见图 4）。学习过程中，学生自主学习、合作交流，教师巡视指导。

**图 4　项目学习**

### 3. 自由创作

学生陆续完成游戏项目中的谜题后，教师请学生打开 Scratch，发挥自己的想象力，设计自己心目中的冰雪世界(见图 5)。

图 5 设计冰雪世界

### 4. 展示作品

部分学生的作品如图 6 所示。

图 6 部分学生的作品

【案例评析】

本次教学的主旨是围绕“为创作而教”，让学生创作出自己心目中的冰雪世界，培养学生的创作能力，主要有如下特点。

### 1. 用游戏激发兴趣

通过对游戏中谜题的解答，学生学习了画线、正方形、三角形、平行四边形以及圆形等规则图形，还学习了画“十”字图形、“雪花”图形以及由正多边形组成的其他图形。这些知识和技能的掌握是学生在玩游戏过程中自主建构的，通过完成谜题，学生学会思考解决问题的方法。这种学习方式提高了学生学习的效率和学生的参与度。

### 2. 重在发现规律

根据游戏中学到的知识和编程技能，发现问题和规律，找到重复次数和旋转角度之间的关系，画出有规律的组合图案。

### 3. 激发创造潜力

学生喜欢玩市面上的游戏，不喜欢自己设计游戏，通过“冰雪奇缘”项目的学习，他们发现设计游戏并不是想象的那么难，自己也可以设计游戏，甚至比市面上的游戏更有趣，从而激发学生的创作潜力。

### 4. 立足学生需求

根据学生的需要，讲授相关知识。学生有了强烈的学习动机，对知识的学习非常主动。如用落笔、

停笔 画出角色的线条；用 将画笔的颜色设定为 、将画笔的大小设定为 1 设置线条的颜色和粗细。

**5. 评价引导创新**

修改学生作品的过程中，教师根据学生作品中存在的问题，提出修改意见，学生进一步完善自己的作品，发现更多的规律和编程技巧，同时体验更多的数字艺术的奇特和程序设计的魅力，提高学生学习课程的兴趣。

学生非常喜欢游戏化学习活动，他们有如下感受。

生1：这次活动课非常有趣，我们可以自由创作我们喜欢的作品。而且我从这次课中发现了变量和重复模块的重要性。虽然这次游戏的脚本很简单，但是要做出美丽的图案还是有挑战性的。

生2：这次的信息课别具一格，老师让我们玩游戏。学完"冰雪奇缘"游戏的教程后，我发现一个图形被多次旋转便可以做出另一个新的图形。做游戏真的很需要数学啊，不然的话，真的会弄得头晕眼花。

生3：这次课让我明白了许多编程画图的方法，知道怎么样画出各种各样的图案，如怎么样画雪花分支。在scratch中，我用程序画出了一朵美丽的雪花。我会在以后的课程中，创造出更多的作品。

游戏化学习主要包括数字化游戏和游戏活动两类。教师利用游戏向学生传递特定的知识和信息，将游戏作为与学习者沟通的平台，从而脱离传统的单向说教模式。在"冰雪奇缘"教学活动中，正好利用编程一小时的网络平台，让学生在轻松、愉快的环境下学习，围绕"为创作而教"的理念，培养学生的创造能力，这正是当今世界流行的创客运动的一部分。

# “说说”快乐周末里的快乐

——“梦想录播室”教学案例

华中科技大学附属小学　杨晓婧

**【背景导读】**

在学校里,红领巾之家有一位“知心姐姐”,平日里孩子们习惯性地称呼她为杨教师,其实她还有一个称呼,孩子们都亲切叫她“梦想导师”,因为在“快乐周末”她所担任的“梦想录播室”的小主持人课程里,每一个孩子都圆了成为小小主持人的梦想。

“快乐周末”活动课程,是美育实践的重要平台。如何让“快乐周末”活动课程既有情感愉悦性,又能发挥更大的教育性,达到现代美育的真正目的呢?在“梦想录播室”的小主持人课程中,让孩子们敢“说”、能“说”、会“说”,并且体会“说”的快乐,这是开设“快乐周末”活动课程的初衷。

**【课堂实录】**

**1. 认识电视节目,归类节目特点**

师:同学们,你们最喜欢看哪一类电视节目?让我们一起分享吧!

生1:我喜欢看“朗读者”,让我更加热爱读书。

生2:我喜欢看“奔跑吧兄弟”,这是富有正能量的节目。

师:这么多好看的节目,他们都有什么特点呢?让我们一起看几个典型的节目视频,请你们小组讨论,说说节目都有哪些特点?

播放富有代表性的节目视频,介绍节目的制作环节。

指导建议:教师可以为学生介绍节目的分类,如少儿节目、社教节目、新闻节目、综艺节目等,简单介绍每种节目类型的语言特点,把握节目风格。

**2. 学生自由组合,成立节目小组**

师:如果给你一次录播的机会,你最想做一档什么类型的节目呢?下面,请你们自由组合,成立节目小组,并为你们的节目确定名称。

生1:我喜欢讲笑话,我想做一档“笑画连篇”节目。

生2:我喜欢音乐,我和我的小伙伴们商量后想做一档音乐类节目,节目名称为“天爱之音”。

指导建议:学生根据自己的兴趣,自由组合,小组讨论,确定节目类型、名称。

**3. 设计主持框架,小组合作练习**

师:同学们,我们的录播室马上要开始了,在录播之前,请你们仔细思考,你们合作的节目在主持方面需要注意些什么呢?

生1:我觉得在设计节目的时候,需要语言简练、通俗易懂,不能让观众听不明白。

生2:我认为要充分运用表情和肢体语言吸引观众的注意,多增加有趣的节目环节,丰富节目内容。

生3:还有普通话要标准,眼睛要看摄像头,表情要丰富……

师:你们说的都很对,下面我们一起来总结一下吧!第一,主持人在节目中要起到串联节目、呼唤观众的作用,把握节目进行的具体步骤,挑起节目的气氛,掌控节目的节奏,起着承上启下、自然过渡的作用。第二,主持人在节目主持中,要熟悉台词,用音调、语气、情绪感染观众,同时,要富有亲和力和感染力。

**4. 模拟试播,现场点评**

师:同学们,让我们以小组为单位开始试播,请台下的同学互相点评,说说优点和不足,争取做得更好。

指导建议:教师应充分给予每个小组试播的机会,将主持的视频现场播放,学生在现场交流、互动,找出优点和不足,改进节目细节,为正式录播做好准备。

**5. 正式录播,网站共享**

师:怎么样?你们小组的节目准备好了吗?让我们分组来录播,实现你们的小主持人的梦想吧!你们录播的小视频会分享到优酷网上,分享给所有人哦!

指导建议:教师应鼓励学生运用主持的音调、语气、情绪等感染方法,在节目中富有亲和力和感染力,并将录播视频上传到优酷网站与家长分享。

案例附件如图1、图2、图3所示。

图1 “天爱之音”视频

图2 “笑画连篇”视频

**【案例评析】**

本活动课程不同于常规的主持训练课程,它将枯燥无味的语言训练通过实践、模拟实训的方式渗透出来,重在学生的全员参与和体验,不仅提高了学生热爱主持的兴趣,还增强了学生的合作意识,让学生在快乐的自我展示中学会了主持艺术,同时,还将录播作品上传到网上与家长、朋友分享,增强了学生的自信,让学生在不断地鼓励中学会主持技巧。

如何开设好一门有意思、有意义的活动课程呢?如何在“快乐周末”活动课程里达到现代美育的

图 3 “时间去哪儿了”视频

真正目的呢？要想让学生在课程中形成感受美、鉴赏美和创造美的能力，教师必须要把喜、怒、哀、乐等诸多情感用美的艺术形式表达出来，用这种情感打动学生的心灵，产生积极的效果，使整个过程变成丰富的、有趣的活动。

在活动课程里，课程中的小主持人们会利用录播室这一载体，大方地演讲，说出他们内心的思想情感。每次课程，教师会制定一个主题，如“竞选班长”“儿童节主题”等，学生在接到这个主题的时候，会穿着自己喜欢的角色的服装，配上录播室的灯光、摄像等辅助效果，唤醒内心的激情，同时富有创造力地发挥想象，带着情感去流畅地表达。这种“内在图式”的不断积累，有助于提高学生的审美能力，同时也为学生的创造性想象奠定了基础。演讲始于语言的沉淀，这主要体现在平时训练中的组词、造句，进而上升到对文章的理解、说明和表达上，逐步地引导孩子们流畅、富有激情地“说”。

总之，“快乐周末”活动课程，是美育实践的重要平台。在“梦想录播室”的小主持人课程中，让孩子们敢“说”、能“说”、会“说”，并且体会“说”的快乐，这是开设快乐周末活动课程的初衷。

快乐周末，说出快乐、说出童年、说出畅想、说出情感表达中的“美”。